古典文獻研究輯刊

十六編

潘美月・杜潔祥 主編

第14冊

趙翼年譜長編（第四冊）

趙興勤 著

國家圖書館出版品預行編目資料

趙翼年譜長編（第四冊）／趙興勤　著 — 初版 — 新北市：花
木蘭文化出版社，2013〔民 102〕
目 4+226 面；19×26 公分
（古典文獻研究輯刊 十六編；第 14 冊）
ISBN：978-986-322-165-4（精裝）
1.（清）趙翼　2.年譜
011.08　　　　　　　　　　　　　　　　　102002355

ISBN-978-986-322-165-4

9 789863 221654

古典文獻研究輯刊
十六編　第十四冊　　　　　　ISBN：978-986-322-165-4

趙翼年譜長編（第四冊）

作　　者　趙興勤
主　　編　潘美月　杜潔祥
總 編 輯　杜潔祥
企劃出版　北京大學文化資源研究中心
出　　版　花木蘭文化出版社
發 行 所　花木蘭文化出版社
發 行 人　高小娟
聯絡地址　235 新北市中和區中安街七二號十三樓
　　　　　電話：02-2923-1455／傳真：02-2923-1452
網　　址　http://www.huamulan.tw 信箱 sut81518@gmail.com
印　　刷　普羅文化出版廣告事業
初　　版　2013 年 3 月
定　　價　十六編 30 冊（精裝）新台幣 50,000 元

趙翼年譜長編（第四冊）

趙興勤　著

目次

乾隆五十七年壬子（1792）　六十六歲

【時事】　正月，以蘇凌阿爲刑部尙書。二月，乾隆帝禁旗人濫行命名，尤不許與宗室近派王等同名。諭曰：「從前八旗官員兵丁名內有與大臣等同名者，已降旨令其改易矣。夫與大臣同名尙行改易，況與宗室近派王等同名反有不行改易之理耶？且如保泰即與裕親王之名相同。凡係旗人命名均應避忌此字。汪紮爾、那木紮爾皆係身與同時，乃以此字命名伊子甚屬錯謬。而保泰又並未改易，公然稱謂至今，始致福消獲罪。著交八旗都統將現在八旗人等之名盡行察查，如有似此相同者，令其改易外，嗣後生子命名呈報該旗時，該旗都統等務各切實查核，設有濫行命名者，即時改易。」（《欽定八旗通志》卷首之十二《勅諭六》）三月，帝詣西陵，巡幸五臺山，加福康安爲大將軍。四月，命刑部清理庶獄，減徒以下罪。閏四月，以久旱，諭臺灣及沿海各省詳鞫命盜各案，毋有意從嚴。且下詔求言。五月，乾隆帝巡幸木蘭，至九月初始回京。本月，調長麟爲山西巡撫，以奇豐額爲江蘇巡撫。六月，調陳淮爲江西巡撫，馮光熊爲貴州巡撫。八月，命福康安爲武英殿大學士，孫士毅爲文淵閣大學士。調金簡、劉墉爲吏部尙書，和琳爲工部尙書，紀昀爲禮部尙書，竇光鼐爲左都御史。九月，帝命賞給在逆藩之亂中不屈而死的原總督范承謨、甘文焜之後人以世職。諭曰：「朕恭閱《聖祖仁皇帝實錄》，內載前任福建總督范承謨、雲貴總督甘文焜遇吳三桂、耿精忠二逆之變，抗節不屈，殉難捐軀忠藎，深堪嘉憫。因命查核二臣殉節後所得恤典。范承謨、甘文焜俱贈尙書，並蔭一子入監。此等封疆死事之臣，雖非效命行間臨陣捐軀者可比，但當逆豎盜兵偏隅煽焰致命，遂志勁節不回，實有合於成仁取義之道。其身雖已仰邀贈恤，而其子僅蔭以入監，尙不足以勵臣節而慰忠魂。即使其子孫等能承世業疊繼簪纓，但所膺官秩衹能及身而止。而其祖父忠貞之澤究不能流傳勿替，非賞延於世之義。前因滿漢軍功應得世職人員襲次已完者，仍賞給恩騎尉，俾其子孫永遠承襲。所有范承謨、甘文焜子孫亦著照此例，各賞給恩騎尉世職罔替。其有現任職官者，即准其兼襲。此外尙有似此殉節諸臣，並令軍機大臣會同部旗查明。原有世職罔替者，毋庸另行賞給外，其並無世職者，均著一體賞給恩騎尉，以爲藎臣效節者勸。」（《欽定八旗通志》卷首之十二《勅諭六》）十月初三日，乾隆帝製《十全記》，以彰己在位數十年之功。文曰：「昨準廓爾喀歸降，命凱旋班師詩，有『十全

大武揚』之句，蓋引而未發。茲特敘而記之：夫記者，志也。虞書：『朕志先定』，乃在心。周禮：『春官掌邦國之志』，乃在事。旅獒以道寧，則兼心與事而言之，然總不出夫道。得其道，乃能合於天，以冀承乎昊，則予之十全武功庶幾有契於斯，而可志以記之乎？十功者，平準噶爾爲二，定回部爲一，掃金川爲二，靖臺灣爲一，降緬甸、安南各一，即今二次受廓爾喀降，合爲十。其內地之三叛麼麼，弗屑數也。前己酉廓爾喀之降，蓋因彼擾藏邊界，發偏師以問罪，而所遣鄂輝等未宣我武，巴忠乃遷就完事，致彼弗懼，而去歲復來，以致大掠後藏，飽欲而歸。使長此以往，彼將占藏地，嚇眾番，全蜀無寧歲矣。是以罪庸臣，選名將，勵眾軍，籌儲餉。福康安等深感朕恩，弗辭勞苦，於去歲冬月即率索倫、四川降番等精兵，次第由西寧冒雪而進。今歲五月，遂臨賊境，收復藏邊，攻克賊疆，履線險如平地，渡溜要若蹄涔。繞上襲下，埋根批吭，手足胼胝，有所弗恤。七戰七勝，賊人喪膽。及兵臨陽布，賊遂屢遣頭人匍匐乞降，將軍所檄事件，無不謹從，而獨不敢身詣軍營。蓋彼去歲曾誘藏之噶布倫丹津班珠爾等前去，故不敢出也。我武既揚，必期掃穴犁庭，不遺一介，亦非體上天好生之意。即使盡得其地，而西藏邊外又數千里之遙，所謂不可耕而守者，亦將付之他人，乃降旨允降班師，以藏斯事。昔唐太宗策頡利曰：『示之必克，其和乃固。』廓爾喀非頡利之比，番邊殊長安之近，彼且乞命籲恩准之不暇，又安敢言和乎？然今日之宣兵威，使賊固意求降歸順，實與唐太宗之論有所符合。昔予記土爾扈特之事，於歸降歸順，已悉言之。若今廓爾喀之謝罪乞命，歸降歸順，蓋並有焉，以其悔過誠而獻地切也。乃知守中國者，不可徒言偃武修文以自示弱也。彼偃武修文之不已，必致棄其故有而不能守，是亦不可不知耳。知進知退，《易》有明言，予實服膺弗敢忘。而每於用武之際，更切深思，定於志以合乎道。幸而五十七年之間，十全武功，豈非天昊？然天昊逾深，予懼益切，不敢言感，惟恐難承，兢兢惶惶以俟天眷，爲歸政全人。夫復何言！」（《國朝宮史續編》卷六五《宮殿十五》）免嵇璜、阿桂翰林院掌院學士，以和珅、彭元瑞代之。十二月，「召浙江巡撫福崧來京候旨，以長麟調補浙江巡撫，蔣兆奎補授山西巡撫。先是，兩淮鹽政全德奏參兩淮鹽運使柴楨前在浙江鹽道任內私挪鹽課銀十七萬兩，交代未清即調兩淮，遂將商人王履泰等應納鹽課銀二十二萬兩在外截留，以填補浙省虧缺，其餘五萬兩係自己侵用。乾隆帝即降旨將柴楨革職拿問，交兩江總督書麟等嚴審。考慮到柴楨任浙江鹽道甫逾一載竟虧空如此之多，恐另有別故。巡撫福崧近在同城，且兼管鹽

政，必有與柴楨通同連手之處，方肯代爲隱瞞，是以又召福崧來京候旨，令新任浙撫長麟徹底查明福崧是否與柴楨有交結勾通之處。一日之間，有關柴楨一案，軍機處共發出廷寄、明發諭旨九道」（《清史編年》第六卷）。

本年，昆山杜綱（草亭）著小說《娛目醒心編》十六卷三十九回。

泰州仲振奎客北京，得讀第一版《紅樓夢》，試取書中故事作劇，成《葬花》一折。

吳縣沈起鳳在祁門教諭任，刻所著《諧鐸》十二卷。

陽湖楊倫刻所編《杜詩鏡詮》總二十二卷。

丹徒王文治復遊楚，館畢沅署中，跋所藏蘇東坡《種橘帖》眞蹟。

《四庫全書》鈔寫工作麤率，發交瀋陽文溯閣儲藏的一部有多處文字脫漏，弘曆責令上海陸錫熊前往重校。

無錫鄒奕孝等奉弘曆命，纂成《詩經樂譜》三十卷。

安徽汪啓淑刻所著《水曹清暇錄》十六卷。

直隸舒位在石門觀演《長生殿》，作紀事詩。

直隸翁方綱在山東學使任，章學誠過訪，與共商訂《經義考》。

江陰金捧閶在鄉試中受挫，作《報罷》詞。

上海曹錫寶死，年七十四。

上海陸錫熊在瀋陽病死，年五十九。

汪中寫定《述學・內篇》三卷，《外篇》一卷，刊行於世。（《容甫先生年譜》）

袁枚以七十七歲高齡，重遊天台，自二月二十八日出門，至五月二十一日到家，爲詩稱：「一息尙存我，千山不讓人。重攜靈壽杖，直渡大江春。柳絮飛如雪，桃花吹滿身。親朋齊筦（按：應作「莞」）爾，此老越精神。記得前年住，湖樓樂有餘。㧡招花月入，燈照水雲虛。游子登山屐，佳人問字車。者番尋舊夢，風景更何如。」（《二月二十八日出門重遊天台》，《小倉山房詩集》卷三四）

八月，洪亮吉充順天鄉試同考官。於闈中奉視學貴州之命。向例，未散館翰林，無爲學政者。有之，自亮吉及同年石韞玉始。（《洪北江先生年譜》）

八月，趙懷玉辭家北上，遊宦京師，感慨頗多。《回首》（十月十二日作）曰：「回首江鄉歲又闌，記沖風雪出長安。浮沈久悔居諸誤，閱歷方知出處難。蘭夢可能親慰望，椿庭獨使弟承歡。草心不死春暉遠，明發何曾涕淚乾。」（《亦

有生齋集》詩卷一二）

　　八月，凌廷堪謁胡豫堂於江寧試院。（《凌次仲先生年譜》）

【本事】正月十日後，仿洛陽舊例，邀程霖岩景傳、湯蓉溪大賓、莊學晦映、趙緘齋繩男諸親朋，來家中小聚。

　　《新春招程霖岩、湯蓉溪二丈暨莊學晦、家緘齋小集》：「少時遇老人，輒思引而避。豈知入暮年，愛老轉有味。新春例宴客，折簡首者艾。里中有皓首，數叶商芝四。年皆開八秩，惟我齒猶未。方當捧几杖，敢便聯襟襪。惠然乃肯來，竟援溫公例。既免擁篲迎，兼辭執醬饋。酒弗限三巡，肴偶過五器。維時近上元，滿城簫鼓沸。寒家少長物，華侈獨燈事。紈縠薄若空，玻璃透無滓。料珠與明角，一一出新制。榮光助豪飲，引滿連舉觶。老拳轟拇陣，謎語鬥鬮戲。醉上凍黎面，霎變朱顏麗。一笑五老峰，突起樽俎地。眼前此數翁，看似無關係。庸知履舄交，中有昇平瑞。一葉知秋風，一花驗春氣。自非仁壽期，曷此耆臺萃。作詩傳他年，或可洛社繼。」（《甌北集》卷三五）

　　【按】本詩「年皆開八秩」句後注曰：「程、湯皆七十八，莊七十五，緘齋亦七十。」詩稱「維時近上元，滿城簫鼓沸。寒家少長物，華侈獨燈事」，知此次聚會，當在正月十三日前後，按照舊俗，此時才有元宵節氣象。程霖岩景傳、湯蓉溪大賓，《江蘇藝文志‧常州卷》標其生年均為1714，然甌北詩謂，本年二人皆七十八歲，若依此為準，程、湯當生於康熙五十四年乙未（1715），至本年，首尾恰七十八。然又據本卷《程霖岩、湯蓉溪、楊靜叔、汪屏周四人皆甲午生，舉同甲會，繪圖紀盛，次韻奉題》一詩，程、湯均出生於康熙甲午（五十三年，1714），而至本年，二人當為七十九歲。因新年剛過，甌北詩中所記，乃去年年齡，與實際有出入。

正月十八日，祝芷堂德麟專程來探望，適王夢樓文治亦來常，甌北設宴款待。招王、祝二人及京師舊友蔣立菴熊昌、趙緘齋繩男來作陪，盡友朋之樂。

　　《上元后三日，芷堂過訪草堂；次日，夢樓亦至，皆未有鳳約也。喜而有作，後二首專簡芷堂》：「鵲噪晴簷信有因，南轅北轍聚茲晨。相思何止三秋月，不速欣來兩故人。垂白關心惟舊雨，軟紅回首已前塵。草堂才過收燈後，連夜重開一覽春。」「草聖詩魔歷苦甘，書生結習故多憨。拾遺有疏留雙

闕，彌勒何年共一龕。天下傳人儕輩幾，林間奇會翰林三。惹他僮僕驚相笑，都是迂疎不急談。」「官似遊僧早打包，初衣今遂返江郊。胸中大庇千間廈，天上歸來一把茅。空谷蘿牽人補屋，畫梁泥落燕離巢。借他二陸雲間宅，權寄江湖不繫匏。」「學海迷茫未有涯，何來捷徑指褒斜。曾從館閣親前輩，及見詩文有作家。下筆誰分雌霓字，買脂爭寫牡丹花。君歸好振扶輪手，報國文章事正賒。」（《甌北集》卷三五）

另有《是日招立菴、緘齋同集，皆王、祝二君京師舊友也。立菴有詩，次韻》（《甌北集》卷三五）詩。

袁枚輕信相士胡文炳之言，以為七十六歲當亡，然飾巾待期一年，竟安然無恙，又作除夕告存詩遍告親友，甌北以詩調之。

《子才舊遇相士胡炳文，決其六十三生子，七十六考終，後果如期生子，一驗宜無不驗矣。去歲七十六，遂飾巾待期者一年，並預索同人挽詩。及歲除竟不死，乃又作除夕告存詩，遍遺親友。爰戲贈八絕句》之一曰：「料理行裝一載忙，飾巾仍不到樵陽。五更待漏天還早，再吃朝房厚樸湯。」（《甌北集》卷三五）

【按】據袁枚詩：相士當為胡文炳，甌北誤記為胡炳文。袁枚《遣興》（廿四首）之二十：「七六春秋相士言，老夫行矣尚何論。三十年前，相士胡文炳許壽七十六。急將手錄三千卷，臨別從頭理一番。」（《小倉山房詩集》卷三三）又，《除夕告存戲作七絕句》小序曰：「三十年前，相士胡文炳道余六十三而生子、七十六而考終。後生子之期絲毫不爽，則今年七六之數，似亦難逃。不料天假光陰，已屆除夕矣。桑田之巫不召，狸脈之夢可占，將改名為劉更生乎？李延壽乎？喜而有作。」之四：「生壙司空久造成，家家生挽和淵明。如何竟失閻羅信，唱殺陽關馬不行。」之六：「相術先靈後不靈，此中消息欠分明。想教邢璞難推算，混沌初分蝙蝠精。」（《小倉山房詩集》卷三三）

鹺使全惕莊夫婦之生辰，分別為四月初八、初九。甌北賦詩祝賀。時，再掌教於揚州。

《壽全惕莊鹺使六十》：「扶桑弧矢耀朝曦，鈴閣歡聲頌介眉。共喜木公金母宴，正當浴佛飯僧時。玉杯香泛薔薇露，金帶圍開芍藥枝。一片廣陵歌舞地，滿城誰不祝蕃禧。」「信有人間富貴仙，最繁華處駐旌旄。百年士女春遊地，千里江淮月進錢。最績早同劉晏粟，清心仍酌隱之泉。欲知畫景舒長

甚，正是恢臺四月天。」（《甌北集》卷三五）

《題謝蘊山觀察種梅圖》、《用立菴韻再寄夢樓、芷堂》（《甌北集》卷三五）二詩寫於此時。

【按】《壽全惕莊艬使六十》詩「正當浴佛飯僧時」句後注曰：「公與夫人生辰在四月八、九兩日。」

孔雲谷繼**檊**出宰廣西平樂，甌北為詩以送之。

《送孔雲谷宰平樂》：「我所思兮在桂林，喜君南去快登臨。江山奇人楊蓬筆，簿領閒消宓子琴。酒樹崗人稱壽斝，弓衣蠻女繡詩針。舊遊曾記多遺蹟，邕管相煩一訪尋。」（《甌北集》卷三五）

【按】孔雲谷，應為孔繼檊（《清人室名別稱字號索引（增補本）》上冊第521頁作「孔繼瀚」）。據《清代官員履歷檔案全編》第21冊第157頁「乾隆四十四年九月二十九日」履歷折：「孔繼檊，山東兗州府曲阜縣貢生，年三十五歲，遵川運軍糧例，捐知縣，雙、單月即用，今掣得江蘇通州泰興縣知縣缺。」又據《清代官員履歷檔案全編》第22冊第608頁「乾隆五十六年七月二十五日」履歷折：「孔繼檊，山東兗州府曲阜縣貢生，年四十四歲，原任江蘇江都縣知縣，降調，援例開復原官補用。今掣得廣西平樂府平樂縣知縣缺。」

查映山瑩巡漕來揚兩年，應召入都，贈之以詩。

《送查映山漕使入都》：「家聲內相侍丹楓，奉使今資轉漕功。雙纛塵清驄馬步，千艘帆飽鯉魚風。辭金暮夜虛齋白，揮翰雲煙畫燭紅。報最殊邊有成例，佇看節鉞鎮繁雄。」（《甌北集》卷三五）

【按】本詩「家聲內相侍丹楓」句後注曰：「君曾祖聲山宮詹，康熙中直南書房。」《清代人物生卒年表》云映山乃山東海豐人。然甌北本詩小注謂，映山曾祖「聲山宮詹，康熙中直南書房」。聲山，乃查昇字。查慎行、查昇均為浙江海寧人，查映山既為查昇曾孫，自然也應為浙江海寧人。清繆荃孫《雲自在龕隨筆》卷四即曰：「（查）瑩，字映山，浙江海寧人，由吏科給事中督黔學。文敏云海豐人，誤。」或籍隸海豐。映山生平見本譜乾隆五十六年考述。

張仲雅雲璈、程春廬拱字，均推崇甌北詩，程繪有《拜袁、揖趙、哭蔣圖》。張以七古一章表達敬仰之情，甌北為詩以答之。

《浙二子歌贈張仲雅、程春廬兩孝廉》：「搖筆為詩便傳世，傳人將塞遍

天地。何以迢迢千百年，代只數人屈指計。乃知異才不輕出，河岳英靈有深秘。老夫生平閱人多，物色常愧一目羅。何期垂白倦延訪，眼中突見雙巍峨。張郎裾屐名卿後，閉戶披吟失昏晝。工夫手累十二棋，學殖胸包廿八宿。險語不顧鬼膽破，奇思直穿月脅透。危橦側足都盧緣，猛火焦須霹靂鬥。程咬金將爛似泥，來嚼鐵且爆如豆。摘驪頷珠寧待睡，探虎穴子不畏吼。一聲喝我數日聾，三昧乞君半偈授。程郎才大隘九州，萬斛泉不擇地流。鉏鋒莫當徹紮鏃，厚力能負藏壑舟。渥窪神馬簫雲躋，奇肱飛車馭氣遊。鯨波正澄紫碧澥，蜃市忽幻青紅樓。哥舒只持槍半段，栗磾兼使矛兩頭。明珠走盤面面到，機絲入扣乙乙抽。顧我豈當一揖重，對君方欲五體投。文章有神交有道，晚年乃見此二妙。倒屣遑知論輩行，款門幸不棄老耄。譬如衰嫗遇麗娟，又似退將逢驃姚。斂眉敢復誇塗抹，曳足猶思觀鼓噪。褊衷我非不妒才，欲與一決爭行枚。卻恐難堅背水陣，不如早築避風臺。乃知歐陽讓頭地，正懼相逼先相推。一言聊為作嚆矢，天下人才浙二子。他年應並坡谷傳，此日敢將湜籍比。」（《甌北集》卷三五）

【按】張雲璈，《清代人物生卒年表》據姚椿《晚學齋文集》八著錄其生卒年為：1747～1829。《兩浙輶軒續錄》卷一○謂：「張雲璈，字仲雅，號簡松，晚號復丁老人，錢塘人。乾隆庚寅舉人，官湖南湘潭知縣。姚椿撰慕志：『簡松於學無所不窺，尤長於詩。選湖南安福知縣，調知湘潭。地當衝劇，審理積訟，人以為能。尋謝病歸，卒年八十。當七十時，猶步至湖上，或登吳山與文士賦詩談笑，無異少年。」此處言其卒年八十，或取其約數，實乃八十三歲。梁履繩《序》略：『仲雅先生綺歲風流，憑衿發詠，不為寒苦，厭他東野之囚；不墮穠纖，食彼西昆之戢。』馬履泰《序》略：『讀仲雅詩終卷，如對潘岳、夏侯湛　輩人，令人自慚傖楚。』趙翼《跋》略：『仲雅孝廉，學博才雄，思精筆銳，讀《搜神記》「偓佺好食松實，以遺堯，堯不暇服」，松者，簡松也，受服者皆三百歲。愛其事，因以名集』云。《杭郡詩續輯》：簡松著有《簡松草堂詩集》二十卷、《蠟味小稿》五卷、《歸艖草》一卷、《知還草》四卷、《復丁老人草》二卷，又有《文集》十二卷、《金牛湖漁唱》一卷、《三影閣箏語》四卷、《選學膠言》二十卷、《選藻》八卷、《四寸學》六卷、《垂緌錄》十卷。清吳振棫《養吉齋餘錄》卷九謂：「錢塘張仲雅雲璈，著《選學膠言》二十卷、《選藻》八卷、《四寸學》六卷、《垂緌錄》十卷、《異字同音義》若干卷，

已刻者《簡松草堂詩集》二十卷、《蠟味小稿》五卷、《歸艎草》一卷、《知還草》四卷、《復丁老人草》二卷、《金牛湖漁唱》一卷、《三影閣箏語》四卷，而《文集》十二卷則未刻。仲雅爲侍郎映辰子，大學士梁公詩正甥，大學士嵇公璜婿。凡春闈，輒以三公典試迴避，晚乃以他途爲湖南知縣。解綬歸，年七十餘矣，猶步登吳山，或至湖上與諸文士賦詩談笑，無異少壯。汪氏東軒吟社，推爲祭酒。」

《靈芬館詩話》續詩話卷六曰：「張仲雅明府雲璈，聞其詩名久矣。向於華秋槎廙齋見其所作數章，皆清新雅麗。近始得其《簡松堂集》二十卷，五古淳質、七古跌宕，皆於矩度中見其變化，近體七言詠古尤工。《始皇》云：『韓臣早奪沙中魄，徐市能成海上家。』《漢武》云：『方士屢傳刀下死，歲星誰識戟邊來。』《南朝》云：『一井燕脂天子辱，滿臺花雨法王愁。』《宋玉》云：『長開一世微詞口，難解三年好色心。』自以屢困春闈，不得與曲江之宴，時時以此寄意。《和落花》云：『東西溝水無知己，上下簾櫳已各天。』《杏花》云：『三月著花嫌太晚，一生於我似無情。』《客懷雜詠》云：『好夢迷離卻易闌，衍波箋紙未曾看。無端賺得蕭郎至，不許宮中賦曉寒。』蓋時以有所避，不得與試也。」

程春廬，即程同文（原名拱字，一作拱字）。《樞垣題名》：「程同文，浙江桐鄉人。嘉慶十四年四月由兵部候補主事充補，官至通政司副使。」《隨園詩話》卷四：「桐鄉有程拱字者，畫《拜袁、揖趙、哭蔣圖》，其人非隨園、心餘、雲松三人之詩不讀，想亦唐時之任華，荊州之葛清耶！程字墨浦，廩膳生。」《兩浙輶軒續錄》卷二〇：「程同文，原名拱字，字春廬，桐鄉人。嘉慶己未進士，官至奉天府丞。著《密齋文集》一卷、《詩存》四卷。梁章鉅《序》略：『先生年少已騰譽，詩古文辭軼其儕輩。逮通籍，觀政兵曹，益矢研究，期大用。於時既入樞直，練習朝章，胥歸貫串。每擬稿，輒當上意。中間議大政、斷大獄，或值軍務填委，率十餘紙，一時並具，曲折詳盡，閣部大臣咸倚重之。平生於學無不窺，尤長地志。凡外國輿圖，古今沿革，言之極審。而遼金元三史中建置之異同、稱名之淆舛，他人所不易明者，獨疏證確鑿，若指掌紋。嘗修纂《大清會典》八十卷，裁□損益，不假旁助，自謂生平精力盡於是書。遇朝廷大典禮，經進之制，亦往往出先生手。』」

《冷廬雜識》卷二《程京丞》條謂：「吾邑程春廬京丞同文，少負異

質，湛深於古。嘗讀書吾里分水書院，戲題於几曰：『胸中無所不有，一事未能到手。儒林名宦，山林待我。』四十年後，嘉慶己未登第，由兵曹入樞垣，一時典冊，皆出其手。名望隆起，方將大用，遽卒。士論惜之。」法式善《槐廳載筆》卷七：「乾隆五十五年三月初七日，內閣奉上諭：此次巡幸山東，所有東省及各省士子迎鑾獻賦特加考試，其考取一等之貢生杜堮、生員程拱宇，俱著賞給舉人，准其一體會試。」

趙懷玉有《送程三拱字官揚州》詩，謂：「知君雅意斷兼金，千里重煩命駕尋。升斗尚同游子計，風塵應繫故園心。人從棠樹懷先澤，君尊人嘗官斯土。春到蕪城續舊吟。今日鴛湖看去棹，桃花潭水比情深。」（《亦有生齋集》詩卷六）

王芑孫《榜後重送蘭雪出都兼示桐鄉程春廬孝廉拱字五首》謂：「近來漢學日縱橫，老輩荒疎怕後生。不道今年逢二妙，江西吳與浙西程。」「榜下紛紛各券驢，君非落第也登途。程君亦恐匆匆去，留我羈孤傍路衢。」「如君才調極清真，何太纏綿欲我親。一種至情磨不得，便應接蹟到風人。」「須尋玉宇上瓊樓，今古蒼涼貉一邱。年少能文三不幸，莫耽風月作去聲名流。」「放罷仍煩慰藉多，讀書果否為求科。生平不下窮途淚，與爾臨岐一浩歌。」（《淵雅堂全集》編年詩槁卷一一）

梁章鉅《軍機章京以論政為宜，而五人者獨喜談藝。珥筆之暇，輒相與往復，喧辨不休，旁觀多竊議之。因戲為樞直五君詠，聊代解嘲云》組詩之《程春廬駕部》謂：「春廬氣蓋世，於學靡不精。六典一手編，前無杜君卿。君獨力纂《會典》八十卷，近已奏定刊頒，自謂生平精力盡於是書也。斷斷喜談藝，與我同性情。大言滿堂室，那顧時流驚。」（《退菴詩存》卷九）

吳嵩梁《哭程春廬府丞》：「人海論心四十年，君持絳節我華顛。救時奇策憂難用，復古高文想附傳。機重久參焚奏稿，刪存未定勘遺編。結鄰空負平生約，悽斷桐江雪夜船。君愛余《雪中過桐江》詩，屬其室人吳瑟兮夫人作圖紀之。」（《香蘇山館詩集》今體詩鈔卷一四）

《玉臺畫史》「別錄」謂其繼室吳玖曰：「吳玖，字瑟兮，石門吳南泉女，桐鄉程同文春廬繼室。性特高潔，工詩善畫。初寫折枝花，繼作山水蘭竹，皆出心悟，追蹤於古，婦人無此筆也。嘗畫《溪山歸興圖》，春廬題句云：『人間何處覓菟裘，送老溪山一葉舟。慚媿賢妻招隱意，年

年看畫過清秋。』」

　　張雲璈《謁趙耘菘觀察歸後，復展〈甌北集〉，快讀之，走筆爲長歌奉簡》：「讀詩未與公相見，但識性情不識面。見公還復讀公詩，面目性情才一片。今人不敢薄，古人良可愛，古今何必分兩界。公身本與今人居，公詩早入古人派。有時麗而雄，直上閶闔排天風。榑桑日紅九州曉，千門萬戶開漢宮。內有鼓鐘隱隱，羽葆童童，望之不可見，疑在五色雲氣虛無中。有時奇而險，摩厲以須刃將斬。語如齊諧未易測，勢比岳軍那許撼。大眼髻高繫繩走，沈光肉輕透空閃。臨崖能垂二分趾，殺賊全憑一身膽。紛紛餘子舌盡撟，坐令有口開不敢。先生笑把降卒驅，四十萬人都入坑。有時奧而博，百家廿一史，一一恣騰躍。錦被策孝標，寸栗疏沈約。羊腸地惟崔賾知，長頸事疑劉杳作。呂蒙讀易噧相語，崔浩爭義鬼爲愕。戴憑五十席屢重，長謙八千紙非略。豈徒割錦畀邱遲，定教開口唾鄭灼，以公較之更綽綽。恨無西昆箋，敢將《論衡》攫。讀之往往如異書，疑入琅嬛之洞天祿閣。數其大者已難朽，其餘眾家之長無不有。開卷不知誰好醜，但見少陵聖、青蓮仙、長吉鬼、玉川怪，都來行間絡繹而奔走。讀詩我惟有一口，作詩公如有十手，不然何以使我披之不及、覽之不盡，只向空中亂點首。玉堂僊人剖符竹，更抗顏行換均服。壯士帳中頭作枕，參軍營前血書牘。酒杯熱散鬼門雲，臥氈冷藉屍陀肉。虎牙兵代錦囊奴，羊皮紙寫鐃歌曲。蠻姬織句馬前看，戰魄聽詩山下哭。公詩萬怪已惶惑，奇境又復駴其局。我讀公詩不敢熟，只恐常在胸臆間，定有戈矛森森穿我腹。天生人物自有數，袁、蔣同時名共著，不能相越但搢拄。隨園老人幸早作前輩，故得先公占聲譽。西江太史知鼎分，掉頭竟爾修文去。我曾見袁未見蔣，如斯之人豈輕遇。籲嗟乎，如斯之人豈輕遇！自合同將五體投，屏圖絲繡黃金鑄。不知何物狂書生，長揖向公毋乃倨。桐鄉程孝廉拱字畫《拜袁、揖趙、哭蔣圖》，謂公及簡齋、心餘兩太史也，事見集中。」（《簡松草堂詩文集》詩集卷一一）

　　此外，程拱字尚有《拱字少時喜讀簡齋、雲崧、心餘三先生詩，嘗欲繪三人眞張之座右，未果也。他日讀甌北集見有古詩一首，題曰『得子才書述拱字曾手繪〈拜袁揖趙哭蔣圖〉』。此不知何人所傳，果若此，亦佳話也。行當作一圖，以實其事，先次韻奉答》，與上引張雲璈長詩《謁趙耘菘觀察歸後，復展〈甌北集〉，快讀之，走筆爲長歌奉簡》，並見《甌

北詩鈔》卷首附。

時人也有持不同意見者，如葉愚（字易菴，慈溪人，著《東汀小稿》）
《讀國朝人詩》之九曰：「蔣趙聯鑣角兩雄，誰從那律證圓通。瓣香祇下
隨園拜，此論千秋恐未公。平湖某秀才有《拜袁揖趙哭蔣圖》，依附末光，持論殊
鄙。」（《兩浙輏軒續錄》補遺卷四）

鹿馥園運使，為宦於江淮，恪守家風，官清兩袖，病逝於任所。

《鹿馥園運使挽詞》：「忠節傳家守祖風，經猷方仰濟時功。生從燕趙悲
歌處，力瘁江淮轉運中。病久十圍腰帶減，官清兩袖俸錢空。誰知身處脂膏
地，易簀幾難備飾終。」（《甌北集》卷三五）

【按】鹿馥園，見本譜乾隆五十四年考述。清葉紹本有《定興弔鹿馥園運
使》詩，曰：「錢江曾記戟門開，彈指滄桑話劫灰。胡質曾無身後絹，林
宗空有道旁碑。太常續本忠貞繼，鹽鐵官還介節推。曾泰紀群交兩世，
過車腹痛一增哀。」（《白鶴山房詩鈔》卷五）

書賈以二百餘種明人詩文集向甌北發售，然為其所知者甚少，知詩文能
得以傳世者甚罕，詩文創作須闢新境，始見特色。

《有以明人詩文集二百餘種來售，余所知者乃不及十之二三，深自愧聞
見之陋，而文人仰屋著書，不數百年終歸湮沒，古今來如此者何限？既悼昔
人，亦行自歎也，感成四律》：「擔來卷帙滿軒楹，欲與先生面百城。準擬驚
人都有句，誰知點鬼也無名。詅符幾費雕鐫苦，玄草殊慚鑒賞精。後視今猶
今視昔，豈勝俯仰感殘槧。」「姓氏爭期著述留，百年難駐況千秋。馬空冀北
誰朱汗，彖到遼東盡白頭。辛苦珍裝千集腋，混茫大海一浮漚。遺編不及能
言鴨，自把名呼向客舟。」「不知曾費幾敲推，無限精靈付劫灰。傳不傳眞皆
有命，想非想豈盡無才。騙人嘔血奚囊錦，爲爾收魂醫瓿堆。始歎前賢深閱
歷，只教痛飲掌中杯。」「手握雞毛筆一枝，妄思不朽計原癡。閣麟已欠圖生
面，霧豹何曾剩死皮。過眼春華風一陣，到頭暮色雪千絲。卻慚夢醒恒沙劫，
已是吟髭撚斷時。」（《甌北集》卷三五）

《連日翻閱前人詩戲作，效子才體》：「古來好詩本有數，可奈前人都占
去。想他怕我生同時，先出世來搶佳句。並驅已落第二層，突過難尋更高處。
恨不劫灰悉燒卻，讓我獨以一家著。有人掩口笑我旁，世間美好無盡藏。古
人寧遂無餘地，代有作者任取將。浣紗女亡出環燕，拔山人去生關張。眞仙
不藉舊丹火，神醫自有新藥方。能勝大敵始稱勇，豈就矮人乃見長？君自不

登樓百尺，空妒他人在上床。」（《甌北集》卷三五）

甌北自棄官歸里，與同里徐秋園培頻繁過從，出遊相隨，歸則共飲。自甌北執教揚州，秋園悲同調遠去，閉門索居，於今春病逝。甌北遠在揚州，為詩以弔之。

《揚州哭秋園之訃》：「老去朋舊稀，晨星日寥落。何當遠耗來，又惜一個弱。憶我初歸田，君已臥林壑。都講兩同年，握手良棣萼。遊為同隊魚，居比連巢鵲。寓齋與君鄰，近過魯邾析。寒酸兩措大，詎有豪舉作。觴政三升沽，局戲百錢博。罵座豎髮毛，尋芳鬥腰腳。午飯市有脯，夜歸門已鑰。比樂可忘死，塵綱安足縛。我尋客揚州，累君感離索。自茲不出門，伏蟄如屈蠖。我歸必相訪，漸減舊豐爍。因君衰態增，知我暮景薄。一見一回驚，動作數日惡。豈期竟撒手，遙空馭笙鶴。憶君六十時，早自治衾槨。今又十八年，已非意所度。含飴到曾孫，鑷白供笑噱。於君復奚憾，獨我悲寂寞。紛紛交遊中，履舄漫交錯。征逐水聚萍，緩急風散籜。誰復似此老，痛癢不隔膜。他時買舟歸，陳蹟宛猶昨。風淒白雲渡，花冷紅梅閣。都成黃公壚，並負素車約。魂遊渺何處，蒼茫望遼廓。」（《甌北集》卷三五）

【按】徐秋園培，見本譜乾隆三十八年考述。甌北詩謂：「憶君六十時，早自治衾槨。今又十八年，已非意所度。」知徐秋園時年當為七十八。由此推測，其生年當為康熙五十四年乙未（1715），至本年恰七十八歲。與程景傅、湯大賓年齡相若。

七月初九日，孫慶齡生。廷俊所出。

《舊譜》：「孫慶齡生，廷俊出也。」

【按】《西蓋趙氏宗譜》：「慶齡，行一，初名發震，字孟符，國子監生，道光乙酉科副榜貢生，丙戌考取八旗官學教習。乾隆五十七年壬子七月初九日寅時生，道光九年己丑十一月二十日卯時卒於京邸，年三十八，有墓誌銘。配謝氏，國子監生奕恩女，乾隆五十七年壬子六月初九日辰時生，嘉慶二十一年丙子四月初五日子時卒，年二十五。繼配程氏，嘉慶甲子科舉人、邯鄲縣知縣杙女，乾隆五十七年壬子三月十五日卯時生，道光四年甲申十二月十四日亥時卒，年三十三，俱合葬西蓋祖塋。」「子二，長曾儉，次曾勤，出嗣胞弟申奎為後，俱程孺人出。」

老友唐再可思擅長五禽戲，且時習氣功，善於養生，體魄甚健。七十餘歲時，鬚髮尚黑，而溘然病逝，令甌北甚為感傷。

《挽唐再可》：「自我來揚州，征逐半舊雨。能詩唐子西，相識自軍府。天南一以別，重逢快傾吐。回首古戰場，笑脫兵塵苦。江城多素心，晨夕共樂數。雞豚聯近局，折簡疊爲主。花箋險韻鏖，葉格意錢賭。談深燭屢跋，飲醉蔗或舞。荏苒七八年，風流映江滸。就中君最健，逐隊勇獨賈。蕭閒七十翁，髮不白一縷。非染陸展藥，詎飲張蒼乳。熊經而鳥伸，祕術擅禽五。丹元養鉛汞，胎息調龍虎。是以老不衰，徒步鐵腳股。方當享大耋，光景日正午。何期遽飾巾，霞飛倏化羽。風輪一奰吹，殿塌靈光魯。衰年戀朋舊，豈必交肺腑。老輩漸無多，缺一難再補。去歲悲吳剛，已赴修月斧。今又弱一個，益傷少儔伍。流光下板丸，暮景穿縞弩。生死臂屈伸，今昔首仰俯。哭君行自傷，等是殘更鼓。」（《甌北集》卷三五）

此時尚寫有《壽松坪前輩七十》、《春農寓張氏樗園，芍藥甚開，招同未堂、西墅、松坪、旣堂、瀔墊諸同人讌集》、《未堂司寇招同陳繩武郡丞讌集，二八女郎清歌侑酒，因憶前歲亦與繩武就司寇花酒之飲，今侍客者非復舊人，問知或嫁或死矣，即席感賦》、《松坪疊樗園韻見貽，仍次奉答》、《春農寓齋窗外忽生新竹一枝，賦詩自誇，戲贈》（《甌北集》卷三五）等詩。

【按】《江蘇藝文志·揚州卷》標唐再可生卒年爲 1714～1785，《清代人物生卒年表》依《江蘇藝文志》所載，謂唐生於康熙五十三年（1714），卒於乾隆五十年（1785），似不確。參見本譜乾隆四十九年考述。據甌北詩所述，唐乃卒於乾隆五十七年壬子（1792），甌北詩又稱其「蕭閒七十翁」，據此，唐思生年約在雍正元年癸卯（1723）前後。

畢秋帆沅遠在武昌，寄珍裘等物饋贈，甌北爲「故人高誼」所感動。

《秋帆制府遠寄文幣珍裘，詩以志謝》：「故人高誼足千秋，雙鯉書來道阻修。袒褐久安驚繡段，綈袍已感況珍裘。杜陵漫想千間廈，溫嶠原居第一流。愧我空傳倚樓號，不來黃鶴一登樓。」「一自春明散履綦，雲泥從此蹟差池。丹黃自勘焚餘草，黑白閒看局外棋。官罷逢人多醉尉，老狂乞食到歌姬。如何寂寞滄江上，尚有郵箋念故知。」（《甌北集》卷三五）

《程霖岩、湯蓉溪、楊靜叔、汪屏周四人皆甲午生，舉同甲會，繪圖紀盛，次韻奉題》、《孫介眉太守招同霖岩丈暨立菴、樸齋食鱮魚頭羹，戲爲作歌》、《題長椿寺九蓮菩薩畫像》、《岳祠銅爵》、《盧抱經學士以雍正壬子補弟子員，今歲壬子又見諸生遊庠，作重逢入泮詩紀事，敬賀四律》、《松坪七旬稱慶，余已有詩奉賀，嗣君次生又索屏風詞，爰補前詩所未及》（《甌北集》

卷三五）諸詩，均寫於此時。

【按】楊靜叔、汪屏周（1714～1800），或作楊靖叔、汪萍洲。本譜乾隆四十七年於考述程景傳（字命三，號霖岩）生平時，曾引《粟香五筆》卷七謂：「性好吟詠，年逾八旬，猶偕湯銘書、汪萍洲、楊靖叔爲四老同甲會，優游鄉里，稱人瑞。」汪屏周於乾隆庚午（十五年，1750）、辛未（十六年，1751），曾寄寓汪府。

孫介眉，孫壽熙。《兩浙輶軒續錄》卷三三簡述其生平並錄其詩一首，謂：「孫壽熙，字介眉，歸安諸生。」《讀奕升伯菱湖紀事詩》曰：「吾鄉唐以前，蕭蕭盡蘆荻。九墩十三泉，水斷土分析。路少橋梁通，肆無米穀糶。舟市賣魚鰕，過午仍闃寂。南宋聚居民，寥寥堪指摘。地運轉前朝，文明忽天錫。蔣瑤洵名臣，孫泰亦奇績。鴻儒與偉人，邑乘載歷歷。迄今五百年，大廈如雲幕。所慮日趨華，奢靡久目擊。遊幕走四方，其志皆食覓。縱有蠶絲利，經商或涓滴。縱有弦歌聲，讀書多立壁。渺渺水雲鄉，誰復得自適。惟願返樸淳，頹風一洗滌。」未知即此人否？

樸齋，即湯樸齋。

《岳祠銅爵》詩前小序謂：「桐鄉金德輿得一銅爵，口內鑴『精忠報國』字，旁鑴岳珂建造，蓋宋皁陵賜恤岳忠武後，珂所製祠中祭器也。詠者甚多，爲賦四律。」當時題詠者尚有趙懷玉、張雲璈、孫星衍、孫原湘、謝啓昆等。

金少權德輿，乾隆十五年庚午（1750）生，嘉慶五年庚申（1800）卒，年五十一。趙懷玉《刑部奉天司主事金君墓誌銘》：「君姓金氏，諱德輿，字雲莊，一字少權，號鄂岩，世居休寧之七橋。高祖諱瑜，贈資政大夫，康熙間始遷浙之桐鄉，遂爲桐鄉人。曾祖諱學渭，候選通判，以積善聞鄉里，稱爲長者。祖諱用楫，候選州判。考諱維詩，候選州同，例贈奉直大夫。母朱氏，例封太宜人。奉直君早世，君爲遺腹生，生而穎異，七歲能爲詩。及長，喜交知名之士，然累試不售，以貲爲部主事。乾隆庚子純皇帝五幸江浙，君累獻書畫，疊邀賜紵，是歲入都，明年簽掣刑部奉天司行走。時大學士文肅馮英廉公爲尚書，於僚屬不假辭色，獨倚重君。壬寅正月聞朱太宜人病耗，遂請急歸，侍奉醫藥，勞瘁備至。四月而朱太宜人卒，喪葬如禮。既免喪，澹於仕進，好法書、名畫及金石遺文，搜羅頗富。客至相與品題，有愛者或舉以贈。尤好表

章先德，嘗屬懷玉撰《玉蘭閣記》，述祖妣吳太宜人之賢。奉直君喜讀史，校善本之有裨於史學者六種，曰《史翼》，刊而行世。朱太宜人晚年常誦佛經，丐一時名流各書所誦經刻石。戚友有撰述，視其力爲之鏤版以行。嘗得岳祠銅爵，忠武王祭器也。納之棲霞廟中，復仿鑄一爵，付郡城岳氏俾兩守焉，其好事類此。天性孝友，朱太宜人素方嚴，君愉色婉容，事唯謹，終鮮兄弟，一姊，待之甚篤。事叔父如父，視群從無異同產。嘗以休寧遷浙已久，欲於桐鄉別立支祠，絀於力而止。以友朋爲性命交際之道，雖困必豐，家亦因是大耗，率售書畫以自給，然自守殊介，有干以非義之利，弗顧也。晚歲常僑居西湖，縱爲文字之飲，喜爲人作書，乞者無倦色。與歙縣鮑廷博、石門方熏交尤善。卒之日，方已死，鮑適至。人皆異之。君面豐上銳下，於法不宜壽，後得美髭髯，人以爲無患。體素充，忽羸瘠，鬚髮亦頓白，一病遂不起，蓋其盡於中者久矣。余初娶金氏，即君姊。悼亡後，往來罔間。至必流連浹旬，傾吐肝鬲。壬子秋，送余入都，至揚州而別，君泣不止，心竊訝其不祥。去秋赴至京師，余既爲文哭之，欲觀縷其行而未果。今窆窆有期，孤承蔭請銘其墓。余平生之交，無出君右，微承蔭請，固將泚筆書之也，而忍無言乎？君生乾隆十五年正月十九日，卒嘉慶五年八月初五日，春秋五十有一。配程氏，例封宜人，有壼德，先君十七年卒。以六年十一月十一日甲申與程宜人合葬於嘉興梅里之鳳皇濱，禮也。子一，承蔭；女三，一適華亭朱光綸，一適富陽章光祖，一未字。」（《亦有生齋集》文卷一七）

《兩浙輶軒錄》卷三七載述其生平曰：「金德輿，字雲莊，號鄂岩，桐鄉人。官刑部奉天司主事，著《桐華館吟稿》。《家傳》略曰：『德輿幼孤，節母朱撫育成人，七歲能詩，潛心金石、詩、古文詞，嘗以《三國志刊誤》、《東觀漢記》、《後漢書年表補》、《漢兵志》、《唐書直筆》、《舊聞證誤》、《史糾》、《唐史論斷》凡八種，廣搜善本，校付剞劂，名曰《史翼》。晚年僑寓西湖，與武林諸名士爲文酒之會，著《桐華館詩詞》若干卷。』《碧溪詩話》：『方蘭坻熏善畫，館於金比部鄂岩家。乾隆丁酉，吾友胡曉山爲予作《溪山獨往圖》，蓋寫予遊括蒼失道事。鄂岩見之，屬蘭坻別作一冊贈予，且題詩冊尾，猶未識面也。鮑淥飲悼鄂岩云：「誓向西湖畢此生，無端一語我心驚。老輕書畫兼金直，死避窮愁兩字名。詩卷

新排寧有意，酒杯笑擲已無聲。電光石火須臾景，除是斜陽寫得成。」』」

《湖海詩傳》卷三八謂：「金德輿，字雲莊，號鄂岩，桐鄉人。監生，官刑部主事。有《桐華館吟稿》。《蒲褐山房詩話》：『雲莊能詩善畫，累世所藏法書名蹟及宋刻書甚富，南巡時擇善本以進，有文綺之賜。又藏岳銅爵，一時能詩者作歌以詠之。入貲爲刑部主事，不久乞病歸。所居桐華館，擅圖書花木之勝，與蔣君元龍、方君熏等流連文酒。四方名士過桐鄉者，必造請盤桓而後去。埽門投轄，初無倦意。予七十生辰，雲莊以泥金書佛說五福德經貺予，與汪雲壑所書《妙法蓮華經》，並爲佳玩。」

長椿寺，《欽定大清一統志》卷七《順天府四》：「長椿寺在宣武門外土地廟斜街。明萬曆四年，孝定劉太后爲僧明陽建，所謂水齋禪師者也。皇上御書匾曰『大覺眞源』。」《畿輔通志》卷五一《寺觀》：「長椿寺，在宣武門外西南。明萬曆四十年孝定皇太后建以居水齋禪師，寺有滲金多寶佛塔，高一丈五尺。」

《欽定日下舊聞考》卷五九《城市》引《燕舟客話》曰：「長椿寺大殿旁小室內藏佛像十餘軸，中二軸黃綾裝裱，與他軸異。展視之，一繪九朵青蓮花，捧一牌，題曰『九蓮菩薩之位』，明神宗母李太后也；一繪女像，具天人姿，戴毗盧帽，衣紅錦袈裟，題菩薩號，下注崇禎庚辰年恭繪，烈皇生母孝純劉太后也。二圖不知何時安奉寺內，今乃委積塵埃中。」並加案語謂：「長椿寺今止存畫像一軸，所繪乃女像，戴毗盧帽，著錦袈裟，坐蓮臺上，旁繪女侍二，並無『九蓮菩薩』字樣，亦無崇禎年標題，未審爲何后像。其一軸今無可考矣。」趙翼所詠，即爲此圖。《題長椿寺九蓮菩薩畫像》一詩，乃爲在京師時舊作，此時改定。

盧文弨，「字召弓，號抱經，浙江仁和人。進士，官翰林學士。爲馮山公景之外孫，傳外祖之所學，所校訂有董子《繁露》、賈子《新書》、《白虎通》、《方言》、《西京雜記》、《釋名》、《顏氏家訓》、《獨斷》、《經典釋文》、《孟子音義》、《封氏見聞記》、《三水小牘》、《荀子》、《韓詩外傳》，皆稱善本。所著有《儀禮新校》、《鍾山箚記》、《群經拾補》。來揚州主秦西巖觀察家」（《揚州畫舫錄》卷一〇）。

沈業富女岫雲在秀從未上學，卻以詩見長，著有《雙清閣詩》，甌北為「閨閣風雅」稱道不已。

《題岫雲女史雙清閣詩本》：「詞垣宿素沈東陽，家學流芬奕葉長。不獨敬倫能似父，掃眉嬌女亦文章。」「隔紗未試解圍兵，展卷偏教見性情。絕似李薑牆外聽，一枝玉笛最分明。」「憶婿思親點筆遲，蘭荃香入墨痕滋。始知閨閣真風雅，不在香奩豔體詩。」「略識之無便目存，生平未上學堂門。由來慧業關天授，待有人教已鈍根。」「繡閣才名錢孟鈿，何當旗鼓對鳴甄。玉臺他日編新詠，江北江南兩女仙。」（《甌北集》卷三五）

【按】本詩「繡閣才名錢孟鈿」句後注曰：「吾鄉錢文敏公女孟鈿，最工詩。」沈在秀岫雲和甌北詩曰：「於人今喜見歐陽，風雅淵源教澤長。一部新詩傳萬口，得聞夫子是文章。」「元凱胸羅武庫兵，悠然林下見高情。挑燈夜誦琳琅句，不覺晨曦已漏明。」「自愧工夫領悟遲，何當小草感培滋。睢麟遺則傳三百，未學周南敢論詩？」「檢點巾箱偶命存，幸承庭訓即師門。別裁偽體吾家派，綺麗原難見本根。」「未肯香奩詠翠鈿，門牆安定況陶甄。從今更奉金丹藥，凡骨何時得換仙？」（《甌北集》卷三五附）

沈在秀，字岫雲，高郵人。皖江巡撫裴宗錫媳，知府曲沃裴正文妻，有《雙清閣集》。袁枚《隨園詩話》卷一一：「裴二知中丞巡撫皖江，每至隨園，依依不去。舉家工琴，閨閣中淡如儒素。其子婦沈岫雲能詩，著有《雙清閣集》。《途中日暮》云：『薄暮行人倦，長途景尚賒。條峰疎夕照，汾水散冰花。春暖香迎蝶，天空陣起鴉。此身圖畫裏，便擬問仙家。』《在滇中送中丞柩歸》云：『丹旐秋風返故鄉，長途淒惻斷人腸。朝行野霧籠殘月，暮宿寒雲掩夕陽。蝴蝶紙錢飄萬里，杜鵑血淚落千行。軍民沿路還私祭，豈獨兒孫意慘傷。』讀之不特詩筆清新，而中丞之惠政，在滇亦可想見。余方采閨秀詩，公子取其詩見寄，而夫人不欲以文翰自矜。公子戲題云：『偷寄香閨詩冊子，妝臺伴問目稍嗔。』亦佳話也。中丞名宗錫，山西人。」《名媛詩話》卷一〇：「維揚沈岫雲在秀，有《雙清閣詩鈔》。《弔淮陰侯》兩詩最為出色，有『大將功名原震主，假王心蹟早疑君』及『未必弓藏因鳥盡，早同飛燕啄孫來』二語，直誅呂雉之心，而「假王」句尤未經人道，淮陰有知亦必首肯。又見香山麥又桂《漢中懷古》云『儲子恩疎憑輔翼，若翁情薄忍杯羹』，則漢高之不孝、不慈，亦不能無愧也。」

秋八月，趙懷玉入都補官，經揚州，甌北為之送行。

《送億孫入都補中書》：「是我歸田歲，看君出仕才。釣遊雖雅尚，館閣正需才。著述成家久，江山攬轡來。秋風方颯爽，十幅布帆開。」「舊德尚書重，華資學士清。龍頭家故物，鳳沼宦初程。暫草綸扉製，行題杏苑名。烏衣門第在，待爾振英聲。」「薇省吾曾直，歸耕蹟久違。紗誰籠壁字，笥已疊朝衣。去國桃千樹，流年柳十圍。巢痕想如舊，回首五雲飛。」「鄉國稀同調，惟君結契深。文章千古事，甘苦兩人心。此去關河阻，吾衰歲月駸。尚能重見否？不覺涕沾襟。」（《甌北集》卷三五）

【按】據《亦有生齋集》詩卷一二收錄乾隆五十七年壬子所作詩，懷玉重陽節始至邳州。《九日邳州道中》詩謂：「買酒題糕節暗更，西風一棹近彭城。百年忍負重陽節，匝月才為千里行。病蘇霜前皆瘦影，賓鴻天外有離聲。故園親懿登高處，應為征人緩計程。」此詩之前，又有詩以《一月》為題，曰：「一月辭家久，征途百感親。」由此可知，其離家時間，當在八月初。

由揚歸里後，送子侄輩往江寧應鄉試，至隨園，與袁枚晤談，又乘便遊棲霞、明故宮、燕子磯永濟寺、雞鳴山蔣侯廟、金川門、靈谷寺、孝陵衛觀音寺及報恩寺諸名勝。

《遊棲霞》（四首）之一曰：「生平慕棲霞，登覽苦不早。諸兒赴鄉闈，水行乃便道。我出遂有名，借題曰送考。路循新開河，扁舟一帆嫋。時方近場屋，文貴揣摩巧。一路好景光，戒勿心目擾。兒輩竊有言，訓詞非不好。夫子教我正，乃自愛遊眺。」（《甌北集》卷三五）

《留別子才》：「清遊訪遍六朝基，又向隨園接履綦。卿亦流連中一物，我無文字外相知。延年早入長生籍，著錄新添本事詩。莫怪浮屠不三宿，已勝返棹剡溪時。」（《甌北集》卷三五）

《遊金陵雜詩》（八首）之一：「十幅蒲帆兩草鞋，借名送考到秦淮。老夫別有西來意，半為棲霞半簡齋。」（《甌北集》卷三五）

《金川門》：「大本堂摧懿文死，應立燕王為太子。以長以賢事皆順，孱孫亦得免刀几。乃留弱幹制彊枝，召亂本由洪武起。臨濠奮蹟開草昧，豪傑才兼聖賢理。目不知書性有書，每就儒生講經旨。檀弓開卷重立孫，春秋特筆譏逆祀。千年成說牢不破，此語燕聞久入耳。遂將神器付太孫，分國諸王稟同軌。豈知釁即起蕭牆，臂小何能使巨指。削藩方工罨錯策，構兵遽蹈張方壘。王師轉戰力不支，夜半翻城九江李。袞冕燔灰火滿天，搢紳赤族血流

水。可憐十丈金川門，慘過晉家蕩陰里。向使當初改建儲，叔正青宮侄朱邸。臨淄自能厚本支，臨賀豈遂干倫紀。何至一家骨肉殘，家嗣翻成若敖鬼。我來經過弔陳蹟，終覺高皇計失此。處常無事貴守經，銷患未形難據禮。徒將誤國咎方黃，猶未窮源推禍始。」（《甌北集》卷三五）

此外尚有《京口訪夢樓，聽其雛姬度曲》、《金陵過前明故宮》、《泊燕子磯，遊永濟寺》、《雞鳴山蔣侯廟後殿塑仙姝，蓋即其眷屬也，不知何年詭爲織女，遂有織造使者葺而新之，並蔣侯像亦加飾焉。天神人鬼混爲一家，可發一笑，戲爲詩正之》、《靈谷寺》、《水晶屏》、《報恩寺塔二十四韻》（《甌北集》卷三五）諸詩。

【按】甌北此行，非專爲遊覽。《遊棲霞》謂：「諸兒赴鄉闈，水行乃便道。我出遂有名，借題曰送考」，似爲送考而來江寧。又於《遊金陵雜詩》中謂：「老夫別有西來意，半爲棲霞半簡齋」，可知，也有借機訪友之意。此事《舊譜》未載，特補敍之。

又，棲霞山，原名攝山，在今江蘇南京。《欽定大清一統志》卷五〇《江寧府》：「攝山，《齊書》：建元中明僧紹住江乘攝山。《寰宇記》：在上元縣東北五十里，高百三十二丈，東連畫石山，南接落星山。《輿地志》云：山多藥草，可以攝生，故名。《江乘記》云：山形方正，四面重嶺似傘，又名傘山。《建康志》；在縣東北四十五里，周四十里，西北有水注江。乘浦入攝湖中，有千佛巖、天開巖、中峰澗、白乳泉、品外泉諸勝。一名棲霞山。」

明故宮，《江南通志》卷三〇《輿地志》：「明故宮，在上元縣舊紫禁城內，正值古燕雀湖之地。左順門內殿曰文華，右順門內殿曰武英，奉天門內大殿爲奉天殿，東曰文樓，西曰武樓，大殿左爲中左門，右爲中右門，後爲華蓋殿，後謹身殿，殿後乾清宮，宮後坤寧宮，宮左右二殿曰柔儀、曰春和。」

金川門、永濟寺，見本譜乾隆三十八年考述。

《欽定大清一統志》卷五二《江寧府三》謂蔣侯廟、靈谷寺、大報恩寺曰：「蔣侯廟，《輿地紀勝·金陵覽古》云：在上元縣東北十八里鍾山之西北，吳大帝爲漢秣陵尉蔣子文立，初封蔣侯，晉蘇峻平升帝號。《府志》：本在孫陵岡，明洪武初改建於雞鳴山。又青溪小姑祠，《府志》：在金陵閘，祀漢蔣子文妹。嘗遇難，妹挾二女投溪死。明萬曆間改作節烈

祠。」「靈谷寺，在上元縣東北鍾山之陽。《金陵紀》：蔣山寺舊在山南，本名道林寺，梁武帝爲寶誌禪師建塔於玩珠峰前，名曰開善寺。宋曰太平興國寺，後爲蔣山寺。明移於東麓，賜名靈谷寺。本朝康熙四十六年聖祖南巡臨幸，賜御書匾額對聯，乾隆十六年翠華南巡，御製靈谷寺六韻詩，御書匾額，二十二年、二十七年、三十年、四十五年、四十九年翠華南幸，皆有御製靈谷寺詩。」「大報恩寺，在江寧縣城南一里，吳赤烏間康僧會致舍利，吳大帝建寺及塔。明永樂間重建，賜額大報恩寺。規模宏壯，塔高百餘丈，本朝康熙三年修，二十三年聖祖南巡，登塔頂，每級有御書匾額。三十八年重修。」

內弟劉可型芳，出宰甌寧三載，因不諳吏道，罷官，其姪合州牧印全代償數千金，始得歸。

《可型內弟自甌寧罷官歸慰贈》：「出宰才三載，匆匆似掛單。腐儒爲吏拙，貧宦事人難。贏得顛毛白，聊嘗荔子丹。多君瀟灑意，甑破不回看。」「只道琴堂好，全家可食租。翻無臺避債，幾置獄追逋。劉寵錢能幾，平原米孰輸。妻孥滯甌越，典賣到天吳。」「憶曾官沛上，頗耐廣文貧。臺有歌風蹟，門多立雪人。至今思牧蓿，轉覺勝勞薪。諫果多回味，知君念昔因。」「賴有西江潤，能噓涸轍枯。令姪合州牧印全代償數千金，始得歸。始知家孝友，堪共命艱虞。祖父遺風厚，詩書食報劭。得歸聊慰意，先業本寒儒。」（《甌北集》卷三五）

重陽前後，菊花盛開，與同鄉執友輪番治具，飲酒賞花。

《郡城菊事甚盛，與立菴、雲驤、曉東、子蕃、緘齋更番治具，爲看花之會，流連匝月，不可無詩》：「人生何者是眞福？飲酒看花一生足。只愁此願徒虛語，讓他樂死羲之獨。今年秋稔人豪華，家家買菊堆成霞。老夫聞之興勃發，招邀同志爲窮奢。看花先不可無酒，治具更番賭適口。官場珍錯盡不用，惟取活殺飛潛走。黃雀綿厚耐咬咀，紫蟹甲堅費剔剖。就中尤數高家肴，綠頭雄鴨九斤九。累人啖到腹彭亨，翻惱廚娘太好手。有時酒後出看花，相攜闖遍東西家。到門不復煩典謁，直入嚇煞雙髫鴉。亦有自排花當整，徹夜張燈對花飲。紅燭高燒照靚妝，坐到四更風露冷。間日必一集，一集必竟日。那顧酒債增，但恐花事畢。嗚呼此樂不易得，偶然遇之莫輕擲。百年能有幾閒時？一鄉能有幾閒客？不見袍靴踏鼓人，陶家籬畔無遊蹟。」（《甌北集》卷三五）

【按】立菴，蔣熊昌，見本譜乾隆二十九年考述。雲驤，蔣騏昌，見本譜乾隆四十六年考述。曉東，即高曉東（？～1800），見本譜乾隆二十四年所引《西蓋趙氏宗譜‧藝文外編》。緎齋，趙繩男，見本譜乾隆四十年考述。

冬日，在揚州作青魚之會，恰袁枚抵揚，各友人遂更互設饌，連日聚飲。

《至揚州約同人作青魚會，會將遍，適子才至，又更互設饌，疊相招陪，今年口福殊勝也，戲呈子才及諸同人》：「先生今年口福高，在家一月飫老饕。揚州又作青魚會，招邀素心凡幾輩。此魚宜冬不宜夏，及冬不食復何待？揚人不識魚味殊，饞奴只解尋腹腴。怪我專以骨敬客，留肉自享主誼無。久之始悟美在此，近骨者佳頭與尾。遂令此魚價頓昂，哄得滿城動食指。同儕排日疊傳杯，忙殺籃輿往復回。吃到輪番剛欲遍，隔江又報故人來。故人來復遞相款，雅集重開續宴衍。連朝傳食東西家，自家翻覺廚煙斷。噫嘻乎！人生真樂惟食色，少年已過不必説。久將嚼蠟看橫陳，只要殘牙快舖啜。如此歡場動洪句，庶幾不負暮年身。斷虀咬菜成何事，老去甘為飲食人。」（《甌北集》卷三五）

《題錢曙川竹初菴圖》、《題徐荆山憲副水石清娛遺照》（《甌北集》卷三五），均寫於此時。

【按】錢曙川，錢維喬。《歷代畫史彙傳》卷一八：「錢維喬，字樹參，號竹初，維城弟。乾隆壬午孝廉，為鄞縣。早歲即工翰墨，為兄代作，已咄咄逼真，後筆尤蒼厚，山水茂密不繁，峭秀不塞，作家士氣兼備。乾隆己未生，嘉慶丙寅卒，年六十有八，有《竹初未定槁》。」《梧門詩話》卷五：「常州錢維喬，號竹初，詩詞有豪宕感激之風。五言如《舟晚》云：『暮帆經雨重，遠岸入煙低。』《芭蕉》云：『心與丁香結，聲從乙夜疎。』七言如《春草》云：『階前履蹟經愁長，陌上裙腰帶雨斜。碧處有情熏夕照，弱時無力襯花紅。』《無題》云：『美人豈惜身為石，香草誰能目以蘭。』又《梅花》云：『欲折豈宜人遠去，相逢除是歲重寒。亂水寒村開幾處，野橋官路折無人。』能於《暗香》、《疎影》外自出新意。」《炙硯瑣談》卷中：「錢大令竹初維喬，余同年友也。雅擅鄭虔三絕，嘗贈余山水小幅，並繫以詩云：『如畫湖山我舊遊，興來復此縱扁舟。春風似挽離人住，殘雪紛紛灑敝裘。』『經年風雨感題襟，別館重逢夜氣沈。一盞更

勞傾下若，故人情似酒杯深。』一勺水可知大海味矣。」

徐荊山，徐元珙。《清秘述聞》卷一：「廣西考官刑部員外郎徐元珙，字荊山，江南武進人，乙未進士。」清邵長蘅《左副都御史徐公家傳》略曰：「公諱元珙，字輯五，別字荊山。徐之先出自伯翳，爲嬴姓，其後分封徐，以國爲氏。徐後有偃王，當周穆王時，走死失國，子孫散之徐、揚二州間，故昌黎云：徐氏十望其九，皆本偃王。』系遠而譜牒不明。公先世家江陰，不知於徐何望也。明景泰間，有諱泰者，南京兆解元，官荊門知州。泰子元菽，官鴻臚寺序班，始徙武進，占名籍爲武進人。鴻臚君四傳至夔州別駕秉忠者，公之祖，邑諸生。暘者，公考也。順治乙未成進士，除刑部主事，歷員外郎、郎中，出爲福建建寧道僉事，移山西參議，以內艱歸，服除，補口北道，駐宣府。康熙甲寅、乙卯間，滇、黔亂猝起，閩、粵、東粵相繼煽動，朝議大出兵，四征不庭，而太僕見馬不足以給軍，公首輸家財買馬資戰騎。上嘉之，詔從優議敘，徵入爲光祿寺少卿，歷太僕、通政使、太常寺卿，凡四遷。康熙廿五年拜都察院左副都御史。公爲人質厚，有識器，當官不務表曝聲蹟，塡以安靜。……具有方略，及歷位九卿，益飭脅周密，勤力於職，非休沐不出，有所建白，鑿鑿傅經義，可見施行。……公奏疏尚多，退輒削其稿，雖子弟不得聞，故傅於人者止此。公念太公春秋高，力請告歸，歸而太公已前卒，公持喪甫市月，會孝昭文皇后崩，匍匐三千里赴闕哭臨，尋遘疾，卒於邸。是歲康熙廿七年三月也，年六十歲。天子憫之，詔給置傳，歸其喪，祭葬恩禮有加，蓋異數云。公里居以孝友聞，遇人嘔呴，謙謹親故，雖疎賤必鈞禮。……然好行其德，里閭稱之。其尤厚者，爲座主陳公事。陳名彩，字美公，廣東順德人，官翰林，外遷常鎮道，康熙元年，嘗輕刑全活逮杖諸生千餘人，諸生德之。以裁缺歸嶺南，遽卒。而家屬寓維揚，妻、妾相繼病歿，僮僕散去，有一子、二女，子甫一歲，公攜以歸，撫其一子、一女，爲營昏嫁，成立，當析楮，奩產悉與己子均。同年生某，撫其一女，公即聘爲子婦，烏虖，足風末俗矣。子永寧，舉人，官大理評事；永宣，貢生，候補中書，力學攻詩文，與予厚。婦陳女者，永寧也。」（《邵子湘全集》青門剩稿卷六）《（乾隆）江南通志》卷一四二《人物志》謂：「徐元珙，字輯五，武進人。順治乙未進士，爲刑曹郎，出分巡建寧，弭山藪窟穴之奸，移守口北，撫定邊民之避調發

者，升太常卿，議兩郊配位及釐正北海祀所，皆傅經義，歷遷左副都御
史。子永寧，字坤載，康熙辛酉舉人，任大理寺評事，能於其職，居鄉
稱長者。」《清史稿》卷二六六有傳。

奇豐額由布政使擢巡撫，袁枚作《江左歡聲圖》索題，並購得名點真州
蕭娘糕餅贈奇，一時傳為佳話。甌北有詩紀其事。

《奇中丞麗川由江南藩伯擢撫本省，子才為作江左歡聲圖，索題，即次
子才韻》：「詔恩榮拜八綑馳，父老紛迎樂可知。惠澤久看千里潤，人情已覺
十年遲。從知位重才逾展，最喜官遷地不移。畫手巧傳髣髴景，絕勝頌魯有
奚斯。」「襟期朗徹玉壺冰，保障東南力獨勝。大庇正恢寒士廈，先容豈有導
師燈。名叨說項才真忝，身得瞻韓價自增。從此便應來負笈，吳閶一水接毗
陵。」（《甌北集》卷三五）

【按】上引詩「名叨說項才真忝」二句後註曰：「公在江南，翼從未投謁，
不知賤名何以得達於左右，見屬吏輒誦鄙詩，並寄聲垂問。今秋始謁公
於舟次。」甌北之處世態度，於此可見。奇豐額，「字麗川，滿洲人。工
詩，官江蘇巡撫，有善政。往來揚州，觸詠平山堂，稱盛事。仁和詩人
林遠峰，性豪放不羈，中丞延之座中」（《揚州畫舫錄》卷一○）。《隨園
詩話》卷三：「奇麗川方伯，篤友誼而愛風雅。」據《清史稿·疆臣年表》，
奇豐額於本年五月得擢江蘇巡撫，直至六十年五月以事被革職，一直在
巡撫任。

真州蕭娘糕餅，《隨園食單》卷四《蕭美人點心》條謂：「儀真南門
外蕭美人，善製點心，凡饅頭、糕餃之類，小巧可愛，潔白如雪。」袁
枚以此糕餅相贈，奇豐額答謝詩曰：「酒冷燈昏夜未央，山人忽餉美人
香。三千有數君留半，先生命人過江購得三千，而以一千餉余。八種無端我盡
嘗。山月不催人影去，江風猶傍指痕涼。紅綾捧出饒風味，可似真州獨
擅長。」袁枚又有《九月七日以真州蕭美人點心饋麗川中丞，蒙以詩
謝，敬答一章》，謂：「說餅佳人舊姓蕭，呼奴往購渡江皋。風回似采三
山藥，阻風一日。芹獻剛題九日糕。洗手已聞房老退，美人年四十餘。傳箋忽
被貴人褒。轉愁此後真州過，宋嫂魚羹價益高。」（《小倉山房詩集》卷
三四）

陳文述有《蕭美人糕》四首，謂：「應有濃香浣不消，潔如冰雪膩瓊
瑤。南朝風味從頭領，記取嬋娟舊姓蕭。」「劉郎空有題糕約，底事當時

不賦詩。從此重陽添故事，年年風雨說蛾眉。」「昔聞灼灼麗於花，老去
徐娘散暮霞。惆悵我來春事晚，更無人似餅師家。」「才名海內說隨園，
絕代文章跨宋元。一卷江南新食譜，袛應此事亦推袁。」（《頤道堂集》
外集卷二）

　　謝啓昆《蕭糕圖二首》小序曰：「蕭美人住儀徵，以糕得名。奇中丞
麗川有詩云：『山月不催人影去，江風又傍指痕涼。』吳太史穀人作序有
『翠袖碧雲』之句。」詩謂：「綠楊城郭蓼花津，餉餌傳來姓字新。莫道
門前車馬冷，日斜還有買糕人。」「指痕人影中丞句，翠袖涼雲學士章。
卻笑當年饞太守，眞州風物未親嘗。十五年前爲揚州守。」（《樹經堂詩初集》
卷八）

十二月間，由趙翼撰文、蔣熊昌書丹的重建天寧寺前殿碑鐫就。

【按】趙翼《重建天寧寺前殿記》謂：「常州東門外天寧寺崇敞宏偉，爲
一郡梵刹之冠。其興廢具載明正統中《胡忠安公碑記》。殿設彌勒龕及四
天王像，規制視正殿稍殺，然闊六楹，高九尋有奇，勢穹廣亦相稱。自
正統後至今又三百五十六年，梁柱構櫨日益朽腐，縛木以揩之，岌乎不
可終日，瞻禮者恒有猝然之虞。顧以工費繁夥，莫敢議改造。乾隆五十
一年，僧了月來主方丈，慨然以興建爲己任。其道行既高，足動人信向，
江以南來作佛事者踵相接。乃以誦經所得，積埃彙涓凡三年，先有貲力
十之三四，然後廣爲勸募，果檀施雲集，韌於齋庫。於是庀材鳩工，一
撤而新之。重價購堅木，棟隆楹覺，大者合數抱。他如取石於山，運瓴
甓於陶，亦莫不選密栗，汰呰窳，作千百年計，非僅一時觀美而已。余
嘗觀釋典所稱華嚴樓閣彈指湧現及黃金布地諸說，本屬寓言，指引極樂
世界，非眞有七寶宮殿洞心絢目之境也。然自東漢笮融輩創興浮屠寺後，
爲佛之徒者，類無不以土木莊嚴窮壯極侈爲能事。通都大邑，名山勝境，
刹竿相望，高切雲而麗晃日。斯固足覘佛力之大，而亦傳燈受記䣊者，
代有人肩其締構焉。今了月一瓶一拂，蕭然苦行僧，無勢力之助，乃能
於數年間成數萬金工作，俾三百餘年將圮之殿宇一旦鼎新，亦可謂難矣。
是役也，興工於乾隆辛亥八月，越壬子八月始上梁，將以癸丑冬落成。
了月先來請記，用識其顚末於石。」（濮一乘纂《武進天寧寺志》卷六《藝
文一》，《中國佛寺史志彙刊》第一輯第 35 冊）

歲杪，辭揚州講席。

《舊譜》：「是年冬，辭講席歸。自此不復應人聘矣。」

《白頭》：「白頭何復傍人門，口舌徒爭覆水盆。豈忍伯仁由我死，可憐禹錫有親存。緣橦身本危竿試，救劫棋難敗局翻。只有掩關澄水觀，任他塵事日囂喧。」（《甌北集》卷三五）

《遊高旻寺贈清涼上人》（《甌北集》卷三五）一詩，或寫於此時。

【按】據甌北《白頭》一詩所流露的內容，此時當經歷了大的變故。由《去冬已辭安定講席，今麗川中丞又欲挽留，詩以志意》中「豈可待人麾使去，且休勸我食嗟來」（《甌北集》卷三六）以及上引詩「緣橦身本危竿試，救劫棋難敗局翻」來看，似與鹽運使關係搞得很僵，故決然辭去教職，具體情況未詳。高旻寺，《欽定大清一統志》卷六七《揚州府二》：「在江都縣南三汊河西岸，有塔曰天中，其地為茱萸灣，亦名塔灣。本朝康熙三十八年恭建行宮，聖祖駐蹕。四十二年賜高旻寺額，御製碑記。又四十四年、四十六年屢經臨幸，御書額聯，有御製詩序墨寶、金佛。」

乾隆五十八年癸丑（1793）　　六十七歲

【時事】　正月，改杭州織造為鹽政兼管織造事，改鹽道為運司，南北兩關稅務歸巡撫管理。以全德為兩浙鹽政。二月，原浙江巡撫福崧以婪索、侵蝕立斬。先是，兩淮鹽運使柴楨私挪課銀，彌補浙江鹽道庫藏，帝命慶桂偕長麟赴浙江按治。《清史稿》卷三三九《福崧傳》載，「浙江鹽道柴楨遷兩淮鹽運使，虧帑，私移兩淮鹽課二十二萬補之。兩淮鹽政全德疏劾，上以福崧領兩浙鹽政，慮有染，奪官，以長麟代之。命尚書慶桂會鞫，謂福崧嘗索楨賕十一萬，又侵公使錢六萬有奇。獄具，論斬，逮致京師，尋命即途中行法。福崧飲酖卒。福崧為巡撫，治事明決，御屬吏有法度，民頌其治行。其得罪死，頗謂其忤和珅，為所陷。尤慮至京師廷鞫，或發其陰私，故以蜚語激上怒，迫之死云。」又，原浙江巡撫長麟，「性好奢華，私宅數千廈，毗聯街巷」，而撫吳時，卻「禁止奢侈，嘗私行市井間訪察民情，每就食於麵館」。（《嘯亭雜錄》卷三）至本月十九日，乾隆帝諭曰：新任浙撫長麟素屬好名，不可由此而矯枉過正，禁止民人進香遊玩，且不特杭州為然，他如蘇州之靈岩、虎丘，揚州之平山堂等處，均為地方名勝，安能絕其遊蹤？即戲園演劇，雖俗尚奢靡，但無籍游民皆藉此糊口，若一經嚴禁，則游手好閒之徒無所托業，甚至官吏奉行不

善，轉起需索訛詐之漸。國家承平日久，生齒益繁，華靡之風亦已積重難返，而必欲執黜奢崇儉之說以期革俗化民，譬如均田井里，法非不良，斷難施諸今日，即其明證也。（《清史編年》第六卷）三月，禮部尚書常青、領侍衛內大臣海蘭察先後卒。調馮光熊爲雲南巡撫。四月，命松筠爲內務府總管大臣，在御前侍衛上行走。本科會試揭曉，潘世恩、陳雲、凌廷堪等八十餘人進士及第，出身有差。五月，帝幸避暑山莊，至八月下旬始回京。六月，以兩淮鹽政巴寧阿爲惇妃之兄，久任不便，調董椿接替其職，巴寧阿回京另有委任。七月，令英吉利使臣馬戛爾尼等覲見行三跪九叩之禮。乾隆帝命傳諭接待英吉利使臣的鹽政徵瑞：「當於無意閒談時，婉詞告知以各藩到天朝進貢覲見者，不特陪臣俱行三跪九叩之禮，即國王親自來朝者亦同此禮。今爾國王遣爾等前來祝嘏，自應遵天朝法度，雖爾國俗俱用布紮縛，不能拜跪，但爾叩見時何妨暫時松解，俟行禮後再行紮縛，亦屬甚便。若爾等拘泥國俗，不行此禮，轉失爾國王遣爾航海遠來祝釐納贐之誠，且貽各藩部使臣譏笑，恐在朝引禮大臣亦不容也。」（《清史編年》第六卷）八月，英吉利使臣馬戛爾尼入覲。《清鑒》卷八載其事曰：「我國與歐洲各國之交涉，俄國最早，英國次之。中、俄交涉，爲西北陸地之通商；而中、英交涉，則在東南海上之貿易。英人之始至中國也，約在十六世紀之末，其時未經中國政府允許不能享有通商權利。及康熙二十三年大開海禁，沿海各港准各國通商，於是英人由東印度商會之力，始得在廣東之廣州建一商館，與中國正式通商。其後，英人以粵海關稅過重，不如浙海關稅之輕，乃舍廣州轉趨於浙江之寧波、舟山等處。至乾隆二十年，英人及歐洲各國商舶聚泊於浙海者日眾。高宗欲限制之，乃更定浙海關稅，視粵海加重。於是英人氣阻，復回廣州。未幾，而有兩種交涉案發生。一、乾隆二十四年，英商洪任輝以廣東貿易困難，訴諸清政府，語侵粵海關監督。清政府卒坐洪任輝妄控罪，錮之澳門附近獄中，久始釋放。一、乾隆四十九年，黃埔英舶因舉放祝炮不慎，誤斃華人一名，地方官遽捕炮手，處以死刑。以此兩案，英政府乃思亟謀改良交涉，且欲推廣貿易權於寧波、天津等處，而減輕其稅則。於是於乾隆五十七年，派遣大使馬加爾尼、副使斯當東至中國，要求下列諸條件：一、許英國派員駐京，管理本國商務。二、許英國商人在舟山、寧波、天津諸港通商。三、英人願效俄羅斯例，於京師設一商館，收貯貨物發賣。四、願求在舟山附近無城寨之小島租借一處，爲居留商人、收貯貨物之地。五、於廣東附近亦請租借一處，並准令寄居澳門之英人得自由出入。六、請於澳門、廣州間內河輸運貨

物，得免通行稅或減輕稅額。七、許英人在通商地傳教。馬加爾尼至中國，適值高宗八旬萬壽，又當武功十全紀盛時，中政府以爲其朝貢祝壽來也。既至天津，直隸總督循例予以旗章，題曰『英國貢船』，彊使立之船首。比至京，又彊其至熱河宮覲見時行叩頭跪拜禮。馬加爾尼恐以小節損感情，不敢抗議，悉允從之。於是清廷遂以英吉利爲朝貢之一，此次使節專爲叩祝萬壽而來，而於馬加爾尼之請求，則以爲荒遠小國不識天朝體制，妄行乞請，無足深責。於是一方則厚賜筵宴，賞賚優加，以盡懷柔之意。一方對於所要求條件則嚴旨逐一駁斥，付諸使臣而遣之。諭旨略謂：『爾國王表內懇請派一爾國人居住天朝，照管爾國買賣一節，此則與天朝體制不合，斷不可行。向來西洋各國願來天朝當差之人，原准其來京；但既來之後，即遵用天朝服色，安置京內，永不准復回本國，此係天朝定制，想爾國王亦所知悉。今爾國王欲求派一爾國人住居京師，既不能若來京當差之西洋人在京居住不歸本國，又不可聽其往來，常通資訊，實爲無益之事。』馬加爾尼既歸，而中、英交涉自此起矣。俄、英等國心懷惡感，釀成清季外交上種種之失敗，此亦其一大原因也。」九月，命松筠護送英吉利使臣等至浙江定海。十一月，據各省奏報，人口劇增，較康熙四十九年，增十五倍。乾隆帝諭略稱：「生之者寡，食之者眾，勢必益形拮据。各省督撫及有牧民之責者，務當勸諭化導，俾皆儉樸成風，服勤稼穡，惜物力而盡地利，共用昇平之福。」（《清史稿》卷一五《高宗紀六》）十二月，乾隆帝就安徽巡撫朱筠進呈《御製說經古文》一事，諭曰：「昨安徽巡撫朱珪進御製說經古文，閱其後跋，以朕說經之文，刊千古相承之誤，宣群經未傳之蘊，斷千秋未定之案，開諸儒未解之惑，頌皆過當。但歷舉朕敬天、法祖、勤政、愛民各大端見諸設施者，與平日闡發經義實有符合，語皆紀實，並非泛爲諛詞。夫六經爲治世之書，內聖外王之道，無不賅備。若止尋章摘句，僅能得其糟粕，無由探索精微。即使窺見義蘊，垂諸著述，不能躬體力行，亦屬空言無補。朕臨御以來，勵精圖治，惟日孜孜，幾餘典學，於詩書六藝之文，偶有闡發，俱與政治相關。即義疏相承、舛訛未正者，爲之折衷定論，亦有裨於世道人心。凡平日出治之要，皆可與說經之言相印證。蓋發爲文章者，胥應見諸政事。我世世子孫，果能善繼善述，欽承法守，學於古訓，見諸躬行，以朕之心爲心，以朕之政爲政，則是我國家億萬年無疆之庥，朕於茲有厚望焉。此冊著諸皇子及皇孫綿恩各繕寫一部，並將此旨冠於簡端，將頒設諸處，以垂久遠。」（《國朝宮史續編》卷四《訓諭四》）

本年，昆山杜綱著《南史演義》六十四卷、《北史演義》三十二卷。

青浦許寶善編定所著散曲集《自怡軒樂府》四卷。

丹徒王文治、太倉王宸、吳江史善長、江寧嚴觀、金匱楊摺等在武昌，集畢沅署中，觀演楊觀潮所作《吟風閣雜劇》，善長作紀事詩。

陽湖孫星衍刻所纂《倉頡篇》。

嘉定王初桐刻所輯《倚聲權輿錄》二十卷、《宋詞紀事》四十卷。

陽湖李兆洛手錄《水經注釋》、《太平寰宇記》及顧祖禹《讀史方輿紀要》等書，學習輿地。

長洲吳翌鳳輯刊《宋金元詩選》六卷。

嘉定瞿中溶為錢大昕整理所藏金石文字二千餘種，因作石經辨證。

江陰屠紳刻所著《瑣蛣雜記》二十卷。

直隸翁方綱解魯職還，刻《小石帆亭著錄》六卷。

江西曾燠在揚州任鹽運使，以結納江南士流張聲勢。

浙江吳錫麒還就京職，在翁方綱齋頭見羅聘《鬼趣圖》稿。

浙江吳錫麒、江西曾燠、吳嵩梁、儀徵詹肇堂等在揚州南園會。

青浦王昶解京職還里。

安徽方東樹入南京鍾山書院，從姚鼐讀。

洪亮吉在貴州學使任，每課士，皆終歲坐堂皇，評騭試卷，積弊悉除。又歷試諸府，皆拔其尤著，送入貴陽書院肄業。一歲捐廉奉數百金，助諸生膏火，又購經史足本及《文選》、《通典》諸書，俾資諷誦。其在省日，每月必自課之，令高等諸生進署，講貫詩文，娓娓不倦，歠以飲饌，獎之銀兩。由是黔中人士，皆知勵學好古。（《洪北江先生年譜》）

趙懷玉在京師，與法式善、昭槤、劉躍雲、楊倫、張問陶、馮應榴、馮集梧諸人有交。八月，由青廠移居海波寺街之古藤書屋。（《亦有生齋集》詩卷一二）

汪中欲釋《春秋》經文，以正宋元人穿鑿附會之失。（《容甫先生年譜》）

春，凌廷堪自板浦起身，至清江晤謝觀察啟昆，饋贐甚厚，送至王家營。（《凌次仲先生年譜》）

【本事】正月初一，慶樹齋桂奉命往浙江，經常州。甌北偕同劉敬輿欽、劉可型芳諸人迎謁舟次，一敘別情。

《癸丑元日，樹齋大司馬奉使過常，余偕達夫、敬輿、可型迎謁舟次，

皆少時與公同筆硯友也，別後卻寄》：「新歲才開一葉蓂，喜逢畫鷁過郵亭。故人天上班卿月，野老田間候使星。馳傳旌麾催治獄，對床風雨憶橫經。感公不隔雲泥蹟，頭白相看眼倍青。」（《甌北集》卷三六）

【按】《清史稿》卷三四一《慶桂傳》：「兩淮鹽運使柴楨私挪課銀彌補浙江鹽道庫藏，命偕長麟赴浙按治，得巡撫福崧婪索侵蝕狀，讞上，福崧、楨俱伏法。」

春，湯蓉溪大賓、程霖岩景傳均年八十，甌北先後有詩相賀。

《壽程霖岩丈八十》：「八秩開嘉慶，三朝閱太平。家聲賢宰相，耆德老書生。暫擁皋比講，仍歸馬牧耕。行藏兩無忝，江左一儒英。」「師資曾撰杖，後學仰傳弓。名避三徵外，文高四皓中。里中湯蓉溪、汪屏周、楊靜叔與公年皆八十，故以四皓稱之。門原多立雪，帳已敵扶風。老斲輪無恙，猶能指點工。」「猶子仍親子，文星兼壽星。丘明盲作傳，伏勝老傳經。花萼編遺集，山雲憶敬亭。祝公開眼笑，頻看稻孫青。」（《甌北集》卷三六）

《蓉溪八十壽詩》、《陳渡橋唐荊川讀書處》（《甌北集》卷三六）二詩，亦寫於此時。

為詩集編訂事，仍時常逗留揚州，為張松坪坦、沈既堂業富諸友人款待。甌北本於去冬已辭去安定書院教職，巡撫奇麗川豐額聞知，意欲挽留，甌北婉言謝絕。

《去冬已辭安定講席，今麗川中丞又欲挽留，詩以誌意》：「平山堂下幾沿洄，一覺揚州夢已回。豈可待人麾使去，且休勸我食嗟來。驌駒駕或催王式，駿骨求空寵郭隗。小別竹西歌吹路，好風吹處片帆開。」（《甌北集》卷三六）

《編詩》：「舊稿叢殘手自編，千金敝帚護持堅。可憐賣到街頭去，盡日無人出一錢。」（《甌北集》卷三六）

此時另有《白桃花和既堂》、《松坪招飲樗園，適有歌伶欲來奏技，遂張燈演劇，夜分乃罷》、《看花》、《偕同人出城看花》、《苦雨》（《甌北集》卷三六）諸詩。

辭安定書院講席後，同年張慕青燾繼其事，甌北以詩相贈。

《同年張慕青侍讀來主安定講席喜贈》：「曲江宴罷久離群，邗水相逢話舊殷。乍到君如新令尹，重來我已故將軍。乘軺楚甸吞雲夢，橐筆遼陽校典墳。今日揚州同作客，一尊好共細論文。」（《甌北集》卷三六）

另有《樗園牡丹盛開，春農招集即事》、《所見》(《甌北集》卷三六)諸詩。

【按】張慕青，《清秘述聞》卷一六：「侍讀張燾，字慕青，江南宣城人，癸未進士。」與姚鼐、王文治等有交，見《惜抱軒詩文集》詩集卷一〇、《夢樓詩集》卷一七。《雨村詩話》補遺卷一曰：「同年安徽張慕青燾，少年館選，面微青，人稱『黑驢』，後改儀部，已有胡矣。一日同部陸杉石元鈜、盧南石蔭溥郊遊分韻，坐有歌郎，識之，云：『此鬍子豈非張老爺乎？』張樂，遂與拇交痛飲。陸贈以詩云：『綠衣傾坐少年初，老其荊高作酒徒。領略春光三十載，爭教人不識張胡。』按：金張伯玉美髯齊腹，性豪邁，嘗有詩云：『日日飲燕市，人人識張胡。西山晚來好，飲酒不下驢。』蓋仍以胡驢嘲之也。」清宋翔鳳《張慕青侍讀燾》詩曰：「老去詩人作寓公，鱣鮪門裏一舟通。柴籬相望過從熟，尺牘時來議論同。先生家宣城，挈累居蘇州葑門內，與余家一河之隔。朝籍已教遺姓氏，壁經祇許課兒童。八年如我江湖客，無奈倡狂路正窮。」(《憶山堂詩錄》卷四)

春農，蔣宗海，見本譜乾隆四十九年考述。

甌北家中僕人陸喜以蒸鴨見長，袁枚食而不忘，令家中庖人專程來常，拜喜為師，執弟子禮，學成而去。

《奴子陸喜善蒸鴨，子才食而甘之，命其庖人用門生帖拜喜爲師，遂授法而去，戲調子才》：「宋嫂誇魚羹，薛庖精羊胛。食單雖鄙事，亦貴專門業。吾家有僕喜，燒鴨妙烹割。香味蜜釀花，火功矢徹紮。熬之汁漬融，和以瀹髓滑。濃可使唇膠，爛不煩齒齧。何來一老饕，飽啖到釜戛。頓起乞鄰貪，潛用媚竈黠。傳薪冀密授，辦香乃虔謁。廚夫稱門生，奇聞競喧聒。古來擅絕技，專席恐人奪。駕針繡不度，羿弓引不發。王戎賣佳李，去核斷萌杮。衛公教用兵，十僅示七八。喜也倘自秘，應守六二括。乃被一刺投，欣然詡先達。淺夫好爲師，竟爾付衣缽。發硎矜刃恢，出囊快穎脱。遂使郇公廚，有人敢相軋。若仿石崇例，此奴便應殺。一笑且置之，姑勿雞豚察。但問何以報，手訣謝披豁。飲水當思源，上樓勿梯拔。亟買綠頭雄，烹飪製如法。挈榼獻師門，以代修脯納。助我蒸瓠餐，一快雙箸夾。」(《甌北集》卷三六)

【按】袁枚對吃食很講究，所撰《隨園食單》，分「須知單」、「戒單」、「海鮮單」、「江鮮單」、「特牲單」、「雜牲單」、「羽族單」、「水族有鱗單」、「水族無鱗單」、「雜素菜單」、「小功能表」、「點心單」、「飯粥單」、「茶酒單」

諸多類，對葷、素、腥、膾等不同原料，如揀選、配料、火候掌握、時
間要求、顏色搭配、起鍋快慢、器皿配備等，均有具體的要求。

友人王述菴昶以新刻文集相贈，甌北題詩推獎，並對趙璞函文哲懷念不
已。

《述菴司寇新刻大集見貽，展誦之餘，爲題長句，兼懷亡友璞函》：「塞
翁失馬何足惜，先生奇遭在削籍。紫薇郎剩白衣身，萬里從戎歷重譯。當日
都門送臨賀，分歧誰不悲遷斥。豈知官秩從此高，詩亦從此窮風騷。滇南三
載蜀五載，踏遍徼外地不毛。路爭鳥道入穹漢，渡尋象蹟翻崩濤。炎鄉三冬
輥雷吼，陰嶺六月陣雪饕。洪荒以來人不到，奇景留待公鐫雕。吟毫既得江
山助，況值羽書正馳驚。弓刀隊裏一毛錐，百萬貔貅聽指顧。矛頭米渐咽風
餐，盾鼻墨磨揮露布。一炮人頭落滿空，千燈鬼火攔前路。裹屍之革浴血刀，
逼出才人拼命句。遂令椽筆鑄偉詞，上掩白狼下朱鷺。即今奏凱十五年，卿月
崇班已屢遷。煌煌大集亦鏤版，光照四裔聲摩天。就中突過黃初處，終屬淋
漓橫槊篇。倘非參軍入蠻府，平步公卿享華臘。雄略雖餘捫虱談，壯心誰激
聞雞舞。南山詩不如北征，只爲未經戎馬苦。乃知絕域烽煙中，正是玉成大
名古。獨憶當年老趙岐，與公同出不同歸。挑燈別閱《娵隅集》，痛絕空山暴
骨時。」（《甌北集》卷三六）

【按】據《清人別集總目》，王昶的《履二齋集》，乃沈德潛《七子詩選》
所收本，有乾隆十八年序。而《述菴詩鈔》（十二卷），施朝幹編，爲乾
隆五十五年江蘇經訓堂序刻本。《春融堂集》（六十八卷）乃嘉慶四年刊
本。其他版本，皆未著錄刊刻時間。據甌北詩「煌煌大集亦鏤版」來看，
詩中所敘「新刻大集」，肯定不是一般選本。且既言「新刻」，或爲施朝
幹所編十二卷本的「詩鈔」？錄以備考。上引甌北詩末句註曰：「璞函從
軍滇、蜀，有《娵隅集》一卷，近亦刻成。」既言「近亦刻成」，知趙文
哲詩集，亦當刊刻於此時。

四月，奉老友邵松阿齊熊之約，往虞山訪友，與蘇園公去疾、吳竹橋蔚
光、鮑景略諸名流宴飲。

《舊譜》：「夏四月，訪老友邵松阿於虞山。」

《與邵松阿耐亭改字別幾三十年，中間雖邂逅近杭州，交語未及寸燭也。今
夏始至虞山奉謁，承招同蘇園公、吳竹橋、鮑景略諸名流讌集，撫今追昔，
即席奉呈》：「車笠論交誼最親，別來常恐見無因。紫薇共直如前日，白首同

年尚幾人。隟影難追駒過蹟，巢痕空記燕棲塵。相逢未暇離懷訴，先把形容認個眞。」「七十耆年已舉觥，胸中五嶽尚崢嶸。未敢身享容容福，或避名呼觸觸生。風教每持前輩論，文章喜爲後生評。魯靈光殿孤撐在，也算人間一老成。」「朋簪招集德星堂，都爲留髡遞勸觴。自是客因邛令重，非關人看子瞻忙。廿年別緒聯床雨，四海虛名滿鬢霜。略似京華文酒宴，舮稜回首路茫茫。」（《甌北集》卷三六）

【按】本詩「七十耆年已舉觥」句後注曰：「君今歲七十。」蘇去疾（1728～1805），「字獻之，常熟人，乾隆二十八年進士，官□□知州，有《涉藝園詩集》。《蒲褐山房詩話》：獻之，樹節孤峭，天懷夷曠，鳳喈常以張覆輿、殷伯岩爲比，樂府最古質奇奧，然如『河漢澹無影，滄江流有聲』、『獨夜久不寢，雨聲聞更涼』、『夜涼風遝起，明月滿前村』，又極清遠蕭澹。由庶吉士改主事，出爲知州，與世聱牙，遂謝病歸家。居三十餘年，杖履逍遙，朱顏白髮，視聽不衰，虞山人指以爲仙」（《湖海詩傳》卷二八）

《（同治）蘇州府志》卷一○一：「蘇去疾，字顯之。道光志作獻之。父本忠，孝友廉讓。去疾乾隆癸未二十八年進士，由庶吉士改刑部主事，出爲貴州都勻府八寨同知，以逸獄囚罷官。當安南黎氏爲阮氏逼篡，孫文靖爲粵督將討之。去疾與之書曰：『虛聲不可讋，彊悍鄉鄰有釁，閉戶可也。取之爲貪，兵發難有端，將爲我患。』文靖迂其說，弗聽，後乃大悔。嘗主講山西、河南書院。去疾樹節孤峭，天懷高曠，詩極清遠蕭澹，樂府尤古質奇奧。家居三十年，杖履逍遙，人指爲仙。」

《海虞詩話》卷六：「蘇直刺去疾，字獻之，號園公，乾隆二十八年進士，由庶常改主事，仕至貴州直隸州知州。中年謝病，享林下之福三十餘年。書法超逸，詩境高邃，與桐城姚惜抱獨相得，故壽姚六十有『海內同心人，與子猶耕耦』之句，蓋皆孤峭人也。《感春》云：『載籍多遺訓，豈謂不見之。如何但狂趨，終日無一施。乘陽推化出，寧復待來茲。雜花生繁林，童冠詠而歸。水濱行欲暮，輕風飄我衣。熙熙初皇民，宛然遊一時。正爾觀所尙，勿謂春遲遲。』《寫懷》云：『我思羅夫子，羅典字徽五，號愼齋，乾隆辛未翰林，改御史，遷鴻臚卿。養母歸湘潭。岳麓且終焉，盛年早抽簪。遂令南楚士，服教感至今。丈夫抱特節，出處在一心。豈顧塵土間，營營浮與沈。江水深以長，可以彈素琴。』《續陶魯直》句云：

『放開眉頭過日，豎起脊梁做人。陶句。淡飯虀茶餬口，竹籬茅舍存身。』可想見其爲人矣。所鑴《蘇園仲集》五卷，予嘗品爲眞漢玉云。」

姚鼐有《蘇獻之墓誌銘》，見《惜抱軒文後集》卷七，可以參看。

吳蔚光，《（同治）蘇州府志》卷一〇三：「吳蔚光，字竹橋，乾隆庚子進士，禮部主事，乞假歸，優游於湖山詩酒者二十年。子憲澄，諸生，善隸書。」

《國朝詞綜》卷四四：「吳蔚光，字悊甫，號竹橋，昭文人。乾隆四十五年進士，官禮部主事，有《小湖田樂府》十卷。」《湖海詩傳》卷三六：「吳蔚光，字悊甫，號竹橋，昭文人。乾隆四十五年進士，官禮部主事，有《素修堂集》。《蒲褐山房詩話》：竹橋初登詞館，繼改儀曹，志尚幽閒，即辭華膴。既而喆舅總制湖湘，門盈蘭錡，而向禽之志彌專、箕潁之情愈切，覃研文史，嘯傲湖山，跌宕琴樽，搜羅書畫，且及閩人鮑叔冶等及女士席佩蘭、屈宛仙弦詩讀畫，粉墨淋漓。吾谷雲深，尚湖春暖，人誇雅集，望比臞仙，故發爲著撰，莫不刻羽引商，揚風扢雅，佳句如『江城遠笛秋風早，山館疎燈夜雨多』、『半湖流水青通市，十里垂楊綠到城』、『卷幔榴花紅有焰，浮杯菖葉碧生香』、『憑溫小檻思題竹，行熟回塘爲看花』、『水氣陰涼將做午，山情平淡恰逢秋』、『逢花客有留連意，對月人多太息聲』、『夢裏驅犍歌白石，醉中熏麝寫烏絲』、『貰來綠酒堪爲國，畫出青山可當家』、『天寒睡怯孤衾重，夜雨吟貪小閣幽』、『落花聲氣簾櫳悄，鬥茗時光几格幽』、『斜陽簾幕圍爐話，殘雪樓臺擁架吟』、『長日一筒荷葉酒，豐年萬頃稻花香』、『千古功名春夜夢，半生交友曉天星』、『紅雨半簾飛蛺蝶，綠雲千葉蓋鴛鴦』、『空江短棹春波色，小院重簾暮雨聲』、『夙緣未了時開卷，舊侶無多日掩關』，雖畫以旗亭之壁，寫以蜀錦之箋，殆不能窮也。」

法式善《例授奉直大夫禮部主事吳君墓表》：「君諱蔚光，字悊甫，一字執虛，自號竹橋，世居休寧。係出唐左臺御史少微公後，遷環珠村，又遷大桀。君生於休寧，四歲隨父居昭文之迎春巷，而吳氏始爲昭文著姓。曾祖國啓，祖宏相，考敬，俱以君弟熊光貴，累贈資政大夫。曾祖妣金氏，祖妣查氏，妣金氏，俱累贈夫人。君九歲喪母，哀毀如成人，輒有遺世獨立之概。以父在，不敢廢學，姿性穎敏，漢魏樂府上口不忘。十八歲以錢塘商籍補博士弟子員。乾隆丙申獻賦天津，欽取二等第五名。

丁酉舉順天鄉試，改昭文籍。庚子會試中式，殿試二甲第七名，選翰林院庶吉士，纂修武英，分校四庫。散館，一等第六名，改禮部主事。是冬，以病假歸，侍父極生榮死哀之禮。教子弟有法度，宿疾旋瘳旋作，因得退閒林下二十餘載，從容言笑而逝。年六十一歲。其卒以嘉慶八年八月二十三日。君愛郭西湖田曠幽，欲構屋其上而未果，故自署湖田外史。其子將卜吉於其麓，以成先志。配邵氏。子五人：峻基，候選府同知。愷基，邑庠生。祿峙，國學生，候選直隸州同知。象嶸，廩貢生，試用訓導。憲澄，增廣生。孫八人，孫女七人。君生平抱負甚奇偉，視天下事無不可辦。及屢摧折於名場，而其氣亦稍衰矣。顧獨於文燕詩會，酣嬉磅礴，凌厲傲兀而曰：『造物阨吾以功名，而豐吾以文章，不猶愈乎？』故當其未第時，江南北、浙東西，竹橋詩名已噪甚。余既偕君同登第，橐筆值詞館，君殊以余為可語，時時近昵之。越明年，君改官去，忽忽幾三十年而君死。嗚呼，可傷也已！然君特屢以詩文寄示余，余有所作，亦郵傳質君。今其子不遠千里以行狀來，欲得余文以妥君之靈也耶。君既淡於仕進，而聲色無所累，其心惟於佳山水，好子弟，則不能須臾釋情，而又能嚴辨乎人性之善惡、深究夫詩教之正邪？上不背古人，亦不囿於古人，獎其所已至而勉其所未至，汲汲焉，皇皇焉，若不克終日者，其誠篤如是。蓋君之教，可以化一鄉、可以化一國也。而其心則以為，可以化一國，則化一國，可以化一鄉，則化一鄉矣。此其意度超越，豈可僅以詩人目之也。君少與黃景仁仲則、高文照東井、楊芳燦蓉裳、汪端光劍潭齊名，仲則、東井死已久，劍潭浮沈下僚，蓉裳需次農部，皆不獲一第。余與君同登第矣，同官翰林矣。官之升沈不足言，而二十餘年省躬自考，要未有足以質諸友朋者，持以較君，固皆有所不及也。君晚年蒔花藝竹、瀹茗滌硯，不藉手於童僕。春秋佳日，杖履優游，喜以圖書琴鼎自隨。至亭樹潔淨，手親播拂，購王冕梅花長卷，以梅花一卷名其讀書小樓。死之日，遠近來弔者皆曰：『竹橋先生亡矣。』嗚呼！觀君之所自得，不誠使人有翛然遺世之思耶？君所著有《易以》二卷、《洪範音諧》二卷、《毛詩意見》四卷、《春秋去例》四卷、《讀禮知意》四卷、《求間錄》十卷、《方言考據》二卷、《閒居詩話》四卷、《駢體源流》一卷、《杜詩義法》八卷、《唐律六長》四卷、《詩餘辨偽》二卷、《姜張詞得》二卷、《素修堂文集》二十卷、《古金石齋詩》前集四十五卷、後集

十五卷、《小湖田樂府》前集十卷、續集四卷、《寓物偶爲》二卷。」（《存素堂文集》卷四）

鮑景略，孫原湘《趙涵泉傳》略謂：「在虞山之北麓，繞翁居多古木蓊翳，庭中老桂殆百年物，翁又雜植花木，闢梅圃，廣可數畝，顏其居曰『總宜山房』，益市圖籍，充牣其中，邑中名宿如邵松阿、吳竹橋兩先生，毛壽君、陳筠樵、席子侃、鮑景略、受和昆仲咸造焉。」（《天眞閣集》卷四九）

邵齊熊子媳鮑尊古印爲閨閣才子，喜讀甌北詩，並題其詩集，推譽再三。甌北聞而喜甚，走筆答謝。

《鮑風夫人鮑尊古有題拙集長句，松阿出以相示，欣荷之餘，走筆爲謝》（五首）之三：「若遇隨園拾唾珠，定應誇作女高徒。老夫不敢衒宮屈，稽首仙臺拜鮑姑。」之五：「莫怪香閨解擘箋，清才多聚一門偏。劉三娘子詩情麗，句法原從孝綽傳。」（《甌北集》卷三六）

《和尊古見題原韻》：「幃幔謝紗事已古，閨闈惟有胭脂虎。豈知才媛出虞山，筆妙能將化工補。丹鉛點勘各家詩，一串牟尼手中數。評量不妄下雌黃，緣識此中歷甘苦。獨慚衰朽才已盡，襲續餖飣奚足取。方愁醬瓿覆殘篇，乃辱藥籠收敗鼓。鮑姑竟作鮑叔知，爲我揚眉氣一吐。噓拂得藉雲中君，聲名已過城南杜。」（《甌北集》卷三六）

【按】據《安徽名媛詩詞徵略》，鮑印，字尊古，歙縣人，即匏風室。著有《綠筠亭草》。（《清代閨閣詩話叢刊》）嘉慶元年所刊《隨園女弟子詩》（袁枚編），共選二十八人，卷六收有鮑尊古詩。《甌北集》卷三六，收有鮑印題詩，曰：「先生才足高千古，下筆如龍復如虎。九天珠玉咳唾成，無縫天衣不須補。拜袁哭蔣尚未然，餘論紛紜何足數。先生得名不知榮，先生作詩不知苦。但覺山水秀靈氣，取之無礙任我取。詞源浩湧翻水瓶，才思捷打催花鼓。讀之未竟更漏盡，燭花紅焰爲詩吐。先生先生詩必傳，今之甌北古老杜。」《海虞詩話》卷一一：「鮑女士印，字尊古，適邵孝廉廣融，題趙甌北詩集謂：「……。」甌北集有和韻一作，此亦附載，因其集無鐫本，故錄之。」鮑印女邵琬章淵潤亦擅長詠詩。「琴川邵琬章淵潤，有《話月樓詩集》，常熟趙汝玉元成室，鮑尊古女。母病剮股，由是得疾，歿僅二十九歲。集中《詠魏武》云：『一代奸雄霸業基，文王自命世誰欺。漫誇震主威權盛，已有旁觀司馬兒。』深得弦外之音」（《名媛

詩話》卷一一）。

經嘉禾，往杭州，謁由兩淮調任浙江鹺使之全惕莊德，寓德生菴，遊靈隱寺，登六和塔，訪雲棲寺，凡十日回返。

《舊譜》：「又遊杭州，十日始歸。」

《杭州謁惕莊鹺使，時由兩淮調任兼理織造》：「扁舟訪舊浙江潮，又荷旌麾遠出郊。楊柳西湖三月暮，梅花東閣十年交。離懷常托相思草，宦蹟原如不繫匏。雅量服公真灑落，不因杯水感堂坳。」「白簡星馳挽不回，風聲小警殷其雷。名留豬嘴關前說，身過狼牙嶺上來。補袞功應光黼黻，調羹才本擅鹽梅。移官恰占湖山勝，盡許清遊把酒杯。」（《甌北集》卷三六）

《寓西湖十日，湖山之遊略遍，雜記以詩》（十首）之一：「足蹟半天下，西湖夢每牽。有山皆老樹，無地不清泉。昔到曾三度，重來又五年。艑郎如舊識，迎我瘦筇前。」（《甌北集》卷三六）

此時尚寫有《嘉禾道中》、《觀煮繭》、《德生菴夜坐》、《靈隱寺》、《登六和塔》、《將入雲棲，十餘里修篁夾路，人行綠陰中，清景獨絕，肩輿中不得曠矚，乃以奴輩所乘馬騎而遊》（《甌北集》卷三六）諸詩。

【按】《嘉禾道中》謂：「長水塘邊四月天」，舊譜所載與之相吻合，知甌北此次來杭，是在農曆四月。嘉禾，即今之浙江嘉興。六和塔，宋祝穆《方輿勝覽》卷一《臨安府》載靈隱寺、六和塔，略曰：「靈隱寺在錢塘十二里，靈隱、天竺兩山，由一門而入。宋之問《遊靈隱夜吟》云『鷲嶺鬱岧嶤，龍宮隱寂寥』，久不能續，有老僧坐禪曰：『何不道「樓觀滄海日，門對浙江潮。桂子月中落，天香雲外飄。捫蘿登塔遠，刳木引泉遙。」』云云，遲明僧不見人，以為駱賓王也。」「六和塔，開寶中建，在龍山月輪峰之開化寺。初九級，後廢。紹興再造七層。《蘇子瞻詩話》云：舊讀蘇子美《六和塔》詩『松橋待金鯽，盡日獨遲留』，初不喻此語，及倅錢塘，乃知寺後池中有此魚如金色也。昨日復遊池上，投餅餌，乃略出，不食復入，則此魚自珍貴久矣。《搢紳脞說》：張君房為錢塘令，宿月輪山寺，僧報曰『桂子下塔』，君房登塔望之，紛紛如煙霧，迴旋成穗，散墜如牽牛子，黃白相間，咀之無味。」《欽定大清一統志》卷二一七《杭州府二》：「雲棲寺，在錢塘縣五雲山西，吳越建，宋治平二年改名棲真院，後廢。明隆慶五年，僧袾宏結菴於此，掘地有碑，即古雲棲寺也。」

連日陰雨，河水暴漲，小麥被淹，眼見莊稼歉收，百姓生計艱難，甌北焦灼不安。

《苦雨》：「江鄉連月雨，何日豁重陰。不信天真漏，幾愁陸亦沈。河通田稜滿，泥滑野塍深。太息平疇麥，黃雲色變黔。」「誰能不火食，偏似禁煙時。有粟仍愁餓，無薪可具炊。割生豪已減，束濕令難施。燒到炭廥盡，何曾烹伏雌。」（《甌北集》卷三六）

端午，天忽放晴，偕同蔣立菴熊昌、蔣瑩溪騏昌、莊亭叔通敏等老友，觀賞龍舟競渡，夜則枕上吟詩。

《偕介眉、廷叔、立菴、曉東、瑩溪、小岩、香遠、保川諸同人連日看競渡》：「積雨龍舟競不成，金支翠羽枉鮮明。天公也恐妨遊戲，特放南薰數日晴。」「白頭聊作少年狂，排日攜尊上畫舲。世是昇平人老健，可無豪舉逐歡場？」「珠翠千船淡泊遭，共嗤杜牧欠風騷。不知老去豪情減，只道看花眼太高。」「看渡歸來月滿川，兩堤燈火沸歌弦。吾家水閣雲溪上，鼉斷華胥極樂天。」（《甌北集》卷三六）

《不寐》：「老去無眠夜景清，聊營腹稿待天明。小鬟曉夢聞呼起，知有新詩枕上成。」（《甌北集》卷三六）

《舒城題旅店壁》、《夜夢從軍爲賊所執，不可不死，又不能遽自引決，瞿然而悟，汗已滿身，乃知生平此中未有定力也》、《壽汪屏周八十》（《甌北集》卷三六），皆這一時段所爲詩。

【按】廷叔，應爲亭叔，乃甌北好友莊通敏（1738～1810），亭叔乃是其號。《清秘述聞》卷一六：「編修莊通敏，字際盛，江南陽湖人，壬辰進士。」《國朝詞綜補》卷一四：「莊通敏，字澹迂，陽湖人，乾隆三十七年進士。」陸繼輅《合肥學舍箚記》卷一《莊中允爐》條謂：「莊迂甫表兄通敏，少宗伯方耕先生仲子也。好宣德香爐，官翰詹垂二十年。和珅浸用事，君飲大醉，即呼名痛詆，盡取所蓄爐，摔之滿庭，醒而惜之，則又購買，月或一、二次，有賣爐者知其然，至移寓近之。君研精經學而不好造述。歿後予題其靈次云：『上相憚風裁，罵座如披彈佞疏；遺經究終始，杜門偏諱箸書名。』」陸繼輅《黃壚感舊詩四十首》之七亦敘此事，詩曰：「酒狂第一莊宮允，亭叔表兄。早向安昌罵座來。辛苦擘經三十載，偏憎人說著書才。」（《崇百藥齋續集》卷二《香適集》）與洪亮吉、趙懷玉、沈叔埏、鄒炳泰有交，見《更生齋集》詩卷三、卷五、卷六、

卷八,《卷施閣集》詩卷九,《亦有生齋集》詩卷七、卷一一,《頤彩堂文集》卷一、卷五,《午風堂集》卷四。

曉東,即甌北內兄高曉東。

香遠,即甌北內弟程香遠,程景伊子。

長洲蔣立厓業晉素喜甌北詩,先後托吳杜村紹浣、楊充之道企慕之意,甌北為詩以致意,並與吳竹橋蔚光有詩唱酬。

《長洲蔣立崖明府最愛拙詩,曩曾托杜村中翰具道企慕之意,今遇吾鄉楊充之州牧,又囑代致殷勤,其於我可謂癖好矣!自惟譾劣,愧不敢當,而厚意殊可感也,貽之以詩》:「有此神交蓋未傾,一人知己足平生。他時不用青蠅弔,此日應先白犬盟。多恐推袁非定論,得毋慕藺誤虛名。衰年久擲吟毫禿,重為桓譚別短檠。」「頻煩芳訊致纏綿,想見殷懷愛我偏。賈島豈堪呼作佛,知章竟已許為仙。近來風氣輕前輩,老去聲名仗後賢。甚欲與君傾肺腑,相期虎阜菊花天。」(《甌北集》卷三六)

此時尚寫有《次韻答吳竹橋別後見寄之作》(《甌北集》卷三六)一詩。

【按】蔣業晉(1728~1808),字紹初,號立厓,江蘇長洲人。乾隆二十一年丙子舉人,官湖北清軍同知。有《立厓詩鈔》。《蒲褐山房詩話》:「蔣業晉,字紹初,號立崖,長洲人。乾隆二十一年舉人,官漢陽府同知。有《秦中》、《吳廡》、《楚遊》、《出塞》、《歸田》諸集。」洪亮吉《蔣業晉吳縣》詩曰:「諤諤昌言動九霄,平生風義士林標。羅胸列宿窮三史,抗疏孤臣答兩朝。荒徼賜環天子聖,家山拄笏碩人遙。好賢不待蒲輪賁,有客欣開石室招。謂寧國府譚君,設學仿紫陽書院,幣聘相招。」(《更生齋集》詩卷一《萬里荷戈集》)又,《蔣州守業晉寄天遠歸雲圖索題》二首謂:「江漢爭流處,茫茫鸚鵡洲。又隨鴻北去,直到海西頭。楚國萍如斗,天山月掛鈎。何因暫謀面,兩地訝同遊。余兩至楚中、一詣塞外,與君略同,而路較遠。又戊午年乞假歸,曾於吳門一識君。」「萬里遄歸日,輪臺雨夜過。夢餘清淚落,天外斷雲多。此客情何逸,勞人鬢亦皤。披圖一惆悵,疑聽郢中歌。」(《更生齋集》詩卷三《山椒避暑集》)

顧光旭《漢口舟夜蔣明府業晉枉過出詩稿見示喜贈長句》詩曰:「夜雨連檣漢陽郭,漢水初從天上落。僬人飛舃雨墊巾,投我新詩不雕鑿。窮燈細讀半卷餘,我喜而愕繼以作。信知個儻才不羈,天骨軒然脫塵縛。意愜清(按:當作「情」)親興欲飛,高吟只恐驚黃鶴。溯自國風始二南,

詩亡然後春秋作。四始六義治道存，後來學士資淹博。兩漢三唐傳幾人，開流激蕩爭騰躍。閒鷗忘海鳥知歸，香象渡河魚自樂。李杜無人韓筆亡，寥寥數公才力弱。豈惟綺麗無足珍，性情不至皆糟粕。讀君長句氣益振，曹霸凌煙寫褒鄂。來看颯爽毛髮青，去若寒光聚鋒鍔。洞庭木落江始波，九派風濤日回薄。恨不攜君十日談，楚雲一掃看寥廓。今我還山且讀書，不爾心神竟安托。爲君灑掃湖上山，他時卻話晴川閣。」（《響泉集》詩卷一二）

吳省欽《蔣立厓楚中吟序》謂：「同年立厓蔣君，以詩稱吳中。當丙戌春，立厓自秦至京師，出遊稿示予，其詩清壯兼夏聲，匆匆未及以序。是夏，立厓試吏楚中，楚故財賦地，又善訟，聽斷小不當，往往走京師投甌，持長吏長短，故吏楚視他直省難。夫以甚劇之區，視不習之事而忧之，以思逞之民，能復唱渭城者尟矣。六七年來，聞立厓治狀甚著。頃以襄校入闈，日相與談藝，而不及詩。閱五日，始出詩百數十篇，所爲《楚中吟》者相示，意欿然甚下，若編不富而格稍降也。古之詩人，抒性情、陳古昔，若左記室、阮步兵、顏光祿、沈吳興，多各以詠傳，至謝公《吳會吟》、白傅《秦中吟》，美刺雖異，而所操皆土風，其體從樂府。惟鮑參軍之擬《白頭吟》、李翰林之擬《梁甫吟》，類皆古歌詩。立厓歷宰望縣，以其餘事道山川風俗之美，與夫賢士大夫作爲歌詩，一唱三歎。詩與樂相通，即吳會吟奚以異也。吟之高者鸞、壯者龍、苦者蟲、哀者猨。之數者，性情既異，吟聲亦不侔。凡詩皆具性情，永之爲詠，申之爲吟。以立厓之性情，而又寓諸所治之山川風俗與夫賢士大夫，即詠恐有不足矣。予見近代詩人類以吟名稿，聊舉吟詠之義，俾知立厓之詠之合於吟。至其詩之工，西莊光祿已序之，子向者固已清壯，目之詩則猶是也，而謂降格哉？」（《白華前稿》卷一二）

又與王昶、王鳴盛有交，見《春融堂集》卷一八、卷二二，《西莊始存稿》卷一〇、卷一七。

《甌北集》卷三六附吳蔚光原作曰：「已久聞名在見前，龍騰虎嘯復詩篇。獨開生面奇劖嶄，直抒中懷快瀉川。筆下竟無堅勿破，行間寧有隱難宣。三分鼎足稱袁、蔣，旗鼓相當盡必傳。」可作參考。

內弟劉敬輿欽年七十，賦詩以祝，並稱道其家風敦睦。

《壽敬輿內弟七十》：「金粟香浮介壽卮，老人星正耀昌期。科深世已稀

同輩，官好民猶有去思。白雪調高登第卷，清風袖少買山資。晚香贏得身長健，七十耆齡鬒未絲。」「世德相承旋馬廳，家風顏柳有餘馨。弟兄垂老猶同爨，子侄從遊每執經。門第自榮泥誥紫，盤餐仍咬菜根青。即今鄉國論耆舊，誰不靈光仰典型？」「養閒自署四宜休，十笏幽廬傍綠疇。恰好才人居北郭，從來老子愛南樓。錦囊有句頻研削，緗帙無書不校讎。百寶黃鱸知未了，何疑海屋屢添籌。」「京華憶共踏槐黃，風雨頻年感對床。土銼每同煨榾柮，藜羹不笑食檳榔。十年各舞登場袖，萬里俱收泛海航。白首弟兄無恙在，忍辭引滿醉霞觴。」（《甌北集》卷三六）

此時尚寫有《題余伯扶孝廉黃鶴樓圖》、《爲錢曙川孝廉題所藏令兄茶山司寇畫卷，係臨王麓臺筆，麓臺則彷元季四大家者也》（《甌北集》卷三六）諸詩。

【按】《江蘇藝文志·常州卷》，收錄劉敬輿（即劉欽）其人，但未著錄生卒年。《清代人物生卒年表》，未收劉欽。甌北詩謂，劉欽本年七十，由此可知，其生年當爲雍正二年（1724），長甌北三歲。又據《西蓋趙氏宗譜》，甌北妻劉氏，生於康熙六十年，又長欽三歲，故稱其爲內弟。

余伯扶，余鵬年。《國朝詩人徵略》卷四八：「余鵬年，原名鵬飛，字伯扶，江南懷寧人。乾隆五十一年舉人，有《枳六齋詩稿》。伯扶嶔崎歷落，意氣自豪，西踰秦隴，南絕江漢，壯遊所至，發爲詩歌，莽莽蒼蒼，筆力雄偉。」《國朝詞綜》卷四五：「余鵬飛，字伯扶，懷寧人。乾隆五十一年舉人，有《夢箋書屋詞》一卷。」《揚州畫舫錄》卷三：「余鵬飛，字伯扶，安慶懷寧人。丙午順天舉人，豪飲能詩，善拳勇擊刺之狀，著《曹州牡丹譜》。弟鵬沖，字少雲，工詩畫。朱笥河太史、翁覃溪侍郎稱其詩不讓古人。年未三十而卒。」《水曹清暇錄》卷一五：「懷寧月村茂才余鵬飛，青年美才，倜儻不羈，予素器之。頃赴宦秦友人之聘，予親家並山吳玨有詩送之云：『此才猶自滯菰蘆，萬里誰憐鴈羽孤。煙柳隋堤三月路，風沙漢苑五陵都。家貧未敢輕彈鋏，志壯何勞說葉繻。遙識候亭官吏接，翩翩爭指阮元瑜。』」《靈芬館詩話》卷一○：「余伯扶鵬年，與余同在杭州試院，數晨夕者旬日，曾爲余題《萬梅花擁一柴門圖》，不兩年遽聞怛化，深爲惋歎。其弟少雲鵬狆，亦工詩詞，未之識也。昨席間，萬廉山明府誦其《柳花詩》云：『黃金散盡玉成煙，狼藉人間不值錢。流水岸邊無返路，亂雲深處是愁天。』淒惋之音，可以怨矣。又有

句云：『亂嶂排青山作海，萬疇搖碧地浮天。』」金兆燕《贈余伯扶兼悼少雲》詩曰：「文人困九命，自古增悲歔。爾弟已不祿，齎志填溝渠。爾身猶樓屑，不得守鄉閭。老母與新鳰，束腹同向隅。驅爾復出門，茫茫安所如。愧我窮老骨，寄食他人廬。欲爲將伯助，此言眞虛車。秋風廣陵城，分手飄涼裾。歸告爾弟靈，因夢尙就予。」（《棕亭詩鈔》卷一六）

王昶《新修榆林府志序》略曰：「康熙十二年，譚吉璁官延安府同知，始撰《延綏鎮志》，旁及榆林，其時猶衛也。及置府，而府暨各州縣迄無專志，積時既久，無所考於前，無所采於後，創始者以爲難。太守昌平李君來榆茸年，歲稔人和，憫志之不備，會其友余君伯扶來長安，屬撰之。餘君博學具雋才，網羅舊聞，證以正史，其屯田、鹽茶、戶口、科第，餘又益以布政司之故籍，於是分爲十四類，釐然畢具，而屬余序其端。」（《春融堂集》卷三六《序》）

翁方綱《曹州牡丹譜詩序甲寅十月望》曰：「昔歐陽、陸、張諸家作《牡丹譜》，而皆無著錄之詩。予屬余伯扶撰譜，並爲三詩。門人安雲亭亦題詩於卷一，時屬而和者數家。今歲餘矣，而和者又踵至，於是雲亭輯而成編。予惟自昔詠牡丹者矣，若白居易、吳融專賦白牡丹，殷文珪賦紅、白牡丹，黨懷英賦粉紅雙頭牡丹，楊萬里賦青綠牡丹。其隨處即事者，若韓琦賦畫錦堂牡丹、宋裴賦朝元宮牡丹，未有一色著稱而聚成卷帙者。即洛花，雖以歐陽得名，然予獨不解，歐陽子何以疑地產而併疑土中之說，則當日未有著賦者，侔色揣稱以爲之說，而又無裒集之人爲之既其實也。予初至曹州，采風問俗，尙未及詳考物宜，爲之疏析其義。而雲亭司牧之暇，值伯扶之能述，與諸家之綺麗薈萃一時，可不謂盛歟？今云亭又當之官東郡，彙刊諸作，附於譜帙，海內品藻，名流踵而和之。又當日起而增韻勝焉，豈特補前人所未及而已乎？善俗之方，導民之術，皆於是寓之矣。」（《復初齋外集》文卷第一）

初秋，出遊焦山，與詩僧巨超、練塘結識。

《遊焦山贈巨超、練塘兩詩僧》：「孤嶼中流矗，扁舟一纜維。有天無地處，過暑未寒時。乍到慚生客，相迎有導師。盤旋雲磴回，百級此探奇。」「境與世相隔，滄波四面澄。山如隱君子，寺有好詩僧。說法神魚舞，安禪怖鴿憑。天親與無着，相對一寒燈。」「蒼耳寧愁墮，相隨杖錫飛。江清天作底，山瘦樹爲衣。藥物尋黃獨，鐘聲出翠微。尙嫌浮玉俗，丹碧耀禪扉。」「山深

絕塵蹟，禪侶似填箎。草茁知更歲，花開必作詩。幽居憑鑿翠，韻事出披緇。享盡清閒福，參寥不自知。」「頻歲思探勝，勞勞未得閒。始知一塵海，錯過幾名山。衰老遊才果，登臨力已屪。何當來結夏，長共掩禪關。」（《甌北集》卷三六）

《再題焦山寺壁贈兩僧》：「滑笏江流去不扃，海風吹出一螺青。十年來往空相望，今日才尋瘞鶴銘。」「修篁密樹綠陰連，不著樓臺得自然。對面金山太寒乞，傲人生活勝焦先。」「對他浮玉覺寥蕭，狐貉旁偏立緼袍。齊己詩篇懷素字，兩僧共占一山高。」「伊蒲留客飫香廚，蔬筍登盤味有餘。我本才非蘇玉局，敢嗔佛印不燒豬。」「參遍華嚴五十三，老思彌勒結同龕。一菴似怕人來借，先自名呼作借菴。」（《甌北集》卷三六）

【按】《湖海詩傳》卷四六：「清恒，字巨超，海寧人，住焦山寺，有《借菴詩鈔》。《蒲褐山房詩話》：巨超，住松寥，得照圓衣缽之傳。劉石菴尚書贈以對聯：『萬疊江山工絕唱，三秋水月證參禪。』蓋道其實也。丁巳予往訪之，下榻山樓，三更呼起，看長江墮月，五更後促觀滄海朝霞，胸次高曠若此，故其詩亦非九僧等可比。」

《兩浙輶軒續錄》卷五一：「清恒，字巨超，號借菴，海寧人，焦山松寥僧。《長興縣志》：清恒嘗住焦山松寥，劉文清贈以聯云：『萬疊江山空絕唱，三秋水月證參禪。』嘉慶庚申主長興龍華方丈，戒行精嚴。性耽湛靜，不尙機鋒，編修洪亮吉挐舟來訪，清譚十數日而去。有《借菴詩鈔》行世。侍郎王昶：何其胸次高曠，非凡僧可比。復回焦山示寂。」

《春草堂詩話》卷一：「僧借菴，初名巨超，焦山方丈也。有《十七夜月》一首云：『一月一回圓，人行明鏡裏。月光如水流，四十五萬里。圓從缺處生，缺即從圓起。』讀此詩可以悟參禪理。又『蟲吟山館月，人臥草堂星』，又『涼生潮影外，秋在葉聲中』，又『有時閒到無聊處，自已開門掃落花』，皆妙。」清沈濤《匏廬詩話》卷中：「近日詩僧皆稱鐵舟、小顛，余謂顛公故未脫蔬筍氣，鐵道人則江湖結習太重，所見惟焦山借菴上人巨超詩，天機清妙，截斷眾流，兼之戒律精嚴，不媿參寥覺範。嘗記其《弁山雜興》云：『竹裏香臺樹裏鐘，看山人到碧夫容。愁他客至無由入，山繞一重雲一重。』《秋日山居》云：『十日秋光不出門，蟲聲如雨落牆根。囑他漫埽梧桐葉，恐損階前碧蘚痕。』他句如：『古井無波塡落葉，斷碑有字絡枯藤。』又《西湖船》云：『薄暮繫垂楊，寂無

人語響。一雙白鷺鷥，替作船家長。』皆極工妙。」

張五典《寄巨禪師》詩曰：「焦山僧巨超，翛然鷗鷺姿。午日一識面，料知胸有詩。適遇畫鷁來，呵殿擁旌麾。攢眉事迎送，陽烏墮嶺陲。吾友王禹卿，生平無譽詞。逢人誦好句，黽可復伊誰。廣陵鹽估乏，繁費防毫釐。淮南諸梵刹，減卻香燈貲。少年主方丈，頗聞力支持。山菑量歲入，完租始及私。齋眾日再食，諷經無慮饑。出家作家計，辛勤甘若飴。向夜就佛火，儒書每攤披。本性耽苦吟，點竄墨淋漓。建業餘六寺，甖田由群緇。藉口度荒歉，稽實恣妄為。近者寶華衲，爭訟奪川坻。雖則激勢豪，畢竟乖清規。安得公數人，散布江之湄。叢林歸領管，道在隨所施。多引方外交，唱酬風雨期。佳處憑參禪，體格盡離奇。寄聲枯木堂，酷愛瘞鶴碑。重看心不厭，扁舟待秋颸。」（《荷塘詩集》卷一六）

洪亮吉、王昶外，又與王文治、陳文述有交，見《夢樓詩集》卷一六、卷一八、卷二一，《頤道堂集》詩選卷一九、卷二〇、卷二二、卷二四、卷二八。

練塘，《淮海英靈續集》辛集卷三：「達瑛，字慧超，號練塘，丹陽人，主席棲霞，住夾灣精舍。罕與外人接見，洪稚存太史呼為懶僧。與焦山巨超、萬壽寺悟濡相唱和，又嘗掛錫松蓼螺，盧驢王豫並選其詩刻之，名三上人集。著《旃檀閣詩鈔》。」

《湖海詩傳》卷四六：「達瑛，字慧超，丹徒人，今居焦山寺，有《練塘詩鈔》。」洪亮吉《釋達瑛攝山》詩謂：「目窮西海歸東海，到處名山已盡探。正恐欲開天未許，不妨暫借與茅菴。」（《更生齋集》詩卷一）

趙懷玉《放生池訪練塘上人》詩題下小注曰：「練塘，名達瑛，能詩。」詩謂：「為愛招提僻，沿緣冒雨尋。屐沖泥滑滑，徑指竹深深。偶息勞人影，因參靜者心。一編禪月集，珍重幾回吟。」（《亦有生齋集》詩卷二〇）

回西干故里，並往馬蹟山省墓，目睹鄉間風物，為及早抽身官場而慶幸。

《西干故里》：「野景農家好，西成候薄寒。晚風牛背笛，秋水鴨群竿。山樹紅黃綠，村醪苦辣酸。年豐民氣樂，相見勸加餐。」（《甌北集》卷三六）

《馬蹟山省墓》：「先塋頻歲別，今日手椒漿。人老頭逾白，秋深葉漸黃。鹿行松不觸，鳥繞樹猶翔。幽宅差無憾，他年祔壟旁。」（《甌北集》卷三六）

《山行》：「路尋樵徑躡槎枒，山色蒼深夕照斜。一樹紅楓全是葉，翻疑

無葉滿身花。」(《甌北集》卷三六)

《遣興》(四首)之三:「笠屐江村伴老農,莫嗤身計太疎慵。一生只見蜜中粟,舉世爭趨飯後鐘。折阪未登車倒退,遊山正好日高春。始知馬磨卑棲處,少踏人間險幾重。」(《甌北集》卷三六)

此時另寫有《湖村》、《大風宿檀溪港》、《祥符寺》、《寺樓夜宿》、《曉渡太湖》、《夜歸》(《甌北集》卷三六)諸詩。

寶山秀才黃平泉燮鼎慕名專程拜訪,以詩投贈,甌北賦詩作答。

《寶山黃平泉秀才遠訪草堂,枉詩投贈,又出其舊題子才、心餘及鄙人詩,以見平日瓣香所托雅意,愧不敢當,敬次奉答》:「遠枉高軒過所望,草玄人老已郎當。猥充鼎足三分數,豈有毫端萬丈光。耳食或傳姜在樹,毛吹並議菊無香。虛懷誰似黃雙井,欲向蹄涔泊海航。」(《甌北集》卷三六)

此時尚寫有《論詩》、《課兒輩》(《甌北集》卷三六)等。

【按】黃燮鼎,字平泉,江蘇寶山人。其原作曰:「三家詞壘屹相望,旗鼓中原孰對當。天許諸公扶大雅,人從片牘借餘光。只應味外還尋味,如在香中不覺香。我恨未除煙火氣,神山可見海難航。」(《甌北集》卷三六附)

《隨園詩話》卷一四:「悼亡詩必纏綿婉轉,方稱合作。……寶山黃燮鼎《悼亡》云:『無多奠酒諳卿量,未就埋香諒我貧。』皆言情絕調。」

《溪山臥遊錄》卷三:「蔣有筠處士寶齡亦虞山人,余於庚午、辛未間見其所畫山水,澹遠有不盡之致。丙子夏,有筠訪余於吳門,竟日論畫無倦容。其論用筆專尚生趣,用墨無取癡肥,要於渾厚中見骨采,嘗爲友人作澹墨橫幅,意致深遠,神味靜逸,直入古人之室。此幅歸於寶山黃平泉家。」

清袁翼《先府君事略》略謂:「府君詩才拔俗,工於體物,少與同里陳穎夫、浦流槎、黃平泉、舅氏朱少雲諸先生角逐詞壇,五十後瓣香唐人,不踰尺寸,清華圓妙,無志微噍殺之音,蓋得於學問之邃養者深也。」(《邃懷堂全集》文集卷四)

清王慶勳《題黃平泉丈遺稿》:「浪蹟無非閱歷緣,輪蹄才息又乘船。湖山鼓舞詩千卷,塵海消磨夢卅年。才子文章新樂府,曲生風味小遊仙。瓣香誰下南豐拜,不愧隨園嫡派傳。君爲袁簡齋太史所賞。」(《詒安堂詩稿》初稿卷二《曙海樓詩下》)

年邁事少，讀書、賦詩之餘，與老友時而聚會，或仿洛社舊例，開筵長飲，以豁悶懷。然江南一帶之奢靡風習，令甌北憂慮不已，而對農家「菜根風味」推許有加。

《野蔌》：「菜根風味出江村，恰稱田家老瓦盆。辣玉甜冰常饌足，不知世有乳蒸㹠。」（《甌北集》卷三六）

《曉東、小岩、香遠邀我神仙館午飯，至則坐客已滿，再往半山、玉流諸館亦然，作詩誌感》：「歸田二十年，市脯未入腹。吾友貪養頤，誘我作近局。云有神仙館，珍味擅所獨。炙蹯武火煎，炊餅熱鼟熟。尤推魚頭羹，遠追宋嫂臑。老饕一念差，隨之走坊曲。酒肉氣熏人，未到鼻已觸。入門擬大嚼，座客乃滿屋。縱橫數十筵，無隙可布褥。見我傲不禮，嘖而睊其目。彼既占地先，吾敢下令逐？王式本不來，受此驪駒辱。一笑舍之去，再歷館五六。喧擠聲一概，並少席半幅。歸來忽長歎，茲乃無底谷。一館百十人，各破床頭籯。館館盡如斯，日費錢幾斛。自非物力豐，曷此肴饌鬻。君不見古來饑荒載篇牘，水撇鳧茨野采蔌。圍城易子薪析骸，屠肆賣妻格懸肉。履拆牛革煏湯臭，壁搜鼠穴熏煙毒。斯時闤闠景可知，市有醉人已奇福。睹茲餔啜糜金錢，足見昇平調玉燭。已幸生遭繁盛時，惜無力挽奢靡俗。」（《甌北集》卷三六）

另有《汪屏周二尹買菊作花當，招同宣莪士檢討、楊恒夫明府及蓉溪、霖岩、學晦、緘齋諸人讌集，凡八十以上者五人，餘皆七十以上，余年六十七得與焉，立菴更小於余，再後至，以末座讓之。合座十人共七百七十歲，鄉社中盛事也，不可無詩》（《甌北集》卷三六）詩。

【按】汪屏周，見本譜乾隆五十七年考述。

九月，經鎮江，復往揚州。路途之上，「把陳編按時事」，感從中來，發而為詩。

《感事》：「炎風朔雪兩相更，費盡人間幾送迎。郟忌妻孥工媚語，翟公門巷見交情。尺波將涸魚先散，一骨才投犬共爭。笑把陳編按時事，層層棋譜在楸枰。」（《甌北集》卷三六）

《雜書所見》（八首）之二：「偶得一奇聞，如獲珠滿斛。豈知博學人，胸中已爛熟。君不見琅琊稻，十歲兒已腹笥蓄。又不見金根車，名父之子猶誤讀。乃知太倉一稊海一粟，論衡未可矜秘牘。」之三：「猿豈無樂時，鴉亦有喜處。只因其聲似哀怒，遂使人人悲且惡。君不見潘安仁，恬退賦閒居，

難掩拜路塵。又不見蘇子卿，風流娶胡婦，寧玷志節貞？丈夫自立貴有素，身名成敗非旦暮。」（《甌北集》卷三六）

【按】甌北《渡江》詩謂：「復此橫江渡，荒郊落木時。關山秋滿眼，風露曉侵肌」，「江聲連日壯，山骨入秋高。」據此，知其此次赴揚州，當在九月時。

至揚州，與張松坪坦等友人又得相聚，既敘友情，也論詩作。松坪逕稱其詩「不如舊作」，甌北聞之汗下，深為良友之讜言規誠而感動，遂遍覽時賢著述，「轉益多師」。

《松坪見余近詩，以為不如舊作，深荷良友規益，而精力日衰，不能副所望，書以志愧》：「老尚作詩人，已貽士林辱。詩人亦不成，致煩良友勗。枉期精進幢，已入倒回谷。聞言汗自泚，擬更下帷讀。笑撫白髭鬚，老矣中書禿。」（《甌北集》卷三六）

《前輩商寶意、嚴海珊、袁簡齋諸公詩久已刊布，近年來盧抱經、王西莊、錢竹汀考古之書及吳白華、趙璞函、顧晴沙、蔣心餘、張瘦銅、王穀原、錢籜石、王述菴、吳穀人詩文亦先後刻成，羅列案頭，足資欣賞，率題四律》（四首）之一：「插架新編燦列眉，一堂風雅總吾師。臨流欲唱公無渡，及席先愁某在斯。此事不關官大小，斯文真繫世興衰。許燕手筆高岑調，都是開元極盛時。」之二：「如此寰區十數人，可憐力已竭爭新。一時尚恐遭揚觶，他日知誰更積薪。豪傑不歸文苑傳，聰明都用宰官身。故應河岳英靈氣，不在區區大雅輪。」（《甌北集》卷三六）

甌北此次來揚，舊雨新知頻頻應酬，連番作局，真情可感。亦憶及京師故交，為陳輝祖之失足歎惋不已。

《到揚州，未堂、西墝、松坪、既堂、春農、慕青連日邀作近局，詩以誌好》：「到處賓筵款近遊，又將口腹累揚州。二分明月本無賴，七十老翁何所求。竿木逢場聊戲劇，籃輿扶路亦風流。江鄉此會非容易，館閣晨星七白頭。」（《甌北集》卷三六）

《王少林舊為陳玉亭制府屬吏，具述玉亭最愛拙詩，嘗誦余送其出守有「市虛何客過廉頗，廷辨惟君是魏其」之句。蓋昔與玉亭同值軍機，余為人中傷，被擯輒直，玉亭獨為不平，故詩中及之。事隔三十餘年，此詩亦已刪卻，不復記憶，因少林轉誦，不覺前塵影事重觸於懷，而玉亭緣事見法，老母幼子流落無歸，尤可傷痛，爰補綴舊句哭之，想少林亦同此感也》（三首）

之一：「祖道東門句已刪，前塵振觸淚痕斑。豈堪鶴唳華亭後，重憶鶵行鎖闔間。垂死故人傷白髮，未歸新鬼哭青山。生平鮑叔能知我，曾護雞鳴夜渡關。」（《甌北集》卷三六）

《李嗇生郡博令孫周晬，適侍御王立人過訪。立人年五歲時，隨其祖教授公在此官舍讀書，今五十七年重來，似爲嗇生孫發兆，是可賀也》、《近局之會諸公皆有詩見和，再次奉酬》、《王少林太守自寶應來，併入近局，再疊奉贈》、《第四會再疊前韻》、《近局將遍，計日言旋，再疊留別》、《王樓村先生十三本梅花書屋圖，爲其曾孫少林賦》、《寄壽管松崖漕帥六十》、《靜觀》、《麗川中丞奉使過分水鋪，定山東、江南洋面，有觀海詩，次韻奉和》（《甌北集》卷三六）諸詩，均寫於此時。

【按】沈叔埏有《瑞周圖歌》，詩前小序曰：「郡博李嗇生得孫設晬，適錫山王立人侍御來訪，侍御年五歲侍其祖教授公於官舍，閱五十七年，若爲其孫先兆者然。余過揚州，嗇生出圖索題，走筆成此。」詩謂：「禮云抱孫不抱子，懸弧甫周瑞奚紀。一從學舍繡衣來，隔夜燈花先報喜。琅邪祖孫積慶詒，爲奕聞人伯鸞里。卻溯跟蹣門限時，低徊五十七年矣。須識麒麟抱送爲，故教驄馬重過此。主賓款洽一尊開，此事人生能有幾？爭羨烏衣雀桁王，請看奕葉蟠根李。我雖未及試啼聲，頭玉磽磽占鵲起。徵我詩，介君祉，家之瑞乃家之肥，產祥降嘏長無已。紛陳玉果與犀錢，隊戲瑤環共瑜珥。騎翻竹馬繞庠黌，撞破煙樓拾青紫。我今正少晬盤兒，餘瑞平分君可爾。教子一經行教孫，乞君方法續且似。他年莫忘作歌人，交在紀群從此始。」（《頤彩堂詩鈔》卷九）可參看。

王立人，或王笠人之誤，即王寬。《清秘述聞》卷七：「王寬，字笠人，江南金匱人。丙戌進士。」與鄒炳泰、余集有交，見《午風堂集》卷二、卷五，《憶漫菴剩稿》。

王樓村，即王式丹（1645～1718）。《淮海英靈集》丙集卷一：「王式丹，字方若，號樓村，寶應人，凝鼎之子。康熙壬午舉人，癸未會元、狀元，官翰林修撰，分修《皇輿表》。甲申修《佩文韻府》，孫致彌爲纂修官，式丹爲副。又分修《一統志》。凡大撰作，同館皆推之。辛卯多告歸，僑居郡城，與鄉士大夫論文爲樂，士多從之遊。著《樓村詩集》二十五卷，殿撰子抑夫孝廉雍正初宰烏程時刻之。海寧查初白推其詩，以爲俯首下心所兄事者。」《國朝先正事略》卷三八《馬章民先生事略》附

「王式丹」事蹟曰:「王君式丹,字方若,號樓村,康熙癸未會試、殿試皆第一,授修撰。生平續學嗜古,久躓名場,近六十始登鄉薦,通籍後淡於仕進,未久移疾歸。著有《樓村集》。宋牧仲選刻江左十五子詩,樓村其最也。」

《茶餘客話》卷一一:「國初稱牧齋、梅村、芝麓為江左三鳳皇,後又稱王樓村、唐實君、顧俠君為三小鳳。」又曾編醫書《靈豆錄》一部。

吳省欽《靈豆錄序》曰:「王樓邨先生以閎博絕麗之才,為康熙中江左十五子之冠。禮部試、殿試皆第一。時年已六十,領書局數年去,名滿禁中,膏溉海內。顧當未第時,嘗即《本草綱目》搜其精要,勒《靈豆錄》一編,為田中丞雯攜去,而家之人不復知。乾隆乙丑,先生之孫郡守箴輿得之中丞之裔,丹墨爛然,手澤未墜。今年秋,先生之曾孫郡丞嵩高追錄其副,增訂其百一,示予請序之以行。予以本草經論撰於神農、岐伯、子儀之手,陶宏景益以注釋,凡三百六十五味,唐慎微增至千七百四十八味,李時珍於舊藥千五百十八味之外,增三百七十四味。陰陽水土之宜,六根、五華、九實之選,一君、二臣、三佐、五使之性,前民利用無所不備,知醫者讀之而不以費人,不知醫者讀之而亦以博物。然自類書盛行,首尾衡決,學者便於撦取,往往不究其出處,信手引用。其於是書不以小學類之,而以方書類之,束而不觀。一若即有急,而無可就以求焉,蓋所失為不少矣。……以先生之詩,筆之有以饋貧。於書固無所不讀,乃箚楮所記,融滓斂華,惟其輾轉匿護,閱數十年之久,始得廣其傳,而先生之學之勤、業之精,與郡守、郡丞之賢,皆不可以及。讀是書者,其以當記事之珠,可哉!」(《白華前稿》卷一一)

《炙硯瑣談》卷下:「寶應王松岩嵩高,樓村先生曾孫。樓村以康熙癸未及第,而松岩亦以乾隆癸未成進士,官漢陽令。詩有家法。戊戌秋寓於京師,出《藉山閣圖卷》索題,即次韻贈余云:『佳人碧雲外,好句邈難求。趺坐一卷石,孤吟三徑秋。清風起遙籟,遠性對閒鷗。可憶蓴鱸美,煙波有釣舟。』」

《十三本梅花書屋圖》,王式丹在世時即題者如雲。清張雲章《題王修撰十三本梅花書屋圖並引》小序曰:「寶應樓村王先生,名式丹,康熙癸未殿試第一,曾夢至一處有梅花十三本,一老人以杖數之曰:『以此付

汝，汝若饑時，飽吃梅花便是神仙也。』因屬禹鴻臚之鼎繪爲此圖。壬辰假歸，諸名流無不題詩贈行，命余亦贅一詩。」（《樸村詩集》卷四）王少林復得此圖後，亦遍請題屬。錢大昕《王樓村先生十三本梅花書屋圖其曾孫少林進士屬題》詩曰：「南人多種梅，公乃得梅味。天然清瘦格，獨往傲凡卉。心定夢亦眞，老屋見彷彿。東西列十三，知足不外乞。嚼之以療饑，香冷入腸胃。可代索米勞，兼省買山費。醒來竟何有，曰歸詎無謂。風流六十年，懷想但增愾。文孫寶手澤，紙墨餘芳氣。鄉園宛在眼，止渴借自慰。」（《潛研堂集》詩續集卷一）蔣士銓亦作有《王樓村十三本梅花書屋圖爲王少林郡丞作》，見《忠雅堂文集》卷二五。

冬，天寒，家居。

《圍爐》：「頭腦冬烘一腐儒，怕他冰雪冷侵膚。平生性不因人熱，老反趨炎附火爐。」（《甌北集》卷三六）

乾隆五十九年甲寅（1794）　六十八歲

【時事】　正月，漕運總督管幹貞以病免職。孫星衍《資政大夫兵部侍郎兼都察院右副都御史總督漕運管公幹貞行狀》：「五十八年春，因病，春，請開缺，有旨命總督書麟公就近兼攝。會奉令甲江浙白糧全運京倉，未議運費，浙江運丁巳將餘米交坐糧廳經紀代運。公以江南餘米較少，執議不行，被議降級，旋奉旨革職。」（《孫淵如先生全集》平津館文稿卷下）似乎「因病，春請開缺」與「奉旨革職」爲同一年。趙懷玉《資政大夫兼兵部侍郎都察院右副都御史總督淮揚等處地方提督漕運海防軍務兼理糧餉管公墓誌銘》則稱：「五十八年春，積勞感疾，奏請開缺。上命安心調理，使總督書麟公就近兼攝，乃不敢辭。稍愈，即起視事，然自是精力始耗矣。」（《亦有生齋集》文卷一八《墓誌銘》）可知，管幹貞因病辭職，乾隆帝曾令兩江總督書麟就近代管。而幹貞稍愈，仍任其事。甌北於乾隆五十八年秋，有《寄壽管松崖漕帥六十》一詩，說明其仍在漕運總督任，至本年初始被革職。《清史稿》卷三二四《管幹貞傳》謂：「五十九年，以疾乞假，命兩江總督書麟攝其事，疾愈，任事如故。」與孫、趙二文所記不符，亦與《清史稿·高宗紀》所載五十九年春正月，「管幹貞病免」相牴牾，顯然不確。本月，原兵部尚書李世傑卒。士傑，字漢三，一字雲岩，黔西人。「少而倜儻，讀書略觀大意，不屑屑章句，旁及騎射、拳勇、博簺、

管弦之事，靡不涉歷」。年二十餘，「以貲入試常熟黃泗浦巡檢，則盡棄從前之結習，而專刻厲於居官」。累官至湖南、河南巡撫，又曾任四川、兩江總督，「精於吏事，歷任封圻，勤苦與在軍營不異。身無侍姬，食不重味；自失恃後，雖令節未嘗設宴會。屬吏有公事，方許謁省垣，一見輒督促回任，令會城司門者報焉。案牘逾期，檄以『李某親催』帖，仍令詳結時呈繳。毫髮奸必先知之，闔屬震悚，莫敢猗法留獄。公馭吏未嘗有怒容，臨事未嘗有難色，然頑悍自馴，糾紛立解。」（管世銘《兵部尚書諡恭勤李公世傑墓誌銘》，《碑傳集》卷七三）或述及其政績，世傑曰：「兩江地大事劇，主持者非一人，三巡撫、一漕督、一河督、兩織造、一鹺使，巡漕榷關復在外，動皆可具折上達。以一人居十數大吏中，遷就不可，徑情直行又不可，余故不能為也。四川不然，舉十一府、九廳、九直隸州與諸邊內、外事，皆一人專之，事權不分，號令畫一，故可為也。」（洪亮吉《書李恭勤遺事》，《碑傳集》卷七三）二月，以明年元旦、上元值日、月食，朔、望俱觖，故帝臨御六十年，不許舉行慶典。三月，乾隆帝巡幸天津，四月回京。四月，帝就頒賜《通志堂經解》一事，諭曰：「管幹貞奏謝頒賜《通志堂經解》一折，內稱是書系徐乾學裒輯，令成德刊刻邀譽，現經補刊頒發，於闡揚經義之中，即寓甄別黨私之義等語。《通志堂經解》一書，彙集諸儒經訓，洵足嘉惠士林。然當時裒輯此書，必非出於成德之手，自係徐乾學逢迎交結，代為纂輯，令成德出名邀譽。是以刊訂時朕即於簡端剖示此意，頒賜各省藏弆。各督撫等具折謝恩，多用駢體鋪敍泛語，而於朕闡揚經義、甄別黨私之意，並未敍及。即朱珪素稱能文，謝恩折內亦無此意。今管幹貞獨能見及於此，言簡意賅，所見尚是，已於折內批示，並將此諭令各督撫知之。」（《國朝宮史續編》卷九四）五月，廣東巡撫郭世勳病免，調朱珪為廣東巡撫。六月，原任兩淮鹽政巴寧阿為官敗儉，乾隆帝命江蘇巡撫豐奇額秘密訪查。未幾，浙江鹽政全德參劾巴寧阿在任內貪婪不職，且與商人聯宗等，經查明全部屬實，帝命巴寧阿在熱河工程處效力贖罪。本月，「軍機大臣等奉諭旨：據奇豐額奏動用耗羨銀兩一折，內稱：本年正月，奉文成造尺寸大小不等金磚六千塊，副磚二千四百塊等語。現在宮殿各座並無新造工程需用金磚之處，朕之所知。又何須行文成造，並為數如許之多？徒置無用。此必係工部以備用為名，令其成造解送，圖得鋪墊使費，並可藉端開銷。又未奏聞，工部各堂官何以漫無查察？至金簡久任工部，於此等事尤應留心查核，乃率行咨令成造，徒滋糜費。著傳諭金簡及該堂官等，將此項金磚有何需用，何以率行咨造如許之多，

據實明白回奏」（《國朝宮史續編》卷七一）。七月，大學士嵇璜卒。嵇璜（1711～1794），字尚佐，一字鶴庭，晚號拙修，江蘇無錫人，大學士曾筠之子。雍正七年，欽賜舉人。八年，中式進士，改庶吉士，散館授編修，後擢右中允，充陝西鄉試正考官，命南書房行走。又遷都察院左僉都御使。又擢工部右侍郎，調戶部右侍郎。後長期管理河道疏濬工程，多有建樹，擢工部尚書，調兵部，充四庫全書館正總裁。為翰林院掌院學士，調吏部尚書、協辦大學士，又加太子太保，在上書房總師傅上行走。據載，嵇璜「與和珅同在政府，一日珅以楮素乞書，璜頗不願，因召珅所厚翰林數人飲於堂。童子請曰：『墨具矣。』璜叱曰：『屬有客，安能作書？』客曰：『吾儕正欲觀公之用筆以為法。』遂對客書之，甫及半，童子覆其墨，大加詬讓，客為請乃已。翌日，謝和曰：『徒敗公佳紙。』蓋不願為和作書，而預戒童子為之也·其待小人不惡而嚴如此。至是卒，賜諡文恭」（《清鑑》卷八）。八月，乾隆帝對蘇揚等處所呈奇巧之物嚴行禁飭，曰：「近來蘇揚等處呈進對象，多有雕空器皿，如玉盤、玉琬、玉爐等件，殊屬無謂。試思盤碗俱係盛貯水物之器，爐鼎亦須貯灰，方可燃爇。今皆行鏤空，又有何用？此皆係該處奸狯匠人造作此等無用之物，以為新巧，希圖厚價獲利。而無識之徒往往為其所愚，輒用重貲購買，或用價租賃呈進。朕於此等物件從不賞收，即使擲回，而奸商已得厚利。伊等總未喻此意，甚至回疆亦效尤相習成風，致使完整玉料俱成廢器。至搬指所以鈎弦閹體，若搬指套，近亦俱用玉成做，甚屬無謂。搬指套原以便於佩帶，今以玉為之，更覺累重無當，殊為可惜。著傳諭揚州、蘇州鹽政、織造等，此後務須嚴行飭禁，不准此等奸匠仍行鏤刻成做，並出示曉諭，令其一體知悉。以杜奇衺而歸純樸。所有回疆呈進雕空碗蓋一個，並著發交閱看。」（《國朝宮史續編》卷七一）九月，調福寧為湖廣總督駐襄陽，督緝邪教徒。此前八月間，雲貴總督福康安曾奏，四川大寧教謝添秀等傳習邪教，已蔓延至陝西、湖北、河南等地。十月，陝甘總督勒寶奏稱，緝得原混元教徒劉松，雖身在配所，仍與徒黨往來勾結，並藏有斂取徒眾打丹銀兩千餘兩，經審訊始供出其徒劉之協、宋之清諸人。牽眾或飛咨該省嚴加捕治。十一月，汪中卒。此前一年，汪中還曾欲釋《春秋》經文，以正宋元之人穿鑿附會之失。本年十月，為鹽政戴全德所薦，往杭州校勘文瀾閣四庫全書，與杭州文士，論字談經，文酒之會無虛日。至本月二十日身亡。（《容甫先生年譜》）十二月，吏部尚書金簡卒。

　　本年，蘇州寶研齋選訂李玉舊所著《一捧雪》、《人獸關》、《永團圓》、《占

花魁》四劇爲《一笠菴四種曲》刊行。

海州程枚寫定所著《一斛珠》傳奇。

吳縣葉堂編《納書楹曲譜》成。

丹徒王文治參訂葉堂所編《納書楹曲譜》。

浙江王曇至南京，居鷲峰寺，著《遼蕭皇后十香傳奇》。

青浦王昶刻所編《青浦詩傳》三十四卷。

江西謝啓昆自定所著《樹經堂詩集》，徵姚鼐序。

安徽凌廷堪赴杭州，客謝啓昆臬署中，以所校本與盧文弨商榷所纂《儀禮注疏》。

常熟孫原湘作《海虞樂府》，述明趙用賢、顧大章、瞿式耜諸人事蹟。

直隸舒位遊常熟，作《拂水山莊》詩，以「可憐啼杜宇，不及食河豚」等語責錢謙益。

洪亮吉在貴州學政任，歲試都勻、黎平二府。（《洪北江先生年譜》）

趙懷玉在京師，賦《送王司寇昶致仕南歸》一詩，中謂：「到家近六月，北窗臥軒羲」（《亦有生齋集》詩卷一三），知王昶致仕歸里之離京時間，當在四月間。

【本事】春，二月初九日，孫申嘉生，廷俊所出。

【按】《西蓋趙氏宗譜》：「申嘉，行二，初名發科，字芸西，嘉慶丙子科舉人，截取引見以教職用。乾隆五十九年甲寅二月初九日子時生，咸豐元年辛亥閏八月初五日申時卒於濟寧幕舍，年五十八，葬父塋。卒後選吳縣教諭，有行略，著有《芸西室詩文遺稿》各一卷。配蔣氏，縣學附生候選州同莘女，乾隆五十九年甲寅十月十二日未時生，同治三年甲子二月初一寅時卒，壽七十一，葬華家村塋右。子一，曾潤。女三，長適金華潘宜桐；次適道光丙午科舉人、浙江候補知縣、署開化縣知縣、奉旨從優議恤湯世銓；三適縣學附生盛久耀。」

三月十七日，孫鳴盛生，廷偉出。

【按】《西蓋趙氏宗譜》：「起，行二，初名鳴盛，又名和鳴，字於岡，號約園，縣學增生，道光己亥科副榜貢生，庚子恩科舉人。勸捐出力，賞內閣中書銜；團練出力，奉旨以教諭既選，誥封朝議大夫、福建候補同知，加一級。乾隆五十九年甲寅三月十七日午時生，咸豐十年庚申四月在籍守城，初六日城陷殉難，壽六十七。奉旨從優議恤，敕建專祠贈道

銜，世襲雲騎尉，《縣志》有傳，有行略，著有《約園詞稿》。配葉氏，布政司理問廷對女，乾隆五十八年癸丑八月三十日酉時生，咸豐二年壬子七月初十日未時卒，年六十，葬小南門外三橋西須墩下新阡。……誥贈恭人，有墓誌銘。側室蔣氏，嘉慶十一年丙寅三月十九日子時生，咸豐十年庚申城陷殉難，年五十五，奉旨旌表，附祀專祠。子七，長達保，葉恭人出。次曾裕，側蔣宜人出。三曾凱，四曾淵，殤，俱葉恭人出。五曾祉，六曾寅，七曾錫，俱側蔣宜人出。女八，長適道光癸卯科舉人、安徽鳳陽府知府候選道賞戴花翎楊沂孫；次適議敘八品銜劉祐；三適直隸蠡縣知縣丁承衍，俱葉恭人出。四適湖北荊州府通判湯世鏞，側蔣宜人出。五字議敘八品銜吳與齡。奔喪守貞，旌表貞孝。葉恭人出。六適欽賞舉人、戶部候補郎中周贊襄，側室蔣宜人出。七適江陰縣學廩生候選部司務王誌銘，葉恭人出。八字附貢生、四川候補同知董寶谷，未嫁，卒。側室蔣宜人出。始居古村約園。」

再赴揚州，拜晤諸友，又得觀伶人演劇。

《揚州觀劇》：「又入揚州夢一場，紅燈綠酒奏霓裳。經年不聽遊仙曲，重為雲英一斷腸。」「回數歡場歲幾更，梨園今昔也關情。秋娘老去容顏減，猶仗聲名壓後生。」「故事何須出史編，無稽小說易喧闐。武松打虎崑崙犬，直與關張一樣傳。」「今古茫茫貉一丘，恩仇事已隔千秋。不知於我干何事，聽到傷心也淚流。」（《甌北集》卷三七）

【按】《焦山江上為張世傑與元阿珠、董文炳血戰處，事見宋、元二史，從未有詠之者，舟行過此，補弔以詩》詩，編排於上引詩之後，中有「啼鳥落花」之句，知甌北此行，當在春三月間。據《揚州畫舫錄》所載，當時觀看劇目，或為《義俠記》、《崑崙奴》等劇。《揚州畫舫錄》卷五載：「黃班三面顧天一，以武大郎擅場，通班因之演《義俠記》全本，人人爭勝，遂得名。」知《義俠記》一劇，在揚州上演甚紅火。

袁子才枚性喜游蕩，甌北故作控詞以戲之，枚為詞以答，巴拙存太守無所適從，錢竹初維喬以詩息此公案。

《題竹初為袁趙兩家息詞後》小序曰：「余戲述子才游蕩之蹟，作呈詞控於巴拙存太守，子才亦有訴詞。太守不能斷，竹初以息詞了此案。」詩謂：「一重公案起無因，太守筵前訟牒陳。不設青紗圍自解，累君來作謝夫人。」「各挾雌黃訴到官，閻羅包老也顢頇。竹蕉兩造皆情熱，欲判輸贏下筆難。」「謂

語褒譏總白癡，客嘲賓戲戰交綏。兩家旗鼓今無用，同看營門射戟枝。」（《甌北集》卷三七）

【按】《兩般秋雨菴隨筆》卷一《甌北控詞》載其事曰：「趙雲松觀察，戲控袁簡齋太史於巴拙堂太守，太守因以一詞爲袁、趙兩家息訟，並設宴郡齋以解之，想見前輩風趣。其控詞云：『爲妖法太狂，誅殛難緩事。竊有原任上元縣袁枚者，前身是怪，括蒼山忽漫脫逃；年老成精，閻羅殿失於查點。早入清華之選，遂膺民社之司，既滿腰纏，即辭手版。園偷宛委，占來好水好山；鄉覓溫柔，不論是男是女。盛名所至，軼事斯傳，借風雅以售其貪婪，假觴詠以恣其饕餮。有百金之贈，輒登詩話揄揚；嘗一臠之甘，必購食單仿造。婚家花燭，使劉郎直入坐筵；妓宴笙歌，約杭守無端闖席。占人間之豔福，遊海內之名山，人盡稱奇，到處總逢迎恐後；賊無空過，出門必滿載而歸。結交要路公卿，虎將亦稱詩伯；引誘良家子女，蛾眉都拜門生。凡在臚陳，概無虛假，雖曰風流班首，實乃名教罪人。爲此列款具呈，伏乞按律定罪，照妖鏡定無逃影，斬邪劍切勿留情。重則付之輪迴，化蜂蝶以償夙孽；輕則遞回巢穴，逐獼猴仍復原身。』其羅織之詞，雖云遊戲，亦實事也。」此文，《甌北集》未收，然據甌北詩前小序，當可信。雖爲「戲述」，但二人價值追求之不同，則分明可見。

秦西巖蕙病歿，甌北往揚州弔唁，並賦以詩。本年，謝未堂溶生八十壽辰，奇麗川豐額年已五十，甌北分別有詩作賀。

《到揚州追悼西巖前輩》：「蠟屐重經廿四橋，黃壚回首頓魂銷。前遊未久方期續，老輩無多忍便凋。歌袴有思民祭社，傳經無恨子登朝。半年遲作生芻弔，來補橋玄酒一澆。」「周北張南似比鄰，拈題賡和擘箋頻。江湖歡會幾忘老，風雨高歌覺有神。耿耿孤燈書館夜，萋萋宿草墓門春。十年來往揚州路，哭到先生第五人。」（《甌北集》卷三七）

另有《謝未堂司寇八十壽詩》、《壽麗川中丞五十》（《甌北集》卷三七）二詩，亦寫於此時。

【按】秦西巖之生卒年，《江蘇藝文志‧揚州卷》作 1722～1792，《清代人物生卒年表》作 1722～1790，似皆不確。依甌北詩載述，其卒年當爲乾隆五十九年（1794）。甌北既親往弔唁，言當可信。

奇豐額，《清代人物生卒年表》標其生卒年爲：？～1806。據甌北詩，

奇豐額生年爲乾隆十年（1745），至本年，首尾恰爲五十。此當補年表所
不足。《壽麗川中丞五十》詩謂：「春爲催梅萼已紅」，袁枚亦稱其「生逢
多日」（《麗川中丞五十壽詩並序》），知此詩當寫於本年歲杪。

又，袁枚亦有《麗川中丞五十壽詩並序》，序曰：「壽詩非古也。古之
人隨時可以爲壽，詩所稱『介壽』，史書所稱『爲某壽』者，俱不指生日
而言。今之人以生日爲壽，隔十年而一大慶，必有詩文申其頌揚，其中
有公焉，有私焉。公者其人之德之才克副所稱，如歐公之《晝錦堂記》
是也。其私者，各有恩知，不得不以文報德，如高僧智之於高令公是也。
有公無私，則鋪敍陳蹟，尊而不親；有私無公，則但可作一家言而不可
以供眾覽。其他敷衍酬應者更無譏焉。枚之以詩壽麗川中丞也，其在公
與私之間乎？枚受公知，從皖江始；聞人稱公之賢，亦從皖江始。未幾，
公遷粵西矣。枚到粵西，聞賢公者如在皖江也。未幾，公遷蘇州矣。枚
到蘇州，聞賢公者如在粵西也。又未幾，公以方伯遷巡撫矣。枚在金陵，
聞賢公者如作方伯時也。公如明月在天，南北東西照臨如一；而枚恰如
微星螢火，往往附月而飛。公之賢久而不變，枚之受知則久而愈深。初
以文字相契；繼以縞紵相貽；繼而觀過知仁；再繼而略形骸，忘貴賤，
衣公之衣，眠公之榻，坐公之舟，或千里相迎，或數旬留宿。其神交意
合光景，旁觀者不知其所以然。公與枚亦不知其然。惟其不必然而竟然，
無所爲而爲之，是以天合，非以人合也。古之英雄，愛其人者，至於鑴
金鑄像；報其人者，至於摩頂捐軀，大率類是哉！今當公五十生辰，一
時士大夫祝釐者道枚必有詩。枚自問當有詩，即公亦未必不料枚之必有
詩也。然而枚衰矣，才盡氣索，何能操禿管美盛德之形容？況寂處空山，
久不與人間事。凡公尊主隆民之勳業，無從探聽而張皇之，只可就其所
見者、所聞者、所身受者，學《崧高》之頌中伯，《閟宮》之祝魯侯，韻
其詞以獻。所以數止於九者，亦古人九如稱祝之義也。」詩謂：「兩江何
處不恩波，公本皖江佈政。五十中丞鬢未皤。鄧尉剛飛千尺雪，吳娘齊唱百
年歌。生逢多日人原愛，開到梅花春正多。我欲借詩當圖畫，將公丰采
一描摩。」「起居八座貴全忘，自製書生印一方。公鑴私印『書生本色』。官
有廉明皆特薦，獄無冤抑不平章。心清豈受鹽池染，兩署鹽政，不受陋規。
後事發，公獨無染。才大能將海水量。勘定黑水洋界址。聽說東征諸戰士，至今
挾纊尚盈箱。王師征臺灣時值臘月，公賜士卒棉衣三千。」「盡撤關防罷采風，

一生心在水精宮。署內盡蘇州人，聽其出入。鏡懸佛座諸天照，月到層霄萬象空。片語詼諧皆妙諦，良方小試亦神通。公精醫理。請看絕世聰明處，置屜安窗總不同。書窗置曲柄葫蘆，以出煙氣。」「月榭風廊曲徑開，華堂新構小蓬萊。才聽官鼓參衙畢，又弄詩牌喚筆來。奴入蕭家都愛士，家人夏慶徐祿等俱雅。賓登孫閣半仙才。內幕尤二娛、盧湘槎、林遠峰，皆詩人。公餘更試擎雲手，一箭穿楊酒一杯。」「兩詣黃堂泣馮豹，蘇州賢守馮弱泉病危，公兩次泣臨。旁觀齊下淚盈盈。侯生殘稿關心護，侯枕漁幕友。孫宰遺孤倒屜迎。孫春臺中丞。大抵英雄俱念舊，斷無菩薩不多情。賓朋風義敦如許，何況恩知答聖明。」「更喜名賢聚一家，高陽里第盡堪誇。郎君婉雅非紈袴，公子在長安小市見枚三十年前手書詩冊，即買送公處。命婦慈悲是釋迦。眉掃姬姜來問字，公有觀玉姬畫眉詩。風吹旌節盡生花。門庭雍肅經書滿，不數南陽鄧仲華。」「義父貤封特旨頒，登時佳話遍長安。希文複姓歸宗易，趙武酬恩繼絕難。封公生中丞時，哀老友塞公無兒，即抱與之。及長，將赴試，填履歷，塞公不肯欺，君仍遣公歸。公感撫育恩，官巡撫後奏請貤封，以次子廣麟嗣養父為孫，上俱嘉允。一點丹心陳帝座，兩家紫誥下雲端。高風古誼千秋少，應作三賢合傳看。」「十年小草覆卿雲，每接清談輒夜分。千里仙舟迎郭泰，來往蘇杭，公以坐船迎送。幾番弦管醉司勳。探知食性將廚訓，代掃秋蚊把帳熏。公聞枚欲往，親為熏蚊，兩眼盡赤。如此憐才真絕代，古來青史少傳聞。」「鰍生也屆杖朝期，額手雲天有所思。百歲擁旄應更健，十年作相莫嫌遲。長江路遠難擎爵，知己恩深易措辭。寄語金閨女公子，加籤添誦祝爺詩。到公書齋，見《小倉山房詩稿》多加紅籤，初頗愕然，後問家人，方知公籤出課左家嬌女也。」（《小倉山房詩集》卷三五）可知麗川為人處世之情狀。

冬，郡守李拙存移守皖江，甌北為詩以贈。

《送李拙存郡守移守皖江》：「襦袴中吳澤久涵，郵亭此日送徵驂。來傳仙李從天上，去有甘棠憶召南。行轍已難留郭伋，離筵忍復唱何戡。皖山奪我陽春腳，佳氣先看滿翠嵐。」（《甌北集》卷三七）

乾隆六十年乙卯（1795）　六十九歲

【時事】　正月，調福寧為兩江總督，畢沅補授湖廣總督，玉德為山東巡撫。至下旬，貴州銅仁苗民起義，陷湖南永綏廳。「先是，雍正時改土歸流之策行，

滇、桂、黔各地苗民懾其餘威，率皆畏吏如官，畏官如神。而有司因以爲利，往往以纖介之爭訟病及全寨居民。漢民之移住其地者又益浸繁，對於土著感情多未融洽，苗地半爲所侵佔，是故苗民恨之深切。本年正月，貴州銅仁府屬苗民石柳鄧倡言逐客民，復故地，揭旗以叛。而湖南永綏黃瓜寨苗石三保應之，乾州鎮篁苗吳半生、吳隴登、吳八月等同時蠢動。總兵明安圖率師往剿，歿於陣，遂圍永綏。士民嬰城守，乾州（清直隸廳，今湖南乾城縣）三坌坪苗陷州城，同知宋如椿死之。貴州總兵珠隆阿亦被圍於止大營，苗疆大震。詔雲貴總督福康安，四川總督和琳及湖廣督撫等合兵剿之。復命侍衛額勒登保、德楞泰馳往參贊軍務。福康安進兵銅仁，和琳進兵秀山，兩路會攻，直薄石柳鄧所據大寨而破之，焚苗寨四十。石柳鄧遁入石三保之黃瓜寨中，扼河以拒。福康安等復結筏潛渡，縱民牧牛，而伏兵以待。苗眾渡河掠牛，伏兵奪船以渡，遂破木城，苗眾棄寨遁。先一日令總兵花蓮布援永綏，至是復會剿，永綏圍解。苗眾聚蘭草坪西北崖板寨中，佯於東南山凹樹旗，示出入之路。福康安因其計攻之，設伏對山，於石間藏炮，仍督兵自凹入。苗悉眾來拒，伏兵望見，俟其過，飛炮擊之。苗驚潰棄木城遁。進駐山梁，分兵進剿，遂據黃瓜山大梁。俯臨其寨，乘夜克之。焚毀大寨五十餘，擒獲百餘，殲斃無算。苗酋吳半生、石三保等遁至雷公灘，貴州略定。會湖廣總督福寧攻乾州，敗走，苗勢又大振」（《清鑒》卷八）。二月，免廣東積年逋賦。陳用敷以查拏要犯劉之協辦理錯謬，褫職逮問。調姚棻爲貴州巡撫，以成林爲廣西巡撫。閏二月，馮光熊留爲貴州巡撫，調姚棻爲雲南巡撫。三月，臺灣陳周全在彰化聚眾造反，攻擊官兵，聲勢甚大，陷縣城，後爲官兵鎮壓，起義失敗，一百四十餘人被處死。四月，左都御使竇光鼐以會試衡文失當降調。本年，光鼐充會試正考官，「榜發，首歸安王以鋙，次王以銜，兄弟聯名高第。大學士和珅素嫉光鼐，言於上，謂光鼐叠爲浙江學政，事有私。上命解任聽部議，及廷試，和珅爲讀卷官，以銜復以第一人及第，事乃解。命予四品銜休致。卒」（《清史稿》卷三二二《竇光鼐傳》）。五月，伍拉納、浦霖以辦理災賑不善，褫職鞫治。命魁倫兼署閩浙總督。調費淳爲江蘇巡撫，仍留惠齡爲安徽巡撫。福康安等奏克構皮寨及蘇皮寨等處。調福康安爲閩浙總督，勒保爲四川總督。未久，又命蘇凌阿駐清江浦，兼署江蘇巡撫。六月，仜命魁倫兼署福建巡撫，長麟署閩浙總督。七月，山東兗沂曹道德明，以滋陽縣知縣陳時自縊罣累，論絞。據查，德明爲結好巡撫、司道，赴省曾帶有如意、朝珠、蟒袍等物，以餽遺上司。清查其家產，不下二十萬兩。

即此，乾隆帝訓諭，略曰：「近年以來，刑政未免稍寬，今外省遂有饋送婪索之事，自係寬之所致，不得不糾之以嚴。而德明案已敗露，又不肯緣此逐一追求，此則於用嚴之中，仍寓之以寬。」（《清通鑒》卷一五二）九月，立皇十五子嘉親王顒琰爲皇太子。「帝之始即位也，嘗焚香告天，謂若得在位六十年，即當禪位嗣子，不敢上同聖祖六十一年之數。至是帝御勤政殿，召皇子、皇孫及王公、大臣入見，宣示恩命，冊立皇十五子嘉親王顒琰爲皇太子，以明年丙辰爲嗣皇帝嘉慶元年，即於元旦舉行授受之禮」（《清鑒》卷八）。十月，諭稱普免天下地丁錢糧，曰：「朕自臨御以來，勤求民隱，日有孜孜，惟期藏富於民，家給人足。仰荷昊天眷祐，列聖貽庥，寰宇昇平，重熙累洽。行慶施惠，闓澤頻加，節經普免天下漕糧三次，地丁錢糧四次。其餘遇有偏災，隨時蠲賑，不下千億萬兩。近將各省積欠錢糧，概行蠲免，又復千餘萬兩。所以子惠元元、休養生息者，至周且渥。今朕紀年慶符周甲，丙辰元旦，舉行歸政典禮，爲嗣皇帝登極初元。大廷授受，篤祜延釐，實爲千古吉祥盛事，允宜廣沛恩綸，俾薄海群黎，共沾湛愷。本於新正傳位後降旨，但思二月間即屬開徵之期，恐遠省接奉稍遲，著將嘉慶元年各直省應徵地丁錢糧通行蠲免，以示朕與嗣皇帝愛育閭閻、錫恩至意。其如何按年輪免之處，該部查明向例，核議具奏施行。」（《國朝宮史續編》卷一〇）本月，閩浙總督伍拉納、巡撫浦霖、按察使錢受椿有罪伏誅。（《清鑒》卷八）又據《清史稿》卷三三九《覺羅伍拉納傳》記載，乾隆六十年，「漳、泉被水，饑。伍拉納至，民闐集乞賑，未以聞。上促伍拉納赴臺灣，累詔詰責，伍拉納自泉州往。福州將軍魁倫疏言：『伍拉納性急，按察使錢受椿等迎合，治獄多未協。漳、泉被水，米值昂，民貧，巡撫浦霖等不爲之所，多入海爲盜。虎門近在省會，亦有盜舟出沒。』上爲罷伍拉納、浦霖，命兩廣總督覺羅長麟署總督，魁倫署巡撫。伍拉納至臺灣，劾鹿仔港巡檢朱繼功以喪去官，賊起，即攜眷內渡，請奪官戍新疆。上諭曰：『伍拉納爲總督，臺灣賊起，陷城戕官，朕屢旨嚴飭始行，繼功丁憂，巡檢轉責其攜眷內渡，加以遠戍。伍拉納畏葸遷延，乃欲以此自掩，何其不知恥也！』伍拉納、浦霖貪縱，婪索諸屬吏，州縣倉庫多虧缺。伍拉納嘗疏陳清查諸州縣倉庫，虧穀六十四萬有奇、銀三十六萬有奇，限三年責諸主者償納。至是，魁倫疏論諸州縣倉庫虧缺，伍拉納所奏非實數。上命伍拉納、浦霖及布政使伊轍布、按察使錢受椿皆奪官，交長麟、魁倫按讞。長麟、魁倫勘布政司庫吏周經侵庫帑八萬有奇，具獄辭以上。上疑長麟等意將歸獄於經，斥其徇隱。長麟等疏發伍拉納受

鹽商賕十五萬，霖亦受二萬，別疏發受椿讞長秦椷鬥獄，獄斃至十人，得賕銷案。籍伍拉納家，得銀四十萬有奇、如意至一百餘柄，上比之元載胡椒八百斛；籍霖家，得窖藏金七百、銀二十八萬，田舍值六萬有奇，他服物稱是；逮京師，廷鞫服罪，命立斬。伊轍布亦逮京師，道死。受椿監送還福建，夾二次，重笞四十，乃集在省諸官吏處斬；又以長麟主寬貸，奪官召還，以魁倫代之，遂興大獄，諸州縣虧帑一萬以上皆斬，誅李堂等十人，餘譴黜有差」。十一月，苗民起義被鎮壓，吳八月為內奸誘執，獻與官軍。十二月，詔明年歸政。帝諭曰：「朕於明年歸政後，凡有繕奏事件，俱書太上皇帝。其奏對稱太上皇。」（《清史稿》卷一五《高宗紀六》）

本年，上海賈振元（新堂）作《春寒行》，記此年上海罹潦災餓莩載道的一些情況。

南京王廷紹（楷堂）所編俗曲總集《霓裳續譜》八卷刊行。

北京萬和班上演《長生殿》。

華亭楊景淳（澹遊）著小說《鬼谷四友志》三卷。

安徽江周僑寓揚州，此年著《赤城霞》傳奇二卷。

甘泉黃义晹、高郵沈業富等跋江周《赤城霞》傳奇。

儀徵李斗著《揚州畫舫錄》十八卷成。

吳江史善長作《武昌書事》詩，反映鄂中白蓮教起義聲勢浩大，官方震恐失措。

鎮洋畢沅以所纂《續資治通鑒》委嘉定錢大昕作最後審定，議在蘇州開雕。

嘉定瞿中溶、元和李銳助錢大昕校閱《續資治通鑒》。

丹徒王文治編次所作詩為《夢樓詩集》二十四卷。

句容駱綺蘭（佩香）所著《聽秋軒詩集》六卷刊行。

四川張問陶以朝鮮四家詩示吳錫麒，錫麒據以考訂朝鮮故實。

陽湖孫星衍赴兗州道任。

直隸李汝珍在海州與友人作棋會，試行集體分組對弈，自以文記其事。

江西謝啓昆刻所編《西魏書》二十四卷。

袁枚年八十，為《八十自壽》詩。程宗洛詩有謂：「八千里外常扶杖，五十年來不上朝」，為枚所稱賞。（《隨園先生年譜》）

洪亮吉貴州學使任滿，與新任學使談祖綏相交接，於冬十一月回返，

以其清廉愛士，諸生送者不絕。除夕，抵河南南陽府度歲。(《洪北江先生年譜》)

十月初九日，趙懷玉召集羅聘、桂馥、邵晉涵、吳錫麒、周有聲、李鼎元、李驥元、熊方受、張問陶、魏成憲、伊秉綬等十餘人，於敦經悅史之堂，舉行展重陽會，並賦詩以紀事。(《亦有生齋集》詩卷一四)

舒位與姨甥王曇相遇於城南，並有詩唱和。是年冬，位另寫有《書〈桃花扇〉樂府後詩》。(《瓶水齋詩集》卷五)

江都焦循館阮元山東學使署中，值修《山左金石志》，得見嘉祥縣所進《祝英臺墓碣》拓。

本年三月，焦循有《與孫淵如觀察論考據著作書》，戊午《復王伯申書》亦欲芟考據之名目，以絕門戶聲氣之習。又，《家訓》謂：「近之學者，無端而立一考據之名，群起而趨之，所據者漢儒。而漢儒所據者又唯鄭康成、許叔重。執一害道，莫此為甚！許氏作《說文解字》，博采眾家，兼收異說；鄭氏宗《毛詩》，往往易傳注。《三禮》列鄭大夫、杜子春之說於前，而以玄謂按之於後。《易》辨爻辰，《書》埰地說，未嘗據一說也。且許氏撰《五經異義》，鄭氏駁之。《語》云：『君子和而不同。』兩君有之。不謂近之學者，專執兩君之言，以廢眾家，或比許、鄭而同之，自擅為考據之學，余深惡之也。」(《焦理堂先生年譜》)

【本事】新正，歡度春節，心繫北闕。

《乙卯元日》：「爆竹聲中早起虔，望空遙拜九重天。歸田身久東皋隱，祝國心猶北闕懸。三白臘寒留舊雪，五雲曉霽慶非煙。國家大福吾私福，身閱乾隆六十年。」(《甌北集》卷三七)

三月初，袁枚八十壽辰，甌北為詩寄賀。

《寄壽子才八十》：「跋扈詞場一代雄，白鬚如雪氣如虹。儒仙句曲陶弘景，詩叟山陰陸放翁。地占六朝金粉後，名高九老畫圖中。錯疑天寵才人極，福壽都教付此翁。」「早拋袍笏罷登場，換得林居歲月長。到老未除才子氣，多情猶昵美人香。詩篇海內知名姓，科第人間少輩行。得不降心投地拜，此生幾見魯靈光。」(《甌北集》卷三七)

【按】孫星衍《故江寧知縣前翰林院庶吉士袁君枚傳》、姚鼐《袁隨園君墓誌銘》、錢振鍠《袁枚傳》等，均未記載袁枚出生的準確月份。查袁枚《八十自壽》詩，其一曰：「剛修禊事傾三雅，再宴瓊林欠四年」，之八

日：「牡丹豔豔開三月，聖世看看歷四朝。」明言出生時間爲三月。修
禊，古時於農曆三月上旬的巳日（魏以後固定爲三月初三），去水邊嬉遊
采蘭，以祛除不祥，稱爲修禊。詩既稱「剛修禊事」，袁枚似生於三月
初。又，《三月二日》詩之二：「兩家爭把壽星迎，又愷侄、楊仁山世講。
兩隻花船載酒行。全到觀音山下泊，蓮花座上祝長生。」（《小倉山房詩
集》卷三六）既然三月初二，又愷、仁山兩家爭迎壽星，爲其祝壽，那
麼，袁枚的生日當爲三月初二或初三。由此而論，甌北此詩，應寫於三
月初。

本月，《廿二史劄記》基本編定。

【按】甌北《廿二史劄記‧小引》曰：「閒居無事，翻書度日，而資性鸇
鈍，不能研究經學。惟歷代史書，事顯而義淺，便於流覽，爰取爲日課。
有所得，輒劄記別紙，積久遂多。惟是家少藏書，不能繁徵博采，以資
參訂。閒有稗乘胠說，與正史岐互者，又不敢遽詫爲得閒之奇。蓋一代
修史時，此等記載，無不蒐入史局，其所棄而不取者，必有難以徵信之
處。今或反據以駁正史之訛，不免貽譏有識。是以此編多就正史紀、傳、
表、志中，參互勘校，其有牴牾處，自見輒摘出，以俟博雅居子訂正焉。
至古今風會之遞變，政事之屢更，有關於治亂興衰之故者，亦隨所見附
著之。自惟中歲歸田，遭時承平，得優游林下，寢饋於文史以送老，書
生之幸多矣，或以比顧亭林《日知錄》，謂身雖不仕，而其言有可用者，
則吾豈敢。」下標署乾隆六十年三月，則說明此時該書的編纂已基本完
稿。而《舊譜》謂，嘉慶元年，冬抄，「先生所著《廿二史劄記》告成。」
則說明，該書稿完成之後，又經過一、二年的時間作修訂、完善，才定
稿，恰可證甌北治史態度之審愼。

晝長無事，每日苦讀經史，丹鉛不輟，修訂《廿二史劄記》。稍有餘暇，
亦時參世情物理。

《一燈》：「出身早脫子衿青，堪笑丹鉛尚不停。頭白一燈孤館裏，廿三
部史十三經。」（《甌北集》卷三七）

《朔風甚急，萬鴉集於枯木，皆向風而立，無一錯互者。乃知其向風，
則羽毛轉順也。向聞魚亦多逆水而遊，同是一理》：「寒鴉枯木景蕭騷，觸目
都增見地高。鳥立向風魚逆水，物生各自愛鱗毛。」（《甌北集》卷三七）

《插架》：「插架圖書手一編，蕭齋晏坐意超然。自尋呼吸驚人句，不羨

腥膻使鬼錢。務觀醉醒文字裏，堯夫生死太平年。似聞天上多官府，又怕飛升去作仙。」（《甌北集》卷三七）

《偶題》：「施嬙環燕總嬌姿，幸不同時各擅奇。若使同時相比較，就中又自有妍媸。」（《甌北集》卷三七）

《戲書誇官者》：「壓斷東陽瘦沈腰，萬釘寶帶費金銷。爾官於我干何事，傍若無人意氣驕。」（《甌北集》卷三七）

《宦囊》：「解綬歸來卜築忙，老夫曾此賀華堂。看他營造看他賣，何事人猶羨宦囊。」（《甌北集》卷三七）

此時另有《徐殿揚、湯緯堂兩明府皆余同鄉舊識也，一死金川之難，一死臺灣之難，已邀卹蔭。今兩家子弟又送栗主入忠義祠，郡邑有司及鄉之搢紳咸來襄事，哀榮兼備，二君為不死矣。詩以紀之》、《天河》、《觀音閣碑》、《魛鮄》、《紅橋》、《夜泛》（《甌北集》卷三七）諸詩。

【按】徐殿揚，即徐惕菴大榕父徐瓚。

王昶《慰忠祠碑》「碑陰」載曰：「徐瓚，江蘇陽湖人。乾隆癸酉舉人，由方畧館謄錄選甘肅華亭縣，特調四川新繁縣知縣，在木果木辦鑄炮事，遇變死之。君在方畧館，余為纂修，見君臞然而瘦，人戲指為草檽，不知仗義死節乃能如是也。」（《碑傳集》卷一二一）

李調元有《農部徐惕菴尊人玉亭先生，以新繁令籌餉金川，至木果營遇難，惕菴聞信，即素衣向西慟哭，將萬里至蜀尋父屍，臨別出詩數章見示。余故與玉亭訂交甚契，前年辛卯秋余將至京，猶及見於成都邸舍，詩酒往返十餘日。今追憶之，赫若前事，而其人已往，曷勝愴然，因和其詩元韻以志別，並挽玉亭》詩二首，謂：「白馬秋風去帝城，旗亭話別一樽清。大忠不覺從軍苦，至孝翻悲死節名。血酒寒山鵑是伴，骨留荒磧草難生。因君至蜀尋消息，我亦淒然動別情。」「前年錦里葉初飛，曾別先生上帝畿。好友常歎如鳥散，依人每笑似鷹饑。即令舊雨誰青眼，自古浮雲總白衣。多少故交零落盡，故園何日賦熹微。」（《童山集》詩集卷一五）

《聽雨樓隨筆》卷三：「徐瓚，字殿揚，號玉亭，江蘇陽湖人。乾隆丙子舉人，甘肅華亭知縣，調四川新繁，攻金川，管西路糧餉，死木果木之難。子大榕，號惕菴，官戶部，聞變西向慟哭尋屍。辛卯與李雨村調元遇於成都，雨村挽以詩云：『白馬秋風出帝京，旗亭話別一樽清。大

忠翻覺從軍樂，至孝偏悲死節名。血灑寒山鵑是伴，骨留荒澗草難生。因君至蜀尋消息，我亦淒然動客情。』玉亭贈道銜，賜祭葬，蔭子。按，徐惕菴後知山東濟南府。曹慕堂宗丞學閔，癸巳六月聞木果木之警，有詩云：『羽書一道報嚴更，鶴唳風聲事可驚。萬里不歸都護馬，諸軍空望亞夫營。狼心自是忘威德，虎口憑誰寄死生。衛國籌邊良亦苦，昨來新築受降城。』『昔嶺巉巉血戰時，幾人馬革裹還屍。曾揮露布工籌筆，纔著戎衣便死綏。趙璞菴、王涑田、吳鑒南諸公。猿鶴叫雲君子怨，龍蛇犯歲故人悲。倘逢遺僕煩頻囑，莫遣深閨少婦知。』」

院中百年老樹寶珠山茶盛開，甌北約請諸老友前來共賞。

《齋前寶珠山茶一樹，數百年物也。萬花豔發，其光絳天。邀北溪、謙齋、蓉湖、立菴、瑩溪、曉東、緘齋諸人賞之，賦詩以紀》：「季倫珊瑚高七尺，賈胡貴銜紅刺石。天公憐我蕭齋陋，賜以寶珠滿院赤。山茶難得千瓣妍，況復老幹數百年。吾家獨擅此奇古，其根拔地枝摩天。胚胎含英來年結，繭果春來始綻裂。大瓣外張六出奇，細瓣中噴一腔熱。不知何物染得成，世間無此猩猩血。東風一吹千萬朵，高下都開笑口歌。熊熊日午光絳大，嚇得鄰家來救火。火齊木難枉擅名，以名嘉樹乃真可。此時安得無杯盤，爰邀素心來盡歡。家貧不能列歌舞，藉此聊作紅妝看。便如張鎰畫堂宴，妖姿十隊胭脂丹。又如三千殿腳女，錦衣袨服明江干。尊前忽然大富貴，景象一洗儒生酸。斜陽過牆日將夕，花光流豔照座客。樹老花愈紅，人老頭愈白。白頭映紅花，頓覺老態失。未醉已覺朱顏酡，大得此花增氣色。」（《甌北集》卷三七）

為周山茨升桓題《老圃秋容圖》，藉以寄意，多所勖勉。

《題周山茨觀察老圃秋容圖》：「冷豔離離入焦墨，不寫春華寫秋色。風光偏稱白髭鬚，是我故人幾不識。公昔登科最少年，吹簫子晉緱山仙。明光奏賦不起草，搖筆壓殺才人千。遂乘露輈按五管，清風瘴掃蒼梧煙。我從詞垣早師事，出守又為公屬吏。鎖院秋燈酒共傾，粵江夜雨舟同繫。彈指俄驚三十春，雪鴻往蹟不堪論。公曾出塞悲流徙，我亦歸田作隱淪。此時尚說香晚節，三尺兒童也笑絕。豈知人各有秋容，何必升沈共一轍。君不見陶家籬、韓相圃，一在岩廊一環堵。後先兩個菊主人，一樣清芬占千古。公今才望隘九州，書法況坼虞褚歐。煌煌碑版照四裔，宦雖未逢名長留。此正暮年著力處，不徒占盡老風流。只憐同作揚州客，幕府沈沈幾重隔。何當攜手菊花天，

醉倒落英紛滿席。」(《甌北集》卷三七)

此時尚寫有《暮景》、《范莪亭孝廉得二扇面，一爲倪元璐畫石，一爲張煌言自書江上聞笛詩，合裝成卷，索題，敬書於後》(《甌北集》卷三七)二詩。

【按】范莪亭，即范永祺。

《國朝詞綜補》卷一七：「范永祺，字莪亭，鄞縣人，乾隆五十一年舉人。」

《兩浙輶軒錄》卷三三：「范永祺，字鳳頡，號莪亭，鄞人，煒曾孫，乾隆丙午舉人，著《朝爽樓稿》。袁鈞《墓誌》略曰：先生好聚藏古今人手筆，於名賢尺牘網羅尤多，疏其人爵里、行誼，爲序錄，篆刻則史雪汀後一人而已。事親孝，篤於友誼，終身不渝，積學至老，可謂今之古人。」

錢大昕《孝廉范君墓誌銘》：「予歸田後，慕四明、天台之勝，數往來甬上，與其鄉賢士大夫遊，所尤心折者，孝廉范君莪亭也。君性樂夷澹，外和內介，以圖籍爲生活，以友朋爲性命。予嘗偕一、二同志訪君甕天居，出所藏明賢墨蹟，品題其高下，茗椀爐香，相對竟日，不知世間有征逐遊戲事。君又熟於鄉邦文獻，予纂《鄞志》，數就君咨訪，傾困出之無倦色，古所謂直諒多聞之友，君殆兼有之。比年久不相見，而尺素歲率一再至。今春，吾家竹初先生書來達君之訃，而孤子懋賢等復狀君行實，乞予志其銘，爰次而敘之。四明范氏，出宋尚書右僕射忠肅公之裔，忠肅子員外郎公麟始家於鄞，迄今六百餘年，代有顯人，爲鄞甲族。君諱永祺，字鳳頡，別字莪亭，康熙甲辰進士，湖北通城縣知縣。內閣中書某之曾孫，府學廩膳生某之孫，國學生某之子。幼而敏悟，未弱冠，補博士弟子，屢應省試輒斥，而文益有名，以食餼久，次列歲貢。年六十始中式，浙江鄉試主司以得名宿相慶，而君引疾不赴計偕，遂以孝廉終。君博覽彊記，好收藏明代及國朝名公尺牘，自碩輔名儒、忠臣孝子、文人逸士以及閨閣、方外，靡不收錄，考其時代、爵里、行誼，別爲序錄，以寓論世尚友之旨。其仕宦顯達而爲清議所斥者，翰墨雖工，棄勿錄也。工於漢唐篆隸，尤精摹印，遠近得者，咸什襲珍之。甕天室成，集蘭亭字爲七言律二篇，東南名士屬和者數十家，一時傳爲佳話。其內行修謹，言動必依規矩，宗族鄉黨推重無閒言。春秋六十有

九，以乾隆六十年十二月廿日卒。娶朱孺人，再娶黃孺人，皆先卒。子四人，懋賢、懋穎、懋楫、懋樹，伯季補縣學生，餘皆太學生。女一人，婿曰水濬。孫十六人，曾孫一人。」（《潛研堂集》文集卷四六）

秦瀛《范莪亭七十壽序》略曰：「四明山綿互八百里，二百八十峰，洞壑幽邃，比於天台、鴈蕩。生其間者，自唐宋元明以來輒多偉人傑士，而前輩餘風於今未歇，則范莪亭孝廉其一也。莪亭生有異稟，為文好深湛之思，於學無不博，年六十始舉於鄉，絕蹟公車，著書甬江之上，草屋數楹，有所為甕天居者，居雖隘而能庋經史百家數千卷、前人名蹟數百種，以此自娛。足不踰百里，而海內好古淵雅之士無不知莪亭。過甬江者，必於莪亭是主，與之商榷考訂，上下其議論，娓娓不倦。而莪亭年且七十矣。」（《小峴山人集》文集卷三）

袁枚《挽范莪亭孝廉》：「客春遊四明，到處停蠟屐。范蠡有精苗，新交如舊識。君晚舉明經，娛情住泉石。漢隸及籀書，八儒兼三墨。一一盡淹通，等身多著述。久聞天乙閣，藏書勝酉穴。想向蒲侯借，因到鄴架側。君家諸族人，粲若屏風列。蠹魚見我來，蠕蠕盡逃匿。芸草知我來，餘香未消滅。啓櫝無一編，但見灰塵積。據云丁亥年，四庫求書急。恭進七百種，天子大喜悅。命付抄胥抄，原本仍發給。重重官府門，遠若人天隔。無人敢往領，遂致全散失。方信牛宏言，藏書有五厄。我入寶山遲，一瓻乞不得。賴君有雅尚，愛搜古墨蹟。前明牘與箋，裝潢高百尺。中有楊左書，字字甚宏血。公然我拜觀，亦足慰饑渴。君乃索序言，諄諄相敦迫。何圖白首逢，遽作黃壚別。難乘縞素車，遠弔張元伯。只好學孝標，修書踐諾責。聞君素聰彊，偶然邁小極。一朝竟委化，七旬還欠一。我少一面緣，來騎千里驛。緣盡便乖分，其故誠難測。冝乎楚屈原，問天天不說。」（《小倉山房詩集》卷三六）

與錢維喬交篤，見《竹初詩文鈔》詩鈔卷一二、卷一三、卷一四，文鈔卷一、卷三、卷四。

上引秦瀛《范莪亭七十壽序》謂：「莪亭年且七十矣」，說明范莪亭尚未七十，秦氏即預為其祝七十壽。當然，在時間上不會提前過早，充其量一年而已。而袁枚《挽范莪亭孝廉》詩，收在《小倉山房集》卷三六，編年為「丙辰」，即嘉慶元年（1796），袁八十一歲時。詩稱：「一朝竟委化，七旬還欠一」，「委化」，本指順應自然的變化，引申為死的婉稱，

也就是說范氏死時，才六十九歲。秦、袁之作，殆寫於同一年。上引《國朝詞綜補》稱其「乾隆五十一年舉人」，錢大昕所撰《孝廉范君墓誌銘》又謂其「年六十始中式」，可知其中舉那年，已六十高齡，由上追溯六十年，即爲雍正五年（1727），可爲袁氏記載之佐證，亦與錢大昕所撰《墓誌銘》之記載相符。

　　周山茨，見本譜乾隆二十九年考述。

夏，久旱，忽降大雨，秧苗得插，甌北喜不自勝。

　　《時交夏至，久晴難以翻犁。地方有司方斷屠祈雨，忽甘霖連至，喜而有作》：「好雨如償券，平疇待插禾。世無郇伯久，天怕杞人多。早聽驅秧馬，寧嫌長夌蛾。先生輟耕慣，亦且試青簑。」（《甌北集》卷三七）

夏六月，應張松坪坦之約，往揚州，登高詠樓賞荷。

　　《松坪招同葉生柏秀才高詠樓看荷花五首》之二：「少日疎狂作冶遊，那堪還占老風流。惹他十里珠簾卷，多少紅妝笑白頭。」之四：「山是堆成水挖開，憑空幻出好樓臺。老夫五十年前到，曾見平山本色來。」（《甌北集》卷三七）

　　【按】庚午（乾隆十五年，1750），乃乾隆帝第一次南巡（十六年，1751）之前一年。欲博天顏之歡笑，而地方官大興土木，咄嗟立辦，堆山挖河，幻出樓臺，粉飾光景，張皇其事。甌北於本詩「曾見平山本色來」句後小注中，特點出「余己巳過揚州，惟平山堂及法海寺，餘皆斷溝古墓而已。今湖山樓閣則庚午後開闢構造者也」，蓋有深意寓焉。

武進邑侯湯春叔燾，三年任滿，爲政清廉，其母亦訓子有方。將去，甌北詩以送之。

　　《送武進邑侯湯春叔》：「沖劇端資令宰賢，花封借寇忽三年。最難巧婦常無米，偏矢文臣不愛錢。告訐無人投鐵甌，平反有母問蒲鞭。不知武進民何福，頻遇官清得晏眠。」「但聽攀轅歎息同，聲從輿論自然公。來時欲庇千間廈，去日惟餘兩袖風。楊柳離情堤宛轉，黍苗餘澤野青蔥。還期麾蓋重來日，慰此迎途竹馬童。」（《甌北集》卷三七）

　　【按】湯春叔，即湯燾。

　　　　《兩浙輶軒續錄》卷三簡述其生平曰：「湯燾，原名愷，字春叔，仁和人。乾隆庚子舉人，官江蘇吳縣知縣。」並附其《陳無軒索和湘管聯吟即次元韻》一首，曰：「圖書緹裹空架屋，鄉山夢繞秋窗竹。頻年塵上

笑我癡，虛擲流光輕尺玉。書巢太守風雅宗，清詩秀奪群山綠。吐辭霞綺散千峰，吹籟笙鍾酣萬谷。相逢羈羽感知心，何意萍蹤邀刮目。局闈試士藻鑒平，爨下餘材嚴取錄。春回海上煙樹青，鶯花應笑枯腸俗。我來正遇顛風吹，坐憶雲山三百曲。快聆餘論粲珠機，何必清歌兼竹肉。豪吟掣電不容追，和詩聊以賡清穆。」

《重修兩浙鹽法志》卷二四《商籍一》：「（乾隆四十五年庚子科）湯愷，仁和人，官上海知縣，改名熹。」

錢維喬有《送湯明府春叔釋武進篆之吳門》四首，其一：「使君爲政古循良，墨綬躬紓惠此方。行野每敷三尺雨，退衙仍展五經箱。秋高范釜唯餘粟，花發潘輿偶舉觴。載詠白華眞孝潔，朝朝燕喜到萱堂。」其二：「地當赤緊正需賢，借寇岩疆竟五年。迎送敢辭馳露冕，寬平每只示蒲鞭。盡除竿牘門如水，獨撫琴尊吏是仙。一勺蘭陵春釀熟，嘗來便抵隱之泉。」其三：「貧安耕作富無驚，悃愊如公豈近名。但解字民爲衆母，不工獵上本書生。圜扉茀草刑常簡，橫塾增麋教易成。西郊有義學，明府捐廉俸置田百畝以膳生徒。更有餘恩及枯骨，松楸千載表仁聲。又置義塚一區，爲掩骼埋胔之所。」其四：「天教萬口作豐碑，荊玉南金非譽詞。衆愛倍殷將去日，清操無改乍來時。何人獨識陳亭長，當代猶存陸澹儀。多少攀轅童叟意，棠陰盼祝有餘思。」其生平藉此略見一斑。

與蔣秀才于野莘、蔣蔣山徵蔚兄弟有交，爲其酷愛讀書且富有才華而稱道不已。

《題蔣于野秀才一莊水竹數房書圖》：「三分水，二分竹，昔人擬構一分屋。有屋倘無書，有書倘不讀，水雖清亦濁，竹雖幽亦俗。何哉蔣徑兼此三，乃猶以書腹笥蓄。逸必訪酉陽，秘不讓天祿。王家巾箱鄴侯架，卷之於懷不盈掬。有時鎔鑄出偉詞，一掃不顧千氄禿。是即馬磨樓，蝸廬宿，已賽人間杜韋曲。何況門對一泓澄，窗映千竿綠。我欲從君一瓻借，書圖早識門徑熟。所謂伊人宛在水，何可一日無此竹。」（《甌北集》卷三七）

《答蔣蔣山秀才》：「歷數名場幾作家，後生中有此才華。白頭老嫗看新婦，恨不親爲插鬢花。」（《甌北集》卷三七）

【按】蔣莘、將徵蔚、蔣夔三兄弟，《湖海詩傳》卷四三簡述其生平曰：「蔣莘，字覺夫，號于野，元和人，諸生，有《水竹莊詩鈔》。」「蔣徵蔚，字應質，元和人，諸生，有《經學齋詩集》。」「蔣夔，字希甫，元和人，

諸生，有《青荃詩集》。」又，「《蒲褐山房詩話》：于野兄弟時號『三珠』，
應質之名尤著。應質賦才穎異，年未二十，已能讀群經注疏，又通《周
髀》、《說文》之學。阮伯元閣學視學浙中，稱爲小友，延之入幕。遍歷
浙東山水奇勝，其詩或清新微妙，或揮霍紛紜，靡所不有。與予同至揚
州，曾運使賓谷亦愛重之。在竹西歲餘，得風疾，三載未痊，恐邱錦早
還，江花已謝，不能復唱渭城也。」

《揚州畫舫錄》卷一〇：「蔣莘，字于野。徵蔚，字蔣山。夔，字青
荃。蘇州元和人，兄弟也。爲明兵備道蔣燦之後。父曾煊，有經濟才。
莘工詩文，著有《水竹莊詩鈔》。讀書好客，有《水竹莊圖》，東南文人
染翰殆遍。徵蔚，自天文、地理、句股、算術、詩文、詞曲無所不通，
年方弱冠，沈心疑格，雙耳遂聾。於經史之學尤邃，以鄭康成爲漢末大
儒，所注《三禮》、《詩箋》及《周易》。今文《尚書》近今有通之者，而
《論語》、《孝經》無人闡發，雖有惠氏所集王厚齋古注，而因陋就簡，
不足以當闡發之目，因作《論語鄭注疏證》十卷，又有《天學難問》二
卷、《北齊書證誤》二卷、《補注周髀算經》、《穆天子傳》、《吳語解嘲》
諸書。阮芸臺閣學爲刻其《寫經室詩文集》。夔工詩，精於溫、李，著有
《青荃集》。學者稱爲『吳中三蔣』。」

《郎潛紀聞二筆》卷一六載：「乾嘉間元和三蔣，伯莘于野，仲徵蔚
蔣山，季夔希甫，皆工詩，人各一集，幾乎王、謝家風矣。蔣山尤淵
博，治經史小學，兼通象緯，著述甚精。詩文才力雄富，無所不有。弱
冠遊浙江，阮文達公一見傾倒，留之學使署，約爲兄弟之交。公復序其
經學齋詩謂：『研精覃思，夢見孔、鄭、賈、許，時不失顏、謝山水懷抱
也。』」

《定香亭筆談》卷一：「元和蔣蔣山徵蔚，治經史、小學，兼通象緯，
著述甚精。詩文才力雄富，無所不有。歲丙辰，與余爲越東之遊，走筆
爲甬東詩八首，傳誦至海外，有《少游》、《浙遊》諸集，余爲總訂之曰
《經學齋詩》並序之，謂其『研精覃思，夢見孔、鄭、賈、許，時不失
顏、謝山水懷抱也。」

王昶《三月二十四日金秀才青僑、學蓮諸子邀鳳喈及予小集山塘舟
次，樽酒飛騰笑譚，拉雜書截句以紀之》之五曰：「杜陵三逕三珠樹，蔣
子莘及弟夔、徵蔚。示我新詩錦不如。弱弟兼能通筭術，九章八線步空虛。」

（《春融堂集》卷二二）又，《門人蔣秀才應質徵蔚以詩寄示卻寄》謂：「蔣山本玉人，六籍妙解悟。作詩繼風騷，尤善冰雪句。竹西與西泠，幽賞愜情愫。示我近來詩，宛與王韋遇。湖山結性情，渺然出風露。長簟更淒清，匏瓜慚無豫。時方悼亡。懸知伴藥爐，相思寄毫素。」（《春融堂集》卷二四）

王芑孫《題蔣蔣山茂才徵蔚雨窗讀史圖》：「去鄉十餘年，少秀都不識。卻來揚州城，覯此一奇特。神仙骨自青，瘦削面差白。乍當陸機年，屢蠟阮生屐。數公咸倒屣，上客方岸幘。顧云思我久，驟見如夙昔。無奈耳酷聾，一語肩百拍。對譚苦迷悶，手語通點畫。示我所爲詩，大有唐賢格。纏綿托微辭，遒峭出生力。時從新句法，逗露古膏澤。兼聞熟史例，尤喜疏經籍。刊訛削眾紛，援證驚創獲。閉門據藜床，終歲坐弗易。即今畫圖中，風雨想漂麥。讀書良自佳，願勿讀之頤。今人惟考據，先儒克由繹。考據騁虛能，由繹味實得。誠期悅諸心，焉用抵彼隙。篤志謝浮華，博觀待精擇。旁羅千萬言，略取二三策。爲文要深醇，如律戒刻核。不佞抱空疎，孤行苐憑臆。並世多賢豪，同異聽指摘。震旦利聞根，眞言亂重譯。頗怪周孔書，亦復困箋釋。人人口懸河，歇泄了莫極。君今亶不聰，此竇快已塞。窅默太音希，反聽滿大宅。猶防額生癭，須識踵有息。知君讀史心，所貴非耳食。」（《淵雅堂全集》編年詩槁卷一五）

久居林下，得與各類人等交往，洞穿世事，名利淡薄，而對身居下層者，頗懷悲憫之念。

《爭名》：「文士相輕古有之，詞場壁壘各堅持。集偷沈約嗤爲賊，經授遵明不奉師。村女插花偏自好，醜人訧鏡果何私？千秋自有無窮眼，豈用爭名在一時！」（《甌北集》卷三七）

《贈當筵索詩者》：「盈盈十五出堂時，妙轉歌喉勸客巵。也是人間生活計，老夫和淚寫胭脂。」（《甌北集》卷三七）

冬，交往最密之老友張坦病逝，甌北賦詩以弔之。

《張松坪挽詩》：「宦蹟曾兼館閣清，遂初早賦見閒情。生來獨佔中秋月，老去猶高第五名。與我清談交最久，畏君白戰句先成。何期高詠樓前宴，遽作黃壚感隔生。」「徵歌白雪醉紅霞，觴詠相隨十載賒。天上神仙原富貴，江南花月最繁華。歡場絲管春如昨，暮景桑榆日易斜。他日橋玄墓前過，不知

腹痛幾回車。」（《甌北集》卷三七）

另有《題楊斐園研堂長卷》、《側聞》、《入冬日飲牛乳一升，以代朝粥，戲成絕句》（《甌北集》卷三七）諸詩。

【按】楊斐園，當為楊倫弟楊廷煥。

趙懷玉《為楊別駕廷煥題研堂卷並序》，序曰：「別駕之先大參兆升以研遺其孫某，築堂貯研，同時陳道柔煉、邵子湘長蘅皆有詩文，積之成卷，尊甫詩南以卷畀別駕，以研與其兄倫焉。」詩曰：「貽厥謀存片石中，築堂事比范家隆。一時名宿留文字，晝錦何須羨魏公。」「興賢門巷記頻過，九柏森森舊蔭多。卻喜二難諧治譜，分攜手澤各摩挲。」「我亦司農清德餘，良田慚媿廢菑畬。何當歸守陶泓老，補讀傳家插架書。」（《亦有生齋集》詩卷一六）

洪亮吉《贈揚州倅廷煥即題其傳硯堂卷子》：「難兄薄宦久蹉跎，時令兄倫檢發廣西軍營。萬里新從馬伏波。小別最憐饒涕淚，半程相送越滹沱。傳家硯比兼金重，賣字錢無落葉多。我是孔融交兩世，一回展卷一摩挲。」（《卷施閣集》詩卷一八）

甌北《題楊斐園研堂長卷》（《甌北集》卷三七）詩，與趙懷玉、洪亮吉詩所詠乃同一事，由此推知，斐園當為楊廷煥字或號。

另，《國朝詞綜續編》卷三曰：「楊大章，字文載，號斐園，丹陽人，諸生。」並附其【添字昭君怨】〈夏晚遣懷〉：「林外斜移雨腳，雲聳一峰如削。怕因望月又思家，任雲遮。煙重小庭窗暝，且喜愁人無影。呼童遲上讀書鐙，看流螢。」《國朝詞綜補》卷一三謂楊大章「字斐園」。此楊斐園大章，乃丹陽人，諸生，與甌北詩中所述當非一人。

門生費芸浦淳來任江蘇巡撫，專程登門拜訪。甌北感慨不已，賦詩相贈，對其為政之道，多所建言。

《舊譜》：「是年中丞芸浦費公淳來撫江蘇，先生癸未禮闈分校所取士也。驄騎造訪，諮詢甚殷，先生以通省利弊詳語之。至官吏賢否，但舉其善者，余不置一詞，蓋其慎也。」

《芸浦中丞昔守吾常，今來撫三吳，枉駕過存，修及門禮，榮及老夫多矣，長句賦贈》：「畫舸油幢喧水驛，長官負弩吏執戟。滿城士女動歡聲，來迓中丞新使節。中丞昔日守常州，召伯棠陰處處留。廿年再到頭還黑，五馬今看換八騶。特達主知三錫命，總因敭歷豐裁正。露輞行流春雨膏，星符下

蕭秋霜令。三移晉笏兩滇藩,操履無疵風力定。遂膺節鉞蒞江天,黃霸重來過潁川。髧髻兒童俱壯齒,攀轅父老尚華顚。此是宦遊得意事,去思碑在自來看。開府官高量逾擴,胸納全吳已綽綽。風氣今殊舊見聞,挽回特布新條約。仁心清節馳先聲,早識群黎得所托。野老幽居少送迎,感公高誼枉千旌。榮光照到桑榆暖,暮景飛騰倍有情。寒家衣食計纔足,敢向陸莊問荒熟。公今手撫百萬民,江北江南盡待育。但期廣廈千萬間,遍覆窮樞安且燠。腐儒已在燾庇中,安樂窩成眠坦腹。便如鄉置鄭康成,不用肝分閔仲叔。」(《甌北集》卷三七)

【按】據《清史稿·疆臣年表》等載,江蘇巡撫奇豐額於乾隆六十年五月以「失察織造缺額,罷官入都」(《小倉山房詩集》卷三六),由費淳出任江蘇巡撫。因公務交接,事情繁多。至冬,始俟暇探望甌北。

同年胡豫堂高望學使任滿還朝,劉雲房權之視學江南,甌北均有詩相贈。

《送豫堂學使還朝》:「雙旌北上謁鑾坡,江左人才盡網羅。帝重鑒衡留任久,士經指授發名多。金門對策三千牘,玉署論資十六科。秘殿從容看畫接,沙堤佇看曉鳴珂。」「雁行兄弟記當年,瞥眼分飛忽各天。一出虞翻長去國,此行景倩若登仙。趨朝曉日鈎陳仗,把釣秋風笠澤船。別後相從更何日,吳雲燕樹兩茫然。」(《甌北集》卷三七)

《劉雲房少宗伯視學江南,話舊賦贈》:「才從棘院奏賢書,蕩節衡文又特除。人仰韓門如北斗,帝教吳會得南車。三江波淨心同澈,八座班高鬢未疎。看取人才入陶鑄,後生都勉帶經鋤。」「清切班常侍禁廷,旌麾今喜過郵亭。天涯舊雨爲今雨,江左文星即使星。倦客丹鉛頭已白,故人車笠眼猶青。追思三十年前事,鎖院深談酒半醒。」(《甌北集》卷三七)

【按】胡豫堂高望,見本譜乾隆五十五年考述。

劉權之(1739~1818),字德輿,號雲房,湖南長沙人。「乾隆二十五年進士,選庶吉士,授編修,累擢司經局洗馬。四十三年,督安徽學政。預修四庫全書,在事最久,及總目提要告成,以勞擢侍講。五十年,大考二等。逾年,擢大理寺卿,遷左副都御史。疏言:『大挑舉人多貪緣,請於事前一日簡派王大臣,聞命即宿朝房,以杜弊竇。』於是命在午門蒞事,御史監視,護軍巡察,步軍、五城一體嚴查,著爲令。尋督山東學政。五十六年,擢禮部侍郎。六十年,典江南鄉試,留學政。嘉慶二

年，調吏部。四年，擢左都御史，典會試。疏言：「買補倉穀，地方官奉行不善，在本境採買，不論市價長賤，發銀四五錢。花戶不願納穀，惟求繳還原銀，加倍交價。富戶賄吏飛灑零戶，轉得少派。善良貧民深受其累。官以折價入己，仍無存米。遇協濟鄰省，令米商倉猝購辦，發價剋扣，起運勒掯。請飭遇應買補，向豐稔鄰縣公平採辦，不得於本縣苛派，嚴禁胥吏舞弊。」又言：『社倉大半藉端挪移，管理首事與胥吏從中侵盜，至歉歲顆粒無存，以致殷實之戶不樂捐輸，老成之士不願承辦，請一律查禁。』詔韙之，飭各直省嚴禁，民得免累，湖、湘間尤稱頌焉。編修洪亮吉上書王大臣言事戇直，成親王徑以上達，權之與朱珪未即呈奏，有旨詰問，自請嚴議。上以權之人品端正，平時陳奏不欺，寬其處分。尋遷吏部尚書。五年，典順天鄉試。六年，命為軍機大臣。越一歲，會川、楚、陝教匪戡定，權之入直未久，上嘉其素日陳奏時有所見，疊予襃敘。在吏部久，疏通淹滯，銓政號平。九年，失察書吏虛選舞弊，因兼直樞廷，薄譴之，調兵部。十年，以禮部尚書、協辦大學士，加太子少保。軍機章京、中書袁煦者，故大學士紀昀女夫也，入直已邀恩敘，權之於昀有舊恩，至是復欲以袁煦列薦。同官英和議不合，已中止，英和密請晏見，面劾權之瞻徇。上不悅，兩人同罷直，下廷議革職，念權之前勞，降編修。未幾，擢侍讀，遷光祿寺卿，歷遷兵部尚書。十五年，協辦大學士，典順天鄉試。是年，帝以秋獮幸熱河，明年，幸五臺，並命留京辦事，拜體仁閣大學士，管理工部，復加太子少保。十八年，目疾乞假，遣御醫診視。會逆匪林清為變，事定，朝臣衰病者多罷退，詔以原品休致回籍，給半俸。二十三年，卒於家，年八十，諡文恪」（《清史稿》卷三四一《劉權之傳》）。

冬月，由邸報得知乾隆帝已冊立太子，又頒普蠲地丁正賦等詔，喜而為詩。

《恭讀邸抄，九月三日皇上冊立皇太子，以明年丙辰元旦舉行歸政大禮，紀元嘉慶，普蠲天下地丁正賦，又全免漕糧，大慶洪施，曠古未有，歡忭莫罄，恭紀以詩》略謂：「十行丹詔普祥暉，特簡元良授萬幾。付託得人天下慶，康彊傳位古來稀。九霄玉宇尊無尚，萬里金湯統有歸。禪代自行熙自緝，精勤猶未釋宵衣。」（《甌北集》卷三七）

另有《自笑》、《曉起》（《甌北集》卷三七）二詩。

【按】據史載，乾隆帝於本年九月三日立顒琰爲皇太子，以明年丙辰爲嗣皇帝嘉慶元年。十月初八，諭稱：丙辰元旦，舉行歸政典禮，爲嗣皇帝登極初元，蠲免天下地丁錢糧。至十二月十六日，又稱，「朕紀年周甲，於丙辰元旦舉行授受大典」。由此可知，甌北獲閱邸報，當爲十月下旬以後之事。

嘉慶元年丙辰（1796）　　七十歲

【時事】　　正月初一，顒琰即帝位。「乾隆六十年，帝正位東宮。元年元旦，舉行授受大典。帝侍太上皇后，詣奉先殿堂子行禮。太上皇帝御太和殿，親授帝寶，帝跪受寶。太上皇帝受賀畢還宮，帝即位受賀。奉太上皇帝傳位詔書，頒行天下，覃恩有差。是日，帝侍太上皇帝詣壽皇殿行禮。辛亥，帝奉太上皇帝命，冊立嫡妃喜塔臘氏爲皇后」（《清鑒》卷九）。顒琰，於乾隆二十五年十月初六日，生於圓明園之「天地一家春」，生母魏佳氏，後以子立爲太子，始追封爲孝儀皇后。顒琰舉止凝重，自六歲就傅受書，十三通五經學，爲文援筆立就。十四歲，上元前夕，宴親藩，因舉止得體，高宗遵家法，親書其名，緘固藏乾清宮正大光明殿匾額上，爲建儲計。顒琰讀書上書房，工部侍郎謝墉、侍講學士朱珪等，均曾爲其師傅，以後者對其影響較大。即帝位時，年已三十六，在位二十五年，得年六十一歲。此前，乾隆帝曾於《諏吉九月初三日宣諭建儲書事》一詩小注中，道其建儲、歸政之苦心，曰：「建儲立嫡，原以預定國本。三代以後，自漢迄明踵行之。若朕以爲非，則朕非讀書稽古之人矣。然考之史籍，儲貳一建，其弊百端，可爲炯鑒。我皇祖初建嫡嗣，理密親王爲皇太子，其後不克祗承眷顧。我皇考即位之初，親書朕名，貯於乾清宮正大光明匾上，並另書密緘，常以自隨，實爲千古至善之制。是以朕踐阼後，曾以皇次子爲孝賢皇后所生，遵皇考之例，書名藏貯，不意早年無祿。嗣於癸巳年南郊大祀，敬以繼定儲嗣之名奏之上帝，並默禱所定嗣子倘不克負荷，祈降之罰，俾得另簡元良，以膺大寶。又於盛京展謁，敬告太祖、太宗，是朕以神器爲重，雖不明立儲嗣，而於宗祏大計，實爲預定，特不效前代之務虛名而鮮實益耳。茲以歸政期近，召皇子、皇孫、王公、大臣等啓視密緘，立所定皇十五子嘉親王爲皇太子，用昭付託之重。至朕仰承戀眷，精神彊固，未至倦勤，歸政後凡於用人行政及軍國大事，豈肯竟耽安逸，置之不問，仍當躬親指教，令嗣皇帝稟承

練習，豈非國家天下之大慶，更爲千古以來史策所未有之盛事也。」（《國朝宮史續編》卷一七弘曆《諏吉九月初三日宣諭建儲書事》詩「弗事虛名收實益」句後自註。）本月，白蓮教起義爆發於湖北。二月，嘉慶帝於文華殿初舉經筵。御乾清門聽政，居圓明園，則御勤政殿，日以爲常。三月，襄陽教首齊麟之妻王氏等屯黃龍墥，勢漸不可遏。此次教民起義，實爲逼迫所致。湖北宜都聶傑人舉事，「實自武昌府同知常丹葵苛虐逼迫而起」，「常丹葵素以虐民喜事爲能，乾隆六十年，委查宜都縣境，嚇詐富家無算，赤貧者按名取結，納錢釋放。少得供據，立與慘刑，至以鐵釘釘人壁上，或鐵鎚排擊多人。情介疑似，則解省城，每船載一二百人，饑寒就斃，浮屍於江。歿獄中者，亦無棺殮。聶傑人號首富，屢索不厭，村黨結連拒捕。宜昌鎮總兵突入遇害，由是宜都、枝江兩縣同變。襄陽之齊王氏、姚之富，長陽之覃加耀、張正謨等，聞風並起，遂延及河南、陝西」。（《清史稿》卷三五六《谷際歧傳》）五月，太上皇諭內外大臣，年節毋庸備物呈進，略曰：「朕御宇六十年來，國家昇平昌阜，大內存貯，珍物駢羅，即佛像亦無可供奉之處。而嗣皇帝方當以儉樸爲天下先，原不宜貴奇異奢華之物。是用再行通諭，此後除鹽、織、關差向有公項購辦備賞物件外，其餘內而王公、大臣，外而督撫，不但貢物不必進呈，即如意亦不許備進。其土貢惟麥麵、果品、茶葉、藥材等項，准其照例呈進，以備薦新分賞之用。不得額外增添陳設、綢緞各物，以示體恤而節繁費。如有違例瀆進及奏事處濫行接收者，必當一併治罪。俟朕九旬大慶，嗣皇帝四旬壽辰，屆時應否准其抒忱祝嘏之處，另候勅旨遵行。將此通諭知之。」（《國朝宮史續編》卷七一）本月，以富綱爲漕運總督。大學士、貝子福康安卒於軍。六月，以魁倫爲閩浙總督，朱珪爲兩廣總督。以紀昀爲兵部尙書，金士松爲禮部尙書，沈初爲左都御史。七月，四川總督孫士毅卒於軍。八月，總督和琳征苗之時因染瘴疾卒於軍。九月，四川之達州、東鄉、巴州、通江、太平等處，紛紛有教民起義。十月，王杰以足疾疏辭軍機處、南書房、禮部事，允之。命沈初爲軍機大臣。十一月，陝西教民乘機而起，於是三省教民互爲呼應，聲氣相通。十二月，湖南教首石柳鄧父子被擒獲，遇害。

本年，鎮洋畢沅到枝江鎮壓白蓮教起義，此年著《采芑集》。

吳江史善長作《募鄉兵》、《樊城火》等長詩，記湖北此年兵事。

泰州仲振奎客揚州，得讀逍遙子序本《後紅樓夢》，動意合前後二書故事編作戲劇。

常熟瞿頡著《鶴歸來》傳奇戲。

陽湖趙翼、武進趙懷玉、吳縣詹應甲等爲瞿頡《鶴歸來》傳奇撰題辭。

吳縣潘奕雋以詩題徐燨《鏡光緣》傳奇。

吳江徐燨自京南還，《曲池花影詩鈔》有成稿。

無錫顧光旭以其族兄顧斗光（字曜七，號諤齋）所選詩爲基礎，輯西漢以來本土人詩爲《梁溪詩鈔》五十八卷刊行。

高郵王念孫著《廣雅疏證》二十二卷。

江陰金捧閶著《守一齋客窗筆記》四卷。

武進莊宇逵辭不應舉薦，作《攝山采藥圖》。

陽湖惲敬在浙江富陽縣知縣任，張惠言過訪，將爲其地修志，以敬他調，作罷。

浙江章學誠自揚州還紹興，次此期雜記爲《丙辰劄記》。

袁枚爲顧光旭賦《詩塚歌》，曰：「晴沙先生選詩畢，公選梁溪詩，自漢、魏以至本朝。剩稿橫堆三十尺。作何位置費商量，欲焚欲棄心未決。賈生闖入大叫呼，投諸水火詩無辜。盍將斷簡殘編葬，當作枯骷朽骨乎？相彼惠山下，厥壤惟墳壚。殮以文梓匣，加以純灰塗。二泉環流清似雪，較勝水銀江海黃金鳧。賓賓學子來會葬，都是鬱鬱佳城墓大夫。髑髏臺，點鬼簿，團聚詩人無萬數。樹檟何妨七尺高，樵采應禁五十步。楚些招，鮑家唱，青山夜靜聞聲響。地下騷壇個個爭，墳頭吟草枝枝長。君不見本朝顧俠君，選刻元詩三百人？夜夢高冠如箕一齊來拜謝，想見名心未死不以陰陽分。君今此舉古來寡，文塚筆塚難方駕。泥封更比紗籠尊，火燒亦不秦皇怕。我欲高刊華表十丈碑，大書『過路詩人齊下馬』。賈生名崧。」（《小倉山房詩集》卷三六）

洪亮吉由貴州回京。散館一等，供職翰林院。六月，派本衙門撰文。（《洪北江先生年譜》）

趙懷玉賦《遊天主堂即事》一詩，謂：「峩峩番人居，車過常遠眺。今來城西隅，得徑甫深造。其徒肅將迎，先路爲指導。或久官義和，或才辭海嶠。客多虯髯種，食配雞卵料。餅餌數器皆以雞卵汁和麵爲之。少憩揖而升，居然煥寢廟。翦松就範圍，屈鐵變縈繞。殿前有鐵闌庭松，方圓不一，皆裁翦所致。香花中供養，壁繪天主貌。曾蘇垂死人，能謝洪波棹。壁間所畫天主事蹟。亦無甚奇蹟，彼曷過誇耀。謂自開闢來，竟絕人與肖。樓頭旋奏樂，彷彿八音調。轉捩惟

一手，吹噓殊眾竅。更喜火發奇，迸如劍躍鞘。觸機四肢振，匪藥百病療。右築觀星臺，儀器匠心造。橫鏡曰千里，使人齊七曜。乃於窺天微，兼得縮地妙。所惜昧機祥，但解推蝕朓。或云利瑪竇，始由勝國到。豈知貞觀間，早有大秦號。胎源出祅《玉篇：阿憐切。閩中謂天爲『祅』，徐鉉增入《說文》。神，不外六科要。徒爭象數末，詎析理義奧。聖化溥裨瀛，重譯不煩召。治歷首明時，量能爰策效。吾儒通三才，本異索隱誚。因疎專門業，致被遐方笑。太息遵歸途，高林澹斜照。」（《亦有生齋集》詩卷一四）

正月，王念孫（字懷祖，號石臞）《廣雅疏證》編定，並作序。其官御史時，治事之餘，必注釋《廣雅》，日以三字爲率，寒暑無間，十年而成書，凡二十二卷，名曰《廣雅疏證》。（《王石臞先生年譜》）

正月，儀徵阮元徵刻《淮海英靈集》。五月，始修此書。本年，撰《小滄浪筆談》，刻《山左金石志》成。（《雷塘菴主弟子記》卷一）

是年，凌廷堪《元遺山先生年譜》成，作《序》及《中星閏月說》、《羅睺計都說》、《方直儀銘》、《立三角儀銘》、《讀孟子》、《書唐文粹後》、《書程寶渠算法統宗後》、《樹經堂詠史詩跋》。（《凌次仲先生年譜》）

寶應劉端臨（字臺拱）之父世馨（號蓼野），曾以「敬以修身，儉以養德，言不崇華，交不遺舊」書以座右自警。本年，舉孝廉方正，辭不就，有書與端臨，中有語：「朱子云：『凡遇名利，退一步便安穩，只管向前便危險，事勢定是如此。』高忠憲云：『貴莫貴於無求，賤莫賤於多欲，安莫安於知足，危莫危於多言。』味二公語，則老翁之不就薦舉，所見頗遠。」（《劉端臨先生年譜》）

阮元督學浙西，焦循隨之至杭，爲其輯《淮海英靈集》。（《焦理堂先生年譜》）

【本事】正月初一，乃嘉慶元年之始，新帝初政，局面當有改觀。甌北思及自身已歷三朝，著述頗豐，頗爲寬慰。

《嘉慶元年元旦試筆》：「履端晨正雨如膏，椒酒今年興倍豪。龍誥欣傳新蟒座，羔裘仍有舊宮袍。推排遂作三朝老，著述將成一尺高。嘉慶元年年七十，後人應羨此翁遭。」（《甌北集》卷三八）

二月初，應江蘇巡撫費淳之約，赴蘇州，與王文治、祝德麟、蔣莘同往鄧尉山賞梅。買牡丹、海棠歸。

《芸浦中丞邀我鄧尉看梅，夢樓、芷堂先在蘇相待，遂同遊連日，並偕

蔣于野秀才》之二：「燈節前頭雪壓枝，梅花今歲較開遲。花神大似留相待，二月初來正及時。」之三：「點役簽夫曉鼓催，幾同喝道看山來。惹他村嫗從旁笑，不是官梅是野梅。」之五：「漫將孤寂結相知，豈識瑤林四照奇。笑煞老逋真小見，賞心只在兩三枝。」（《甌北集》卷三八）

《戲題靈岩山館》、《閱近人詩稿戲題》（《甌北集》卷三八），寫於此時。進入新春，年已七十，回思平生經歷，感慨自多，揀其要筆之於詩。

《七十自述》（三十首）之三：「童年回憶舊艱辛，天下無如我最貧。孤露更誰舟贈麥，饑寒長自甑生塵。嗜瓜亭是傷心地，踏菜園悲薄命身。最是饑驅北行日，離懷痛絕倚閭人。」之四：「長安索米悵何依，年少江南一布衣。入洛陸機詞賦滿，遊秦張祿姓名非。壯心有劍難催舞，浪蹟無枝鵲亂飛。贏得虛聲供嚇鼠，廿三經義一時揮。」之七：「寸寸鮎魚上竹竿，生平一第最艱難。不周山下頭曾觸，無定河邊骨欲寒。辛苦醫家三折臂，渺茫仙路九還丹。誰知禿盡中書筆，方得詞人本分官。」之八：「一桂枝高手已攀，臚傳聲裏另排班。雖非五色蓬萊頂，猶占三茅句曲山。千步御街中道出，一條軟繡九衢還。人生此福難消受，老去追思轉汗顏。」之十：「單車迢遞赴邊城，出守方嘗外吏輕。正欲拊循為父母，豈知忼直忤公卿。水中見蟹猶生怒，杯底逢蛇得不驚？猶仗御屏題筆在，彈章未敢斥歸耕。」之十三：「萬山深處喜民和，不用刑威但撫摩。地遠中原遊客少，天連南極老人多。雞豚晚社爭扶醉，士女春墟解唱歌。辜負此邦輿誦好，攀轅千里送關河。」之二十：「里居何物可消閒，依舊書生靜掩關。尚有眼光牛背上，不消髀肉馬蹄間。半篝殘火聽譙鼓，一縷名香嫋博山。訂罷史編翻自笑，干卿何事苦增刪？」之二八：「昇平郊藪鳳麟遊，無限英才要出頭。詞賦爭誇今李杜，山林並少假巢由。衰殘敢自居耆宿，宏獎翻愁誤俊流。聊與擴開新眼界，梯桄更上一層樓。」之三十：「少年意氣慕千秋，擬作人間第一流。豈意壯懷三不朽，終成老物四宜休。隙駒虛擲分陰過，皮豹徒憑一卷留。若果輪迴有來世，誓從髫齔便勤修。」（《甌北集》卷三八）

與才女駱佩香有交，並題其《聽秋軒詩集》、《秋燈課女圖》。

《題女史駱佩香聽秋軒詩集》（四首）之二：「倘著冠巾試萬言，也應第一領詞壇。如何不學黃崇嘏，去作人間女狀元？」「此豈宜居弟子行，詩翁漫謝在門牆。上元燈下千詞客，方待昭容玉尺量。」（《甌北集》卷三八）

《再題佩香秋燈課女圖》、《胡黃海遊揚州，以京師諸公贈行詩裝成長卷，

作圖於卷端，題曰爐詩圖，來索題，戲賦一絕》、《慈孝松歌》（《甌北集》卷三八），亦寫於此時。

【按】《梧門詩話》卷一二：「句曲女史駱綺蘭，號佩香，詩才情極富，為近年江左閨秀領袖。余於謝薌泉侍御筆頭見其自寫《小遊仙》詩云：『誰懸明鏡畫樓前，一片清光萬古圓。不是姮娥挾獨處，何人領袖廣寒天。』『瑤臺女伴笑聲嘩，同赴金池阿母家。傳道東華袛從過，一時相避入桃花。』『虛皇欲御袞龍袍，半載天孫機杼勞。特勑來年銀漢水，比教往日淺三篙。』『瓊宮帝女好年華，學繡初飛彩線斜。偶棄吐絨紅一點，人間開作半年花。』並極新穎。其第一首則儼然自寫照也。」

《名媛詩話》卷四：「句容駱佩香綺蘭，號秋亭，龔世治室，有《聽秋軒詩草》。佩香早寡無子，課螟蛉女以自遣，有《秋燈課女圖》。《登木末樓》云：『載酒獨登樓，憑闌四望收。江光初過雨，山意欲成秋。霸業隨流水，孤城起暮愁。微茫煙樹外，帆影落瓜州。』《登天平山憩白雲菴》云：『身在雲中不見雲，登臨忘卻日將曛。回頭欲辨來時路，只有泉聲隔樹聞。』頗有悟境。」

祝德麟有《句曲女史駱佩香嫁於龔而寡，寓居潤州，工吟詠，為簡齋、夢樓兩公女弟子。往歲女史曾介簡齋求余題〈秋燈課女圖〉，茲夢樓復以其所著〈聽秋軒詩〉刻本見貽，舟中讀之，清微澹遠，佳處直逼王、孟絕句，亦頗近王仲初，當為近日閨秀之冠，爰題三絕，以志歎賞，不必示佩香也》三首，謂：「論詩不必苦分疆，氣味終須細審詳。慚愧士夫多祖宋，卻看閨閣未祧唐。」「一卷清裁百首詩，挑燈展讀夜遲遲。二分明月三分水，如聽湘靈鼓瑟時。」「不障青綾慣屈賓，自家忘卻廣寒身。豈知月姊詩天外，果有光輝冷照人。」（《悅親樓詩集》卷三〇）

駱佩香綺蘭與當時名流頗多唱和。袁枚與其他女子書信，往往稱「女弟子閣下」，而對駱卻稱「佩香」世妹、「佩香夫人」，推許其「《題雅集圖》五古，清老異常，置之諸名公巨卿中，不愧閨閣之青蓮先生也」（《小倉山房文集·外集·集外文》，《清代閨秀詩話叢刊》第一冊）。《隨園詩話補遺》（卷三）載曰：「句容駱氏，相傳為右丞之後，故大家也。有秋亭女子名綺蘭者，嫁於金陵龔氏，詩才清妙。余《詩話》中錄閨秀詩甚多，竟未采及，可謂國中有顏子而不知。辛亥冬，從京口執訊來，

自稱女弟子，以詩受業。《遊西湖》云：『渺渺平湖漠漠煙，酒樓斜倚綠楊前。南屏五百西方佛，散盡天花總是蓮。』《春閨》云：『春寒料峭乍晴時，睡起紗窗日影移。何處風箏吹斷線，飄來落在杏花枝。』《雲根山館題壁》云：『寂寂園林日未斜，一庭紅影上窗紗。主人難免花枝笑，如此開時不在家。』《對雪》云：『登樓對雪懶吟詩，閒倚闌干有所思。莫怪世人容易老，青山也有白頭時。』四首一氣卷舒，清機徐引，今館閣諸公能此者，問有幾人？」可謂推崇備至。袁枚《隨園女弟子詩選》（卷三）收有其詩。

三月，以事往揚州，觀伶人計五官演劇，並至高旻寺賞牡丹。

《計五官歌》：「紫稼歌殘薊苑霜，百年曲部黯無光。天公怕斷煙花種，又出人間計五郎。計五生來好姿首，家近虞山黃子久。竟體香分景滌蘭，纖腰軟入靈和柳。天風吹落到揚州，一日聲名不脛走。冠蓋西園夜賞花，笙歌北里朝酣酒。偶然斜睇眼波橫，勾盡滿堂魂不守。座中耆宿也發狂，簾內嬋娟自嫌醜。無人不愛鄭櫻桃，祇是有心難出口。揚州樂府聚風華，陳寶秦坑人共誇。絕調能翻金縷曲，豐容雅稱玉鉤斜。小垂手博纏頭錦，初上頭添繫臂紗。計郎一齣爭相惱，斂避都甘作房老。尹邢豈但怕相逢，元白已皆慚壓倒。若非占得十分妍，妒口如何亦稱好？乃知一樣眉目清，天獨為他陶鑄巧。我來作客十餘年，看盡梨園舞袖翩。太息選仙空彩格，老來方遇鄂君船。鬢絲禪榻茶煙揚，腸斷春風擁檛憐。」（《甌北集》卷三八）

此時另有《高旻寺鑒公房夜看牡丹戲書》、《揚州買芍藥攜歸，而齋前寶珠山茶已開過矣》、《題楊隨安明經漁樵問對圖》（《甌北集》卷三八）等詩。

【按】《高旻寺鑒公房夜看牡丹戲書》詩稱「一枝濃豔倚禪房」，時值牡丹花盛開，知甌北此次來揚，當在三月間。高旻寺，「高旻寺大門臨河，右折，大殿五楹，供三世佛，殿後左右建御碑亭，中為金佛殿。殿本康熙間撤內供奉金佛，遣學士高士奇、內務府丁皁保，齎送寺中供奉，故建是殿。殿後天中塔七層，塔後方丈，左翼僧僚。最後花木竹石，相間成文，為郡城八大剎之一。是寺康熙間賜名高旻寺」（《揚州畫舫錄》卷七）。

據《舊譜》，「夏四月，閩省虧空大案，咨追各省。先生內弟原任甌寧令劉芳、友壻原任尤溪令金捧閶皆坐重罪，先生力為營救，皆得免罪。金令無力，先生並助以六百金繳官」。甌北此次去揚州，殆非專門為觀劇

而來。至四月間，又去蘇州，亦非爲遊覽虎丘而至，恐均與營救內弟劉芳、友婿金捧閭有關。

計五官，爲當時揚州著名藝人。袁枚《邗江雅集詩有序》三首之三謂：「入座風神玉樣清，可憐毛髮亦聰明。賦琴新把嘉名錫，乍喚知卿聽尚生。計五官，謝公賜字賦琴。」（《小倉山房詩集》卷三六）王文治《邗江雅集，戲紀絕句五首，同隨園前輩作》之三曰：「樂府須留大雅音，深厄飲罷且停斟。可知叔夜多情處，不賦箏琶只賦琴。計郎色藝獨冠揚州，舊名賦亭，今諸公爲易賦琴。」（《夢樓詩集》卷二四）秦瀛《揚州雜詩十首》之三：「定子當筵一抹霞，斷腸春色廣陵花。分明翦取吳淞水，鴛胭湖邊是爾家。歌者計郎，吳江人。」（《小峴山人集》詩集卷一六）據此可知，計五官，吳江人，初名賦亭，後改爲賦琴，爲一時之名伶，以色藝獨冠揚州。

楊隨安，即楊嶼谷，武進人，著有《楚遊集》。洪亮吉《楊秀才嶼谷漁樵問答卷子》：「聖不自聖何其謙，執射執御無能兼。儒羞爲儒亦何意，欲漁欲樵誰者是。方其學爲樵，不識世有淵。方其學爲漁，不識世有山。用心可一不可二，君意胡乃雙相關。我知終日樵，薪復不盈束，何以贈君爲君歌伐木。終日漁，魚復不上竿，何以贈君爲君詠忘筌。吾儒之道無不該，況乃二者當優爲。樵夫笑士匪無謂，漁父鼓枻何悠哉。君家家法爲儒好，天祿可讎玄可草。堯夫經世吾懶觀，復恐誤爾儒爲禪。」（《卷施閣集》詩卷八）又有《楊嶼谷》一詩，見《更生齋集》詩卷一。

劉嗣綰《楊隨安屬題漁樵問對圖》詩曰：「羲文去世遠，邵子眞天人。一窩足安樂，出與漁樵親。子雲向有太玄癖，日事圖像馳精神。近刪章句得妙旨，悠然但作無懷民。鳶魚中間殊了了，龍馬前頭非草草。宋儒理障一千年，明月清風入君抱。問漁何必君解漁，武陵便是神仙居。問樵何必君識樵，爛柯山下閒相招。山苗可餐水可煮，君獨何爲茹茶苦。竹上尋鮎會有人，蕉中覆鹿仍無主。終日取魚魚網深，終日伐薪薪在林。一生戴笠不知揖，五月披裘空見尋。世間萬事由來左，樵水漁山無不可。此事誰能駕馭卿，此身祇許周旋我。周旋與我年復年，日日會向圖中眠。有風有水月在天，願君相對忘言詮。」（《尚絅堂集》詩集卷一二）

張惠言亦有《楊隨安漁樵問對圖賦並序》，見《茗柯文編》二編卷上。

錢維喬《題畫贈楊隨安》詩謂：「遠山層疊樹扶疏，秋水閒房自讀書。

靜對幽禽碧空去，此心與物共如如。」（《竹初詩文鈔》詩鈔卷一六）

趙懷玉《次韻書楊明經嵋谷〈楚遊集〉》：「幾年遊楚國，澤畔滯吟身。為客遠斯壯，論詩妙在真。何須羨腰細，已薄效眉顰。乍見仍愁別，將探鄗杜春。時擬作秦遊。」（《亦有生齋集》詩卷二八）又，《題楊明經嵋谷種松北邙采蘭南陔遺照》：「隨安居士今人師，元亭載酒爭問奇。豈知別有過人處，生事死葬皆無違。椎牛不及雞豚樂，祭豐何如養之薄。九原但慰厥考心，長奉慈闈甘澹泊。右攜鴉嘴左執蘭，把鋤先種松丸丸。松能廣蔭覆宮牢，蘭有餘馨佐膳餐。良朋唯許漆園共，謂達甫。曾過荒齋互吟諷。袖中一卷楚遊詩，直欲衙官屈與宋。那堪分手遠入秦，惡耗次第驚修文。昨春扶病返鄉國，既哭漆園又哭君。人琴之痛抑何迫，太息音容成永隔。丹青尺幅寒窗披，五十精神儼疇昔。北芒南陔無處無，難得至情並此圖。我亦終天抱深恨，時時老淚沾襟裾。人生百行首推孝，除卻顯揚蔑以報。多君有子並克家，地下聞之定含笑。」（《亦有生齋集》詩卷三二）

陸繼輅《先師楊先生嵋谷種松采蘭遺像為公了近勇作》：「種松向北芒，松小無遠枝。漑以孝子淚，鬱此云霄姿。采蘭循南陔，蘭弱不盈筐。熏以孝子德，蓄此懷袖香。孝子事親既，從親歸北芒。孝子更有子，攀條淚沾裳。陔蘭枯益榮，敬為慈母祥。慈母千曼壽，彌驗世德臧。小子孝子徒，十四受禮經。麤知定省節，再痛風不寧。嚴霜摧靈萱，梁木亦已傾。知我舊來意，獨有一鐙檠。暉暉五夜光，滔滔六代文。往往荷奇譽，傳以娛偏親。夢奠值廢業，哀思苦未申。祥琴調已久，心喪復何論。縱遂築室願，言歸及茲辰。所望二三子，早建房杜勳。明明遺訓在，曷問沒與存。仕成告邱墓，庶慰文中魂。」（《崇百藥齋文集》卷一一）

陸繼輅《合肥學舍箚記》卷一《先師贈詩》：「乾隆乙巳，予年十四，將隨楊西禾先生倫讀書江漢書院，楊隨安先生嵋谷作詩送之云：『休誇早慧本三生，須識文章老更成。雛鳳清聲鸚鵡對，多年前耳陸郎名。』『兒時那不耽遊戲，夙號奇童果不虛。點漆瞳神緣底用，天教飽看等身書。』『曾聞截髮為留賓，料理盤餐費苦辛。無計留賓知髮盡，卻教弱息遠依人。』『二十里外舟中客，十四年來掌上擎。料道北堂捨不得，分飛烏鳥可憐生。』『三楚雄封到郡初，武昌山色遶巾車。舉頭黃鶴樓中望，此是生平未見書。』『外咎聲名井大春，相從千里意何屯。他年江漢歸來日，

多少殷勤拭目人。』予蒙海內諸公投贈詩文，莫先於此。追憶師恩，不知涕之何從也。」

聞知湖南等地亂起，世不太平，心頗為憂。

此時寫有《湖南逆苗、湖北邪教先後滋事，官兵攻剿尚未殄滅。江村聞信，詩以遣憂》、《題吳雙湖郡侯留琴放鶴圖》、《邵松阿落一齒，已而落處更生，所謂兒齒也，走筆奉賀》（《甌北集》卷三八）諸詩。

【按】《題吳雙湖郡侯留琴放鶴圖》稱「琴鶴吾家清獻物」，顯然，是引清獻公（宋趙忭諡清獻，詳情見前）為遠祖。

吳雙湖，或為胡雙湖之音誤。胡雙湖，胡觀瀾。《（光緒）重修安徽通志》卷一九五謂：「胡觀瀾，字雙湖，盧江舉人，浙江知縣，平反松陽徐姓冤獄，濬慈溪、慈湖，築堤弭水患，累升江蘇蘇州知府。廉得常熟賊贓，雪事主誣良偪命之枉。太倉寶山民藉旱滋事，捕其魁，寘於法。擢江西糧道，告歸。子稷，字公望，原名光榮，由舉人員外郎任川東道，會剿長壽縣教匪王和尚等，悉擒之，別獲蜐蜐苗匪百餘人。又請定雇役法，以輕徭役。歷江南、江西鹽道，著《鹽政利弊書》四卷，兼署江西按察使。決餘干、鄱陽人爭洲地案，治信豐鹽戶私增鍋戶獄，雪蓮花廳人誣妾毒妻冤，他如捐建宋臣文天祥、謝枋得祠，修明賢妃婁氏墓，重刊宋本十三經注疏，皆非俗吏所能為。」

許兆椿《題胡雙湖太守琴鶴圖小照》詩題下小注曰：「胡前守蘇州，今守常州。」詩曰：「十年前說白蘇州，老看蘭陵八月秋。鶴瘦自矜奇翼健，琴清操為素心留。寥寥古調人誰賞，落落雲霄世莫求。我亦江南舊吟客，蒼茫此意及君不。」「養鶴真如養士難，不隨雞鶩乞餘餐。鳴皋大有清音和，得手寧將別調彈。解慍虞弦君自遠，退飛宋鶂我相安。披圖細話年來事，白上髭鬚試較看。」（《秋水閣詩文集》卷六）

張五典《答胡雙湖太守索拙刻即送歸盧江》詩謂：「蘇州太守最能詩，到老通懷於我私。好手深沈多忍俊，麤才疎放慣詅癡。難期入選藏吟篋，聊可消閒佐酒卮。小几篷窗憑檢點，歸帆春霽向黃陂。」（《荷塘詩集》卷一五）

四月，往蘇州，熊蔚亭枚方伯稱，世風尚繁華，可以養貧民，與甌北所思迥異。令其思路頓開，感慨不已。

《蔚亭方伯過虎丘，得詩八章。大指謂繁華勝地，多耗物力，而可以養

貧民。此意向來遊者所未道，足見公遊賞中尚不忘民依也，酬以長歌》：「四座且勿喧，聽我歌虎丘。虎丘舊是埋香處，至今風月專千秋。七里塘移市忉利，千人石寫山之衆。花柳營丘圖畫景，亭臺蓬海青紅樓。僧寮淨開琉璃界，妓館豔拂珊瑚鈎。更有骨董擅絕技，妙奪天巧窮雕搜。彩花欲招飛蛺蝶，棘刺能刻生獼猴。搏土爲人偃師舞，擘箋畫鬼期思愁。鳩節膩滑郢斤斲，螺鈿璀璨裹樣毿。地大物蕃景奇麗，遂使遇者眩兩眸。香車寶馬鬧如織，兼有桂檝沙棠舟。金盤玉盞鬥珍錯，舞衫歌扇招嬌羞。豈惟豪客恣揮斥，老慳囊亦倒不留。我來頓發大感慨，奢靡日甚俗益媮。銷金鍋成無底谷，耗盡財力此冶遊，曷不禁之返樸素，遍驅熙攘歸鋤耰。蔚亭先生乃大笑，腐儒泥古慮未周。太平生齒日繁盛，安得尚有閒田疇？正藉侈豪崇愷輦，漏卮餘瀝沾黔婁。一毛未損巨牛背，寸龥已飫饑鷹喉。不然坐看萬游手，教渠何處口實求。將隨呼盧袁彥道，肯作賣藥韓伯休。我聞遽擴罌粟眼，知公默運回斡籌。爲一家計要囊括，爲天下計須泉流。八詩足抵食貨志，區區陋我目睫謀。惠政已傳碑在口，清詞兼令石點頭。偶然遊賞亦康濟，足覘後樂皆先憂。」（《甌北集》卷三八）

【按】蔚亭方伯之言，乃乾隆帝之意，詳見本譜乾隆五十八年「時事」。蔚亭，即熊蔚亭枚（1734～1808），見《清代人物生卒年表》。《清秘述聞》卷七：「解元熊枚，字蔚亭，鉛山人，辛卯進士。」謝啓昆《贈熊蔚亭》詩曰：「憶昔歲在卯，京洛識君始。君司分白雲，我職校青史。官局既有常，會面無多子。一麾守淮海，相望天尺咫。坎坷纏我身，靈夢中夜起。跟蹌救急難，誼與手足比。是時朔風號，雪花擁敝屣。寒燈相慰藉，濁酒呼燕市。賜環遄南征，起廢被恩旨。君旋刺西涼，劍鍔試新砥。活人起瘡痍，驅蠹詰奸宄。期月報政成，首郡特簡委。推賢大吏明，入奏聖心喜。秋風痛陟岵，秦人失怙恃。聲聞通寢寐，鴻雁滯雲水。我昨廢蓼莪，君亦返桑梓。素衣一相見，執手淚如泚。人生重意氣，結言要生死。長才慎讞獄，嘉肺達精理。出承天子命，行爲國之紀。走也襪線材，躓躕笨羸豕。人境結茅屋，蓬蒿守素履。遲君孺子亭，盟我東湖涘。」（《樹經堂詩初集》卷一五）潘奕雋《送熊蔚亭方伯之任雲南》：「我後重岳牧，勤恤在黎元。溫溫鉛山公，江介駐鹿輶。春風藹然來，荄棘成蘭蓀。皎日一以照，岸獄無覆盆。公或不自惬，民咸戴公恩。昨日賚鸞書，句宣命南轅。甘棠聽訟樹，勿拜遺愛存。賤子慕仁聲，受廛棲故園。燕見不

敢數，每見欽溫言。風清畫戟靜，雲動隼旟翻。借寇顧盧切，攀嵇情彌敦。袞衣頌他時，重蒞金閶門。」（《三松堂集》詩集卷一○）與祝德麟、紀昀、蔣士銓、翁方綱有交，見《悅親樓詩集》卷二六、二九、三○，《紀文達公遺集》詩集卷一二，《忠雅堂文集》卷二四，《復初齋外集》詩卷第二十二。《清史稿》卷三五七有傳，略謂：「五十八年遷江蘇按察使，……六十年遷雲南布政使，以治劉河工未竣，留署江蘇布政使，開蘇州城河。」又據《（同治）蘇州府志》卷二二：熊枚，字釯山，江西人，進士，乾隆六十年五月二十四日署江蘇布政使。

近日，刻詩文集者甚夥，甌北仔細翻閱，時有所思，並為徐惕菴大榕詩題句。

《近日刻詩集者又十數家，翻閱之餘，戲題一律》：「只爲名心銃肺肝，紛紛梨棗競雕刊。豈知同在恒沙數，誰獨能回大海瀾？後代時逾前代久，今人傳比古人難。如何三寸雞毛筆，便作擎天柱地看。」（《甌北集》卷三八）

《題徐惕菴皖杭遊草》：「讀書從宦兩相礙，風騷不在簿書內。誰能作吏兼作詩，判牘操觚並稱最？惕菴年少一博徒，兄事爰絲弟灌夫。喑嗚叱咤萬人廢，意氣上薄秋雲孤。百賦千詩特餘事，不矜束卷牛腰麤。一麾出守劍出匣，彊項不爲權勢壓。曾翻冤獄惱上官，眼中之釘爭欲拔。封章劾奏下圜扉，磨刃以須血齊歃。熟鐵在頸杻在肘，只待報聞便行法。理直終蒙主賜環，幾同生入玉門關。一重公案平反後，士女歡迎貫父還。從此聲名徹雲路，首郡移旌教條布。三年秩滿伫遷官，忽厭黃堂思粉署。遂換頭銜畫省郎，暫歸奉母閒居賦。如此奔馳學久荒，也應才盡老江郎。那知未禿生花筆，來主齊盟又擅場。半年吟成二百首，西遊皖上東餘杭。健筆還堪鬥霹靂，清音更叶鳴琳琅。始知賢者不可測，吏事詩情兩不妨。獨惜君饒濟時策，萬里折衝人辟易。才氣無雙李隴西，豈宜燈窗閒弄筆。即今荊襄方轉戰，正需公等好膽力。我欲勸君去策勳，上馬殺賊下馬檄。」（《甌北集》卷三八）

《蔣春農同年挽詞》、《竹初用導引之術，面有少容，蓋已學道有得矣，戲贈》（《甌北集》卷三八）二詩，均寫於此時。

【按】徐大榕（1747～1804），字嚮之，一字惕菴，江蘇武進人。《鄉園憶舊錄》卷三：「濟南知府徐公大榕，字惕菴，江南武進人。乾隆壬辰進士，以部員出守萊州，善決獄。平度州民張子布外出，婦爲妻弟羅有良轉鬻。子布歸，往詰有良，爲所毆，遽斃。妻母在側，有良恐母泄其事，並毆

斃之。俄子布蘇，遂誣子布毆死其母。獄具，公廉知其實，駁令改正。知州郭某堅不從，上憲不察，公竟以罪繫濟南獄。乃割牘尾作詞，使所親赴刑部控訴，有旨令尙書胡季堂、侍郎吉慶赴平度讞獄。堂訊日，忽霹靂一聲，庭宇震搖，羅有良惶懼，不待詰問，將殺母狀盡吐。即日復原官，調泰安。亦有繼子勒死父母，移屍以自縊報，且誣以奸，爲所遇，羞愧自盡。公核情節不符，親審得實，縣令猶固執，發棺再驗，事乃白。在山左屢平大獄，他人血膚不能決者，談笑間得其情，人稱神明。後守濟南。公工書，作詩至數千首。性嗜硯，以百二十硯齋名其集。姪春，在川候補，從九。」

孫星衍《候補部郎山東濟南府知府徐君大榕傳》略謂：「君諱大榕，字嚮之，一字惕菴。先世由江陰遷武進。五世祖夔州府通判，贈都察院左副都御史東旭，生龍遊縣知縣元璞。曾祖縣學生允容。祖國子監生材，贈兵備道。父瓚，由舉人官四川新繁縣知縣，乾隆三十八年將軍溫福統兵征金川失事，瓚守糧餉，拒賊不屈，死贈兵備道，予蔭襲。瓚生君，性開敏，少善爲文，工書，以縣學生應試，屢不售，辱於武弁。遂入都，以辛卯科舉順天鄉試，壬辰科成進士，用主事，補戶部浙江司。丁父艱歸，服闋補官，由戶部員外郎轉郎中，京察一等，授山東萊州府知府，調泰安，尋調濟南府。請改部員，以嘉慶八年十一月十九日卒於里第，得年五十有七。君在戶部時，從故大學士李侍堯至楚按獄。李素操切，以君治事得其平，因是知名。君彊項，不畏權要。管戶部、故大學士伯和珅，以好惡進退僚屬，時爭趨附。君爭議侃侃不爲屈，以唾濺其面。和拭而聽之曰：『徐君眞率乃如是。』卒不能沒其才。舉京察一等，守萊州府，勸課農桑，興理學校，以儒術飾吏治，士民向化。」（《孫淵如先生全集》平津館文稿卷下）

徐大榕與吳嵩梁、吳錫麒、洪亮吉、趙懷玉、王芑孫等有交。
金玠堂捧聞喜爲小說家言，曾撰《客窗偶筆》。甌北題詩其上，鼓勵其拓展見聞，廣爲搜羅。

《題金玠堂客窗偶筆》：「稗乘紛紛各逞才，壞人心合付秦灰。多君巧用齊諧體，演出儒家語錄來。」「史才獨擅苦無施，聊摭新聞小試爲。毛穎陶泓原有例，古文手筆作傳奇。」「不炫新奇不撮空，采來都在見聞中。笑他司馬相如賦，烏有先生無是公。」「老籍叢書引睡魔，此編猶未廣搜羅。鄙人賣菜

還求益，要看容齋五筆多。」（《甌北集》卷三八）

此時另寫有《傅文忠以子嘉勇公勳封郡王，追贈公如其爵，江鄉故吏，恭閱邸抄，國恩私誼，感涕交頤，敬成四律》、《題蔣心餘攜子游廬山圖，爲令嗣師退孝廉作》（《甌北集》卷三八）二詩。

【按】金捧閶（1760～1810），字玠堂，又字駕堂，號靜然，江蘇江陰人。著有《客窗偶筆》、《韻字辨重》、《守一齋詩詞》等。洪亮吉《題金文學捧閶客窗續筆後》五首謂：「蹤蹟山巔及水涯，齊梁久客不思家。移居誰似先生便，頰上時懸鬼一車。」「正是華年賦壯遊，靈奇都藉筆端收。小閒欲乞談天口，海外重翻大九州。」「瓠巴鼓瑟伯牙琴，弦外泠泠得賞音。不譜詼奇譜滑行，就中尤識抹時心。」「屋後迴環西小湖，談空時覓北街屠。謂屠刺史紳時亦著《瑣蛣雜記》等書。比鄰各逞如椽筆，爭作人間鬼董狐。」「沛上相逢眼乍青，白門仍約共揚舲。空江夜靜煩揮麈，要使魚龍出水聽。」（《卷施閣集》詩卷一九）

《粟香二筆》卷六：「嘗考古著述家類，皆以詩古文詞傳，而時藝特其緒餘也。曾祖玠堂先生諱捧閶，號靜然，生有異稟，髫齡即善屬文，鄉先達俱驚異。年十七，入邑庠，旋冠歲試，食廩餼，文名藉甚，然不以才地陵人，後屢困鄉闈，亦絕無憤懣意，蓋自幼沈潛性理諸書，晚年尤究心內典。平生勤於撰述，視世所謂榮利泊如也。乾隆戊申，甥孫淵如觀察延之兗州官署，著《客窗偶筆》，用齊諧體以寓勸懲。後數年作山右之行，上太行、登潞公臺，所爲詩文益閎肆。著《客窗又筆》，凡忠孝、節烈與夫畸人、俠客之可傳而幾湮沒不傳者，皆搜訪確實，揣摩曲肖，極盡其情。而機局變化，導源司馬子長而神明於柳柳州，閱之入人心脾，可歌可泣。歐北先生謂，非說部一流，直可作古文讀。所著又有《韻字辨重》十八卷、《守一齋詩詞》若干卷，惟《偶筆》八卷久已鋟版行世，庚申被毀，今嚴親復合，又筆之僅存者，刊於長沙，《守一齋詩詞》亦將以次付梓。嗚呼！先生詩、古文、詞，雖經亂多所散佚，亦可以見一斑矣！今於書簏中得時文十首，在當日爲先生緒餘，又爲棄去草稿，然雅正清眞，一秉先民榘矱，又何敢以緒餘而忽之哉？」

甌北讀史而參世事，對當道大僚職責、凡人生活境域，似皆有所思。

《讀宰輔編年錄》：「五雲多處是三臺，千古安危繫卜枚。何偓阮韜皆有貌，江充李訓豈無才。承平易說功調燮，多難須看策挽回。青史一編論相業，

和羹累代重鹽梅。」（《甌北集》卷三八）

《偶書》：「牛馬力最苦，供人耕與騎。是宜享甘旨，稍酬筋骨疲。而乃蓁芻草，並不獲鹽虀。斯人何功德，同此生氣滋。安坐役牛馬，甚或刲肉皮。此理太不公，略無小等差。靈蠢縱有異，厚薄何至斯。乃知大化運，亦難盡得宜。人生念到此，得不存幾希。」（《甌北集》卷三八）

秋，往揚州，與吳澂塾紹燦、李薔生保泰晤，宿高旻寺。次日，偕鑒公同遊鎮江金、焦二山，住甘露寺，赴諸僧詩會。

《偕澂塾、薔生宿高旻寺，次日鑒公同遊金、焦，遇趙偉堂縣博及巨超諸僧作詩會，又同往甘露寺》：「出遊無勝地，不如閉門坐。勝地無良朋，不如掉頭過。今日何日樂事並，高僧名士同江行。金焦相距不五里，煙雨空濛一帆駛。正逢詩社建鼓旗，同叩禪關脫巾履。人皆林下閒神仙，地是江南好山水。快哉人地兩清絕，意本不圖緣偶結。明朝竹林招隱寺，乘興更擬尋曲折。人生得意勿太貪，且留不盡待再探。」（《甌北集》卷三八）

《蘇州玄妙觀登三層樓》、《秦良玉錦袍歌》、《石刻諸葛忠武侯像歌，像爲閻立本書，後有王齊賢摹本，張南軒贊，朱考亭書，印君鴻緯於睢城俞氏見之，借摹上石，以廣其傳，爰爲作歌》、《綿州刺史劉蔭萱駐藏回蜀，遠寄藏佛一尊，賦謝》（《甌北集》卷三八）等，亦寫於此時。

【按】鑒公，達澂，字如鑒，號古光，上元人。高旻寺詩僧。與甌北交往又見《甌北集》卷三九、卷四〇、卷四一。

趙偉堂，即趙帥，《（光緒）重修安徽通志》卷二二六謂：「趙帥，字元一，涇縣人。乾隆壬午，聖駕南巡，召試二等。是秋，領鄉薦，官鎮江府訓導。著有《偉堂詩鈔》三十卷。袁枚、王昶爲序行之。後官安肅知縣，以事罷歸。」《國朝詞綜》二集卷一：「趙帥，字原裔，涇縣人。乾隆三十年舉人，官安肅縣知縣。有《偉堂詞鈔》。」清王元臣（字漢豫，號鐵夫，江都翠屏洲人，監生）有《題趙外翰偉堂鳳石齋》詩，題下小注曰：「外翰於郡學土中得宋鳳碑，因以名齋。」詩曰：「地擷南徐秀，山環北固雄。高城連海氣，虛閣納松風。鳳鳥今仍見，麟碑況與同。幸留騷雅在，情愜酒杯中。」（《淮海英靈續集》庚集卷二）。

法式善有《趙偉堂大令》詩，謂：「苔花黯淡湮秋井，蝴蝶空階抱寒影。鬖鬖白髮辭青山，十畝霜菘官閣閒。君官安肅，地宜菘。剩字零縑燕市賣，殘衫破帽江鄉還。寄書屢訊盧溝雪，前度騎驢怨蹩辭。」（《存素堂

詩初集錄存》卷一六）二人交往又見《存素堂詩初集錄存》卷六、卷七。
又與顧宗泰、石卓槐有交，見《月滿樓詩文集》詩集卷三六、《留劍山莊
初稿》卷一二。

　　劉蔭萱，似即趙翼內侄劉慕陔，名印銓，見《甌北集》卷三八、卷
四二、卷四四、卷五三。李調元編年體詩集《童山集》詩集卷四一有《人
日祝綿州刺史劉慕陔先生五十初度四首》，謂：「共道黃堂屆壽觴，人逢
人日興偏長。面從微服行時熟，公每微行，匪徒斂蹟。心在蒲鞭試處嘗。除
暴如看鷹逐雀，釋冤似聽虎駝羊。壽詞最戒浮華語，預擬新詩領眾庠。」
「去年烽火逼綿城，正值金山立大營。築堞能容千戶住，舊綿無城，君捐修
千金，甫及一月，工竣，民皆移避城內，賊為短氣，人呼為『劉公城』。渡船先救萬人
生。賊臨涪江，難民男女無數，隔岸號哭。大憲恐內藏邪匪，不許渡。君毅然任之，自
駕船渡，一日而畢活者萬人。試觀今日崇墉狀，不減當年磊落名。杜詩：『綿州
州府何磊落。』賢守何心分彼此，笑他新舊苦相爭。時金山民欲君移舊州，新州
人不肯，俱赴上訟。」「曾憶成都避寇餘，步趨曾子豈非歟。誰知賊去涘江後，
又遇仇來縱火初。四月初三日，賊泅涪而遁，淹斃甚多。初六日，吾家萬卷樓災，蓋
土賊也。豚犬棄家心太忍，蚍蜉撼樹計終疏。可憐萬卷成灰燼，猶枉賢侯
訪敝廬。公聞報人曾有萬卷樓海內聞名，一旦被焚，實深痛惜之語，旋即赴宅親驗。」
「我有毗陵趙甌北，廿年書信隔天涯。忽思愚老因親寄，也道循良故里
誇。甌北於公為姑丈，去年九月初十日曾有書從公處見寄，亦有慕陔頗有循良之譽語。
人不間言真孝弟，天生彊健為邦家。明朝準擬公庭謁，筋骨惟愁禮數加。
余以老病，六年未謁，今始得晤，彼此暢談竟日。」本組詩寫於嘉慶六年辛酉（1801）
人日（正月初七），由此知劉慕陔生於乾隆十七年壬申（1752）。

　　《聽雨樓隨筆》卷二謂：「毗陵劉慕陔以進士牧綿州，白蓮賊偷渡嘉
陵江，劉為守禦，計捐米五百石、錢千緡，為士民倡，民皆樂輸，得銀
六萬兩，修築城垣，士民扶老攜幼入城，俱得倚庇，無一被戕者。將軍
魁公，亦領兵萬餘，駐綿之金山驛，相距僅三十里，恐有匪徒混入難民
內，城下有船數十艘，不許撥往濟渡。慕陔目擊，阽危不忍，以非己部
民，遂恝視請於將軍，不得，繼以涕泣跪求，願供具軍令狀，如有不測，
惟州牧是問，於是萬餘人咸得生路。其自舊綿赴新任也，迎者送者，父
老旌幢，兒童旗傘，幾於錦天繡地。在籍李翰林調元曾有句云：『百堞能
容千戶住，一航先救萬人生。』今競稱劉使君城，蓋自古官民之相愛未

有盛於此時者。僉曰：『生我者父母，活我者劉使君也。』刺史名印銓，趙
雲松之甥。」

印鴻緯，《（同治）蘇州府志》卷一一二謂：「印鴻緯，字庚實，世居
寶山。父憲曾，爲寧紹臺兵備道，有四子，鴻緯其季。分居吳縣，在家
能順親志，事兄撫諸子無失理，待友有信義，鄉黨稱其賢。嘉慶元年詔
舉孝廉方正，有司以鴻緯應選，眾以爲當。」著有《石唯菴殘稿》。（《（同
治）蘇州府志》卷一三九）錢維喬有《爲印公子鴻緯題前蜀王鍇書法華
經殘葉》詩，見《竹初詩文鈔》詩鈔卷一五。

閉門索居，瀏覽唐宋人詩。兒廷偉忽患病，治療須用人參，然市值昂貴，
甌北常為購參之事而歎喟。

《人參詩》：「貧家患富病，用藥需參劑。吾兒抱沈痾，藉補丹田氣。其
如價過昂，刀圭購不易。此物瑤光星，散華凝入地。三椏五其葉，獨與凡卉
異。結子蓮米紅，分陰椵樹翠。年深根成形，肢體或魖備。土中兒啼聲，往
往驚夜睡。其始出上黨，僅等苓朮類。地運有轉移，乃爲我朝瑞。高高長白
山，鬱蟠王氣萃。靈苗茁其間，孕結飽生意。以之療羸疾，庸醫亦奏技。幾
同返魂香，不數肉芝臂。當年評直賤，購買不繁費。十金易一斤，鄰市舊有
例。十金易一兩，詩家亦有記。迨我服食時，猶只倍三四。彈指三十年，徵
貴乃無藝。一兩三百金，其品猶居次。中人十家產，不滿一杯味。珍過服玉
方，艱於煉丹秘。古稱萬金藥，始信語非僞。嗟哉此神物，天以救疵癘。乃
因價不訾，翻若天勢利。但許活富人，貧者莫可冀。此事關隱憂，蒼生命所
繫。吾兒病已深，非此不得濟。燃眉倘可救，剜肉遑敢計。搜括罄貲儲，典
賣到衣被。所愁力將竭，兒病痊尚未。中宵撫空囊，彷徨不能寐。」（《甌北
集》卷三八）

《讀香山詩》、《讀方干詩》、《讀東坡詩》、《聞湖南苗首就誅，軍事告蕆，
詩以誌喜》（《甌北集》卷三八）等詩，均寫於此時。

【按】《人參詩》詩前小序署曰：「偉兒久病，需用參劑，市價甚貴，白金
三百兩易一兩，尚不得佳者。曩閱國史，我朝初以參貿高麗，定價十兩
一斤。麗人詭稱明朝不售，以九折給價。而我朝捕獲偷掘參者，皆明人，
以是知麗人之詐，起兵征服之。迨定鼎中原，售者多，其價稍貴。然考
查悔餘壬辰、甲午兩歲俱有謝揆愷功惠參詩，一云『一兩黃參直五千』，
一云『十金易一兩』，皆康熙五十年後事也。其時參價不過如此。乾隆十

五年，余以五經應京兆試，恐精力不支，以白金一兩六錢易參一錢。二十八年，余病服參，高者三十二換，次亦僅二十五換，時已苦其難買。以今較之，更增十餘倍矣。市值愈貴，購之益艱，詩以誌嘅。」（《甌北集》卷三八）讀此，可知當時中藥材市場參價之狀況。

陳東浦奉茲，為詩學杜，頗有造詣，有《敦拙堂詩集》。甌北讀後，對其詩之筆力、思致多所推許。

《題陳東浦藩伯敦拙堂詩集》：「學詩必學杜，萬口同一噪。連城有眞璧，未可碔砆冒。嗚呼浣花翁，在唐本別調。時當六朝後，舉世炫麗藻。青蓮雖不群，餘習猶或蹈。惟公起掃除，天門一龍跳。骨力森開張，神勇鬱雄騖。陽烏掩爝火，轟雷塞蚓竅。天壤此一途，疏鑿曾未到。一開五丁峽，遂坦九軌道。坐令翰墨場，莫不奉旄纛。微之仿精切，退之師排奡。義山鍊格逌，涪翁取徑峭。豪宕放翁吟，悲壯遺山弔。斯皆分杜派，各具一體妙。迨明李何輩，但摹面目肖。彭亨鼓蛙怒，咆勃奮虎嘯。徒滋虛氣張，終覺輕心掉。曠代有東浦，孤詣戛獨造。淵源沂雅騷，根柢本忠孝。讀書必破卷，陋彼管窺豹。出語必驚人，鷔若轟脫鵰。力厚巨鼎扛，思沈重淵釣。每於模儗處，雋味出揉拗。以追少陵作，磁鐵兩孚召。得皮兼得骨，在神不在貌。緬昔老拾遺，入蜀詩益爆。長揖嚴尹幕，高歌藹相廟。至今舊草堂，萬丈光尚耀。先生甫筮仕，即泛錦江棹。固知關宿緣，豈特發遐眺。新詩十二卷，精心躪堂奧。子美有替人，當亦意不料。寓齋得披誦，狂喜成絕叫。惟應辦香燃，敢肆飯顆誚。傳語學杜人，津梁此先導。」（《甌北集》卷三八）

另有《金二雅繪〈禊遊圖〉，集蘭亭字爲序長卷索題，戲書其後》、《題黃陶菴手書詩冊》（《甌北集》卷三八）二詩，亦寫於此時。

【按】陳奉茲（1726～1799），字時若，號東浦，江西德化人。乾隆丁卯解元，庚辰進士，官至江蘇布政使司，著有《敦拙堂詩集》。與姚鼐、謝啓昆、吳嵩梁多有交往，見《惜抱軒詩文集》文集卷四、卷八，詩集卷四、卷九、卷一〇，《樹經堂文集》卷三，《樹經堂詩初集》卷八、卷一五，《樹經堂詩續集》卷一，《香蘇山館詩集》古體詩鈔卷一、卷二、卷三、今體詩鈔卷二、卷三、卷四、卷一〇、卷一五、卷一六。

姚鼐《江蘇布政使德化陳公墓誌銘並序》略曰：公諱奉茲，字時若，二十二歲中乾隆丁卯科鄉試第一，庚辰科成進士，授四川知縣，凡知蓬山、閬中，擢知茂州。授四川按察使。乾隆五十二年調河南按察使。居

二年，調江蘇，旋擢江寧布政使。居四年，調安徽。未半歲，又調江蘇。公始在蜀最久，凡二十七年。其後居江南，亦九年。歷四任，熟習民情，洞其利弊，能以簡靖漸袪其患，未嘗屬威爲聲名，吏民愛戴，以謂得大臣之體。好士樂善，獎掖如不及。公自壯入蜀，至老受任不得歸，乃取鄉地自號東浦以寄思，士皆稱『東浦先生』。作詩專法杜子美，論者謂樸厚之氣殆足媲之。平生經歷多異境，舉見所爲詩凡千首，曰《敦拙堂集》，古文則所爲不過十餘篇，然實得古人之法，今世作者無能逾也。公年七十四，嘉慶四年正月壬午薨於蘇州。（《惜抱軒詩文集》文集卷一三）

　　金二雅，「金學詩，字韻弦，號二雅，吳江人。乾隆二十七年舉人，官主事，有《播琴堂集》」（《湖海詩傳》卷二七）。「金學詩，字韻言，士松弟。乾隆壬午舉順天鄉試，官國子監，丁母憂歸，遂不出。縱遊東南山水，爲詩專尚性靈，有蕭曠自得之趣。歷主瀋陽、青州、儀徵、笠澤、松陵諸書院，教士首立品、次文藝，晚號夢餘道人，年七十四卒。弟士模，字端範，諸生，英敏好學，早卒。妻吳氏，婉淑知大義，夫死欲殉，家人防守不得間，踰年亦卒」（《（同治）蘇州府志》卷一〇六）。

　　二雅之《禊遊圖》，時人多有題詠。如潘奕雋有《金二雅禊遊圖集蘭亭敘字》詩四首，曰：「此日可以樂，風和時又春。禊敘仰昔遊，觴詠娛今人。竹氣暢幽寄，蘭言契靜因。虛懷隨所遇，異抱當同陳。」「俯仰歲若流，林亭目暫騁。遊絲天宇清，觀化樂日永。內朗己斯得，情躁妄或引。因知欣與悲，一一在自領。」「昔賢抱殊致，虛己天與遊。群類品豈齊，靜躁信異流。同時若述者，相左固有由。未知今世人，斯懷能喻不。」「集古因有作，欣然坐長林。趣舍世雖殊，言同文可臨。間情攬在昔，幽興暢自今。無爲生嗟感，遺蹟懷山陰。」（《三松堂集》詩集卷八）另，錢大昕有《題金二雅禊遊圖二首》，見《潛研堂集》詩續集卷六；翁方綱有《金二雅禊遊圖卷》，見《復初齋詩集》卷五〇；沈初有《題金二雅同年禊遊圖》，見《蘭韻堂詩文集》詩集卷一一。

冬，十月二十二日，甌北壽誕，諸門人、親友紛紛祝賀。

　　《舊譜》：「十月二十二日，先生初度之辰，門下士江蘇巡撫費淳、山西巡撫蔣兆奎及副憲汪承霈、侍御祝德麟各製錦遣使稱祝。大江南北諸名士亦無不以詩爲壽，凡二百餘首。」

　　【按】趙懷玉有《家觀察翼七十初度詩以寄祝即用壬子秋送別元韻》四首：

「廿載懸車久，今年杖國纔。神仙誰得地，中外共稱才。書著蘭陔暇，人登蓬頂來。最欣初度日，恰值嶺梅開。」「宦蹟粵黔遠，家風琴鶴清。檄曾揮幕府，詩每紀遊程。傳世方爲壽，藏山必擇名。一編流播處，萬口誦同聲。」「樂事天倫備，韋經教不違。籤看啓瓊笈，郄喜繞斑衣。已擢桐枝秀，頻添椿樹圍。祝公無傑句，慚附塞鴻飛。」「晚菘鄉味好，春酒壽杯深。雲樹三千里，音書一寸心。思歸猶緩緩，爭道任駸駸。相約隨鳩杖，重披選勝襟。」（《亦有生齋集》詩卷一五）

嘉慶二年丁巳（1797）　七十一歲

【時事】　正月，貴州南籠苗民王囊仙亂起。王囊仙，「洞灑寨苗婦，當丈寨韋七綹須，以囊仙有幻術，推爲首。分遣其黨大王公、李阿六、王抱羊圍南籠府，及府屬之永豐、黃草壩、捧鮓、新城、冊亨，安順府屬之永寧、歸化諸城。冊亨陷，滇、黔道梗」（《清史稿》卷三四四《勒保傳》）。命勒保督師討之。二月，皇后喜塔臘氏崩。三月，德保令「總兵德英額、札郎阿、袁敏分守東、西、北三路。其南際滇、粵，咨兩廣總督吉慶、雲南巡撫江蘭防之；自率按察使常明、副將施緒，進克關嶺，抵永寧。副將巴圖什里已解其圍，都司周廷翰援歸化，圍亦解。會提督珠隆阿擊永豐，自率總兵張玉龍、七格，解新城圍，進至南籠，圍始解。詔嘉南籠固守，賜名興義。遣常明、施緒解黃草壩圍」（《清史稿》卷三四四《勒保傳》）。又攻洞灑、當丈。苗氏縱火自焚，都司王宏信、千總洪保玉冒烈焰入，後王囊仙、韋七綹須被拿獲。本月，以劉墉爲體仁閣大學士，調沈初爲吏部尚書，朱珪爲兵部尚書。以福長安、慶桂爲滿洲都統。四月，教軍最彊悍者，乃「達州徐天德，東鄉王三槐、冷天祿，巴州羅其清，通江冉文儔。天德、三槐等合陷東鄉，踞張家觀；其清踞方山坪，文儔竄王家寨，圖據周家河，梗運道，且乘間與張家觀合」（《清史稿》卷三四五《宜綿傳》）。宜綿、明亮、德楞泰等調兵遣將，分五路圍剿。教軍受重創。五月，教軍張漢朝部以「興漢滅滿」鼓動百姓。陝西興安、紫陽等處，白蓮教活動頻繁，百姓紛紛加入起義隊伍。因教軍影響甚大，官府談「教」色變。據載，「近因查辦教匪，竟將轎頭誤作教頭，連逮數百人，恐遭枉殺者多矣。詰其故，云：俗呼轎店夫頭作轎頭，凡婚禮備彩輿，喪葬備挽紼，悉倩轎頭經理。離此不遠，有趙貢生親喪，將出殯，循俗例，通知曾經唁弔各親朋，刻期會葬，按門簿開單，

凡一百七十餘人，即囑王姓轎頭前往各處挨戶通知。王轎頭將單轉付雇工李自平代其事。詎李自平先於三月內因懷遠僻邑無當鋪，將棉衣二件當於宿州，至是已交十一月，順便往取，夜宿城隍廟，被營兵盤獲，交都司衙門，搜出身帶名單，見名數眾多，又因供是轎頭著伊前往通知之言，誤會轎頭作教頭。」（高廷瑤《宦遊紀略》卷上）閏六月，據河南巡撫景安奏，在本月十八日，河南息縣署知縣崔鳴玉以事赴省，突有教徒數百人，蜂擁入城，開監搶劫。該州會營督率兵勇堵剿。（《康雍乾時期城鄉人民反抗鬥爭資料》下冊）七月十四日，湖廣總督畢沅卒於軍。八月，教軍首領齊王氏由奉節回楚，四川徐添德、王三槐未與同行，留王光祖、樊人傑配合其作戰，從大寧趨太平，與諸路教軍會合，向通江、巴州、儀隴進擊。登保、福寧駐軍湖北長陽堵剿。（《康雍乾時期城鄉人民反抗鬥爭資料》下冊）本月二十三日，大學士阿桂卒。九月，以蘇凌阿為大學士，李奉翰為兩江總督。時，領兵之大員，恐平亂無功遭帝嚴譴，每殺百姓以搪塞。嘉慶帝顒琰詔曰：「聞賊每逼平民入夥，迎拒官軍。官軍報捷，所稱殺賊，多係平民，非真賊也。故日久無功。領兵大員尚其設法解散，勿令玉石俱焚。」（《清史稿》卷一六《仁宗紀》）十月，大將軍明亮等奏稱，追剿教軍自楚入陝，而教軍每到一處，「有房屋以供棲止，有衣食以濟饑寒，有勾結逼脅之人為之引道路而供負載，以是累經剿殺，而夥黨不加少」（《康雍乾時期城鄉人民反抗鬥爭資料》下冊）。本月，因乾清宮交泰殿失火，太上皇敕旨略曰：「乾清宮係接見臣工聽政之所，相距俱遠，祇因承值太監等不戒於火，致有此事。現在朕雖已傳位為太上皇帝，而一切政務仍親理訓示，政事有缺，皆朕之過，非皇帝之過。即太監人等不能加意小心，大臣等將伊等按例治罪，朕引為己過，尚從寬典。」（《國朝宮史續編》卷五）十一月十七日，袁枚卒。袁枚以文學知名，然處世亦自有其獨特之處。錢振鍠《袁枚傳》載，枚宰江寧，「尹侍郎會一督學江南，與枚異趣。日騶從過三山街，某將軍家奴沖道，嫚罵之，窘會一。知府某不敢詰，枚縛而置之獄。大學士高斌適之寧，會一為之言：『枚才如子建，政如子產。』又一次將軍家奴徵李氏租，囚周姓子。枚詰之，奴抗不服，杖決之。……宦十年引去，年止三十許。再起，發陝西，無所合，才不復出。枚作令之法，盡見於《答門生王禮圻書》。直隸總督方觀承嘗謂屬吏曰：『袁枚循吏也。雖宰江寧省會，而盡心於民事，爾曹宜師之。』門人王銘琮學枚為政，亦以循吏名。枚撰《州縣心書》，不傳。顧枚之不可及不在此。田文鏡，世宗寵臣也，枚碑版文歷斥其過惡無遺力焉。黃廷桂，文鏡類也，枚

上書稽之如訓子。謝濟世，終身坎壈罪人也，枚方爲他人傳，往往有意爲濟世發憤。衛哲治巡撫廣西，陷濟世父子，事後枚追書嚴責之。且夫世宗於臣下所俞之不去口者，文鏡也；所咈之不去口目爲朋黨者，劾文鏡之李黻、蔡珽與濟世也。使枚在朝列，必與文鏡爲仇，與黻、濟世爲朋矣，豈非奇男子乎？使當時有發枚文字爲謗書者，枚又何辭？枚固倖免於當時文字之獄耳。然且以死奮筆，豈尋常繩墨文字、漫無痛癢者可幾及哉？好接引人物，寒士得一語即信氣，其所薦士或不受，則貽書罵之。蔣編修士銓嘗曰：『使公爲宰相，三百六十官皆得其才而用之。天下寧有廢物？』此語也，固非枚之所難。不信佛老陰陽，見人禍福，不論因果。生平最惡一『庸』字。世但知以性靈爲詩，不知枚以肝膽爲文；但知枚有樂天之易，不知枚有史遷之憤。枚不喜宋儒，多放佚之言，身後不理於口，固有以取之。」（《廣清碑傳集》卷八）十二月，王鳴盛卒。以康基田爲江南河道總督。

本年，武進張惠言、陽湖張琦輯唐宋四十四家詞爲《詞選》二卷。

嘉定王初桐刻所編《奩史》一百卷。

嘉定錢坫刻所編《十經文字通正書》十四卷。

如皋熊璉（商珍）（女）所著《澹仙詩鈔》四卷、《詞鈔》四卷、《文鈔》二卷刊行。

奉賢蔣機秀（涇西）刻所輯《國朝名媛詩繡針》五卷。

儀徵汪端光在揚州晤琵琶名手朱葵江，追憶一七七四年同在秋聲館上演蔣士銓《四弦秋》事，作紀事詩。

浙江吳錫麒卸京職南還，過揚州見吳紹溁、吳紹浣、郭塈等，遊城西金粟菴；過京口，與王文治、鮑之鍾同登焦山吸江亭，作《遊焦山記》。

陽湖孫星衍以視河工至魚臺，作《鳧山謁太昊陵記》。

嘉定錢大昕代人作《虎丘創建白公祠記》。

儀徵阮元再至寧波范氏天一閣觀所藏書，議輯《天一閣藏書》。

武進臧庸、臧禮堂在杭州，助阮元纂《經籍纂詁》。

浙江章學誠作《地志統部》，駁答洪亮吉，作《題隨園詩話》詩，痛詆袁枚。

安徽姚鼐所著《春秋四傳補注》四卷在南京刊行。

無錫顧光旭死，年六十七。

洪亮吉供職京中，奉旨在上書房行走，侍皇曾孫奕純讀書。本年，所著

《東晉疆域志》刊成。(《洪北江先生年譜》)

三月，王引之（字伯申）《經義述聞》付梓，凡所說《易》、《書》、《詩》、《周官》、《儀禮》、《大小戴記》、《春秋內外傳》、《公羊》、《穀梁傳》、《爾雅》諸書，附以《通說》，共十五卷。(《高郵王氏父子年譜》)

焦循時年三十五，於陽明之學闡發極精，有以朱、陸、陽明爲問者，作《良知論》辨之。(《焦理堂先生年譜》)

正月十二日，阮元始修《經籍纂詁》。先是，歲試畢，元移檄杭嘉湖道，選兩浙經古之士，分修《經籍纂詁》。至是，集諸生於崇文書院，分俸與之。是日至者共二十餘人。(《雷塘菴主弟子記》卷一)

【本事】正月，祝芷塘德麟自雲間專程來常，為甌北補祝七十大壽。

《丁巳正月，芷堂自雲間來爲余補稱七十之觴，次留別韻》：「扁舟迢遞款柴扉，爲補稱觴介古稀。著述等身君亦老，交遊滿眼我何依。棗梨鋟板謀將就，弧矢懸門志久違。安得後堂絲竹好，相留宴衍醉忘歸。」(《甌北集》卷三九)

此時尚寫有《大箐中古藤》(《甌北集》卷三九) 一詩。

【按】祝德麟，《國朝詩人徵略》卷四〇引《夢樓文集》稱其：「君未冠登第，官翰林，其間或典試，或視學關中、天府。川中地險，以暨八閩濱海之區，無不備歷。及改官御史，以言事不合鑴級歸里，僑居五湖三泖間，授徒自給，日以詩酒友朋之樂宕漾其襟懷。」祝德麟辭官後寓居松江。去年十月二十二日甌北生日時，很可能是以事未能前來祝壽，故於今春補祝。《舊譜》於嘉慶元年載曰：「十月二十二日，先生初度之辰，門下士江蘇巡撫費淳、山西巡撫蔣兆奎及副憲汪承霈、侍御祝德麟各製錦遣使稱祝。」則明言其未親至，與本詩所述相合。祝德麟有《甌北先生七十壽詩三篇》，曰：「學山必華嵩，學水必江漢。生民有等倫，賢者乃自見。古來三大事，功德言從判。兼收固大難，得一已堪羨。以公開濟才，出必勳庸建。無端中道休，不答聖明眷。參軍膽略雄，作郡政聲善。竟從觀察階，力謝公卿薦。同年孫仁和，已入名臣傳。彼享竹帛榮，我遂山林願。卻看言與功，匹敵夫奚憚。細讀自壽詩，一辭眞莫贊。」「通儒不世出，俗學多莽鹵。近代著述家，我取顧炎武。先生稽古力，史冊橫腸肚。貫穿四千年，精微集條縷。博物張茂先，刊誤劉邠父。寧同點顯流，沾沾事訓詁。先生著有《陔餘叢考》四十三卷，今續編又將告成，體例與顧

亭林《日知錄》略相似。歌詩興尤健，一空前人語。曲折善言情，沈雄工論古。有書必搜討，經用無臭腐。出入唐宋間，獨自樹旗鼓。流傳遍天下，騷壇奉盟主。豈知衛武公，矻矻猶攻苦。」「今春乍獻歲，戢枻姑蘇州。追陪踏冰雪，探梅西山幽。手拋綠玉杖，趫捷超猱猴。翻令屈步蟲，時抱瞠乎憂。茲逢弧矢慶，稱觥遍朋儔。堂堂兩開府，蘇撫費芸浦、晉撫蔣皆先生禮闈所錄士。門下添雙籌。鮞生不足齒，末至徒增羞。卻荷提攜德，期泛西湖舟。更擬指臺蕩，未到神先遊。僊人胡麻飯，包裹作糧餱。粲粲五色芝，滿把靈莖收。蟠桃未易熟，一笑三千秋。」（《悅親樓詩集》卷二九）

二月，應蔣立厓業晉等之約，往蘇州，與王述菴昶、蔣于野莘、范蔚林等聚飲於拙政園。因杜甫《壯遊》詩吟及虎丘，遂倡議於仰蘇樓畔，另建一懷杜閣，以示對杜甫之紀念。

《吳梅村所詠陳相國拙政園，今爲蔣氏所有。立厓、梅廠置酒，招同王述菴侍郎、范蔚林秀才讌集，于野兄弟並侍焉，詩以志好》：「平泉遺墅好池臺，地主今成蔣徑開。小雨代驅遊客去，清風恰送故人來。鬚眉交映松杉古，裙屐相從子弟才。可惜梅村不相待，每吟佳句一低徊。」（《甌北集》卷三九）

《和蔣立厓虎丘用東坡韻之作》略謂：「立厓淡蕩人，才高性孤冷。路貪近遊便，意追前賢永。麗矚抒雅懷，清吟攬佳景。」（《甌北集》卷三九）

另有《題蔡義士永清柳陰閒坐圖》、《和立厓詩後，檢杜少陵壯遊篇，有「東到姑蘇臺」、「闔廬丘墓荒」、「劍池古壁仄」等句，是子美先已遊此，而今莫有稱者，爰再次韻以諗立厓：仰蘇樓畔更築一懷杜閣，以傳遺蹟，可乎》、《揚州寓齋椿樹一株，高五丈許，數百年物也。夏日納涼，了無暑氣，作詩記之》（《甌北集》卷三九）諸詩。

【按】梅廠，乃蔣莘之父。《小倉山房詩集》卷三六收《蔣梅廠出示尊甫容齋先生偕友申耕先天台采藥圖遺照，爲題一律》，詩曰：「樓閣渺雲煙，瑤姬笑拍肩。是誰兩年少，采藥到溪邊。隔水疑無路，逢花便有緣。遙知劉與阮，今日早成仙。」《隨園詩話》補遺卷七：「余親家蔣梅廠三子，有『河東三鳳』之稱。其長子莘之詩，久入《詩話》。今春再過蘇州，其弟蔚、夔又以詩來。蔚詠《周孝侯射虎歌》云：『將軍射虎如射牛，白額橫死南山頭。將軍縛賊如縛虎，枉說使君兼文武。銜命往討齊萬年，忠孝之道難兩全。草中狐鼠何足盡？英雄受制嗟可憐。援兵四絕鼓不止，

按劍一呼創者起。猛虎入檻何能爲？五千健兒同日死。籲嗟乎！於菟之氣能食牛，烈士豈解爲身謀？不然縛虎莫縛賊，依舊射獵南山頭。』《苦雨》云：『別館深嚴作總持，焚香掃地坐裁詩。朝來嵐氣沖簾入，正是山樓雨過時。』夒《春陰》云：『綠波知共板橋平，香霧霏霏濕落英。寒暖難憑三月候，溟濛未定片時晴。山齋客過苔仍合，水國潮多草亂生。差喜疎疎添逸響，幾回細雨和茶鐺。』他如：『田中乍熟狙公芋，溪上低開鹿女花。』亦工。」

蔡永清，《崇百藥齋文集》卷一六《郎中谷君遺事述》謂：「乾隆間有蔡永清者，兩湖總督陳輝祖家奴，擁厚貲，居輦下，以財市名，號稱善人。至是復以助賑請優敍，冒加五品銜，出入輿馬，揖讓公卿間。」或即此人。

閱明末歷史，思目下時局，感慨頗多，賦之於詩。

《閱明史有感於流賊事》：「萑苻何意蔓難圖，初起潢池本易俘。賊不殺官猶畏法，兵無戰將孰捐軀？師行共指軒中鶴，寇去方追幕上烏。歷歷前朝陳蹟在，是誰專閫握軍符？」「百年安堵享昇平，誰肯輕生肇亂萌。死有餘辜貪吏害，鋌而走險小人情。彈丸黑子皆紛起，繩伎紅娘亦橫行。好片桑麻繁庶地，烽煙千里廢春耕。」「累朝中葉有誅鋤，天爲人多要汰除。孫萬斬來塵滿野，劉千斤起血流渠。瘡深諸老猶言癖，篦後殘黎轉憶梳。也是閻浮提一劫，縱橫白骨莽郊墟。」（《甌北集》卷三九）

《書感》：「從戎曾問日南琛，中土何期起綠林。敢幸退閒身不與，自傷衰老力難任。江湖憂國迂何補，戰伐稽時禍恐深。只有天心終厭亂，會消妖霧豁重陰。」（《甌北集》卷三九）

《重到馬蹟山》、《汪屏周宅喜晤畫士張玉川昔年同客文端師邸第者也。二君今皆八十餘，余亦七十一矣，握手道故，欣感交集，兼寄時齋副憲》、《子才以雙湖太守禁妓，作詩解之，戲題其後》（《甌北集》卷三九）諸詩，均寫於此時。

【按】張玉川畫師，《紅豆樹館書畫記》卷五謂：「張洽，字玉川，毗陵人，墨岑族侄，山水得其筆法。袁竹室云：『玉川筆意蒼秀，丰骨珊珊。中午遊藩邸，縱觀珍秘，晚則契於禪悅，一寫性靈。近聞其結廬棲霞山中，不入城市者久矣。』」《國朝畫徵補錄》卷上載曰：「張洽，字玉川，山水花鳥純用墨寫，不落窠臼，超妙之至。其水墨山水，大似北苑，其乾皴

而成者，又可接武倪、黃，真妙品也。」

《亦有生齋集》詩卷一九《七月十八日訪龔先生顯祖於震亨堂，為題張洽丹楓翠竹障子》謂：「雙楓老而丹，叢竹秀而翠。楓丹如顏酡，竹翠比玉粹。屠維之冬月上旬，先生五十覽揆辰。玉川張叟工繪事，作此介壽誇同人。流光彈指逾廿載，楓竹精神較前倍。我來重過震亨堂，素壁高懸此圖在。先生鶴髮身康彊，偕老鴻案猶相莊。孫曾後起卜餘慶，眼前蘭樹都芬芳。殺雞為黍咄嗟具，更出新醅滿杯注。絳帷小別今十年，師弟情深欣道故。先生經歲未入城，種花獨得花性情。春色不如秋色好，秋色能與風霜爭。京塵久滯吾遊倦，親老敢為升斗戀。願攜鴉嘴隨灌畦，十畝之間當一面。展圖請為先生吟，有酒莫辭日夕斟。歲寒尚擬結鄰住，楓竹還應鑒此心。」

《春融堂集》卷一六《張布衣玉川洽畫子穎詩意冊索題》四首曰：「萬山青到馬蹄前，此景分明似劍川。可惜不曾摹雪嶺，層層玉筍接雲天。」「危崖一徑飛泉掛，絕磴千盤古戍低。似我昔年經過處，數椽荒驛亂雲西。」「槍聲如雨炮如雷，曾共沙場督戰回。今日竹西風雨夕，不堪讀畫更銜杯。」「飛鳥與人爭道路，啼猿知我助悲涼。子穎句為時所傳。何當畫盡驚人句，始信書生眼界長。」

翁方綱《題張古愚畫》：「借畫參禪張玉川，城南罇酒故依然。江山重覿蘇齋面，秋鴈春燈二十年。壬辰秋，古愚愛予『罇酒城南秋鴈飛』之句，為作畫幀，今十九春矣。」（《復初齋詩集》卷四一《石墨書樓集三》）

錢維城《題張玉川小像》：「雲山一繪事，襟抱此為寄。自非磊落人，豈解煙霞味。君家白雲溪，逸客有夙契。晚遇瘦竹生，出藍乃殊異。精袪筆墨痕，造物與靈氣。初如搏象兔，全力破餘地。既如超聲聞，妙悟脫半偈。江湖千頃波，山嶽萬重翠。自然蕩心胸，不用勤位置。時流群避席，前哲遙把臂。縶余筆力弱，同能謝高巒。七日乞秦師，一旦拔趙幟。畏君題君圖，聊以志所志。」（《錢文敏公全集》茶山詩鈔卷六）

雙湖太守，疑即常州知府胡雙湖觀瀾，甌北誤為吳雙湖，見本譜嘉慶元年考訂。《子才以雙湖太守禁妓，作詩解之，戲題其後》之二曰：「八十衰翁已白紛，惜花心在老逾殷。哥舒半段槍無敵，專救人間娘子軍。」《虞初續志》卷一二謂：「雙湖太守禁妓，簡齋太守以詩解之，趙雲崧觀察翼《戲題五絕句》。」

四月間，為子廷偉治病渡江去揚州，為李薔生保泰《勘災散賑詩卷》題詩，並題曾賓谷燠《邗上題襟集》。

《題薔生徐州勘災散賑詩卷》：「勘遍災黎灑淚枯，歸來詩卷帶泥途。萬家感泣鮮于路，一幅流亡鄭俠圖。死已隨波作魚鱉，生猶棲水似鷗鳧。可憐饑溺相關處，一個儒官抱牘呼。」（《甌北集》卷三九）

《題曾賓谷運使邗上題襟集》：「禊飲紅橋事久無，使君重把雅輪扶。詩聯陳起江湖集，句入張為主客圖。人本玉堂工授簡，官閒鈴閣愛投壺。劇憐我昔揚州住，旅館清吟興太孤。」（《甌北集》卷三九）

另有《渡江》、《治病》（《甌北集》卷三九）諸詩。

【按】據《渡江》詩，「老去要知止，夜行殊未休。已拋文字蠹，猶作子孫牛」，甌北此次赴揚州，當是為子求醫治病而來。《治病》詩又謂：「刀圭才下藥，癬疥欲成瘡。誰覓三年艾，徒掀百沸湯。及今猶可治，急選國醫良」，其子似患有頑固的急性皮膚病，求醫心切，四處奔忙，故有「夜行殊未休」之說。

曾燠，字庶蕃，號賓谷，著有《賞雨茅屋詩集》等。《國朝詩人徵略二編》卷四一有傳。《樞垣記略》卷一八：「曾燠，字賓谷，江西南城人。乾隆辛丑進士，五十五年八月由戶部主事入直，官至貴州巡撫。」《蒲褐山房詩話》：「曾燠，字賓谷，南城人，乾隆四十六年進士，今官兩淮鹽運使。」《揚州畫舫錄》卷七：「癸丑秋，曾員外燠，轉運兩淮，修禊是園，為吳穀人翰林錫麒、吳退菴□□煊、詹石琴孝廉肇堂、徐閬齋孝廉嵩、胡香海進士森、吳蘭雪上舍嵩梁、吳白厂明經照。丹徒陸曉山繪圖。轉運序云：『莫春修禊，厥事尚已。若乃魯都作賦，公幹稱二七之被；曲水侍宴，謝朓有濯流之詞。前代益罕聞之，今世無復行者。歲在癸丑，符蘭亭之年；序維上秋，落淮南之葉。下官係出先賢，志希風浴，矧茲淮海之會，兼有林谷之勝。公事方暇，素商屆節，不有嘉集，曷申雅懷？乃以七月朔越三日，會賓客於邗水之上，秋禊是舉。於時水天一色，風露滿衣，羽觴浮而荷氣香，斗槎泛而銀河近。憶僊人之鶴駕，悲帝子之螢光。鮑賦斯成，牧詩載詠，自有禊事以來，未聞盛於此日者也。古用上巳，今行始秋，用陳潔清之義，匪泥祓除之旨。與斯會者，咸繪於圖，凡八人。序之云爾。』轉運蒞揚州，且接賓客，夕誦文史，部分如流，觴詠多暇，著有《邗上題襟集》，《秋禊詩》載其中。至於北郊諸名勝，

轉運燕遊唱和，如《十一月望日黃建齋邀遊平山堂，夜飲湖上，即席和韻奉答。谷日蜀岡探梅，用昌黎人日城南登高韻》、《康山留客》諸詩，皆傳誦一時。」即記其事。《隨園詩話》補遺卷七：「江右多宗山谷，而揚州轉運曾賓谷先生獨喜唐音，素未識面，蒙以詩就正。《曉行》云：『白雲渤在地，遠望一川水。行入水雲中，霏霏收不起。』《秋夜宿萬壽寺》云：『幡動微風來，虛堂一鐘悄。階前瘦蛟影，斜月在松杪。』《長生殿》云：『夕殿螢飛星漢流，芙蓉香冷鴛鴦愁。嬌姿侍夜玉階立，月下相看淚痕濕。世緣安得如牛女，萬古今宵會河渚。生生世世比肩人，牛女在天聞此語。可憐私語人不知，臨邛道士為傳之。』結句尤蘊藉。」

夏，小麥豐收，又普降大雨，正適時插秧，喜而為詩。

《麥秋大熟，收穫才畢，大雨尺餘，插秧遍野，詩以志喜》：「萬戶歌呼喜不勝，來年收後雨連塍。插秧功早晨炊黍，打麥場忙夜點燈。餅餌香聞行路客，桔槔閒似退堂僧。不知此地民何福，兵火西南正沸騰。」（《甌北集》卷三九）

《夏寒》、《懷塞外友人》、《雨不止》（《甌北集》卷三九）諸詩均寫於此時。

孝廉張友堂，乃甌北揚州安定書院弟子，擅長七言詩，深為其所喜愛。

《贈張友棠孝廉》：「我來揚州把談麈，絳紗弟子殊侁侁。就中最賞張思曼，七言韻語尤清新。君亦傾心自著錄，康成門下稱傳薪。講堂散後五六載，每一相見情彌親。嗚呼近時山長席，鵝湖鹿洞非等倫。鄉官聊作祠祿寄，諸生藉補館穀貧。此豈有意在學問，毋怪別後同路塵。君獨不以老毫舍，自因知味共苦辛。其思沈密學繁博，功力更復老斲輪。組織能成錦五采，鍛煉不惜錘千鈞。疊堅牆厚攻不破，開壁一戰摧彊鄰。眼前突兀真畏友，先導吾敢誇梁津。識途馬已智無用，掣韝鷹方氣未馴。看君出應著作手，詞壇旗鼓驚千人。」（《甌北集》卷三九）

此時尚寫有《野泊》、《訪張瘦銅家，人無知者，感賦》、《題沈既堂前輩載書移居圖》、《題瓊花觀圖長卷》、《為人題畫》（《甌北集》卷三九）諸詩。

【按】張友棠，即張本（或作張木），揚州人。《春草堂詩話》卷一：「詩可以怨，怨而不怒者上乘矣。唐朱慶餘『妝罷低聲問夫婿，畫眉深淺入時無』，不若秦韜玉之『敢將十指誇纖巧，不把雙眉鬥畫長』。近日汪劍潭太守《賦落葉》云：『絕無依傍惟喬木，一樣漂零讓落花』，又不若張

友棠《述懷》云：『此生不望綈袍贈，我本無恩及故人。』」

張雲璈《訕張友棠本秀才見贈》詩謂：「我生無田鶴無料，久住揚州鶴皆弔。他年豈望流寓傳，此日難為旅人笑。索米早苦長安饑，戴笠空嘲飯顆貌。長貧室鬼掌屢撫，得句生龍尾時掉。心虛敢作夜郎大，氣懾不向滄洲傲。鶯鳩力搶榆枋飛，蒼蠅聲鑽囪紙鬧。雕蟲每嫌技太薄，畫虎又愁形未肖。豈能擲金地有聲，但覺煉剛指難繞。文章誰信口作繡，瘢垢時憐面成皰。蕪城東南大都會，執耳騷壇名盡耀。寓公每來岠邛倚，地主時成蚓魚釣。樓頭月照庾公筵，山上風吹孟嘉帽。楊柳橫江一笛飛，黃河畫壁雙鬖妙。傳箋急遞銅缽響，聯句細聞石鼎竅。群才有若萬馬騰，賤子真如一蟬噪。邯鄲善步焉可學，西子工顰豈能效。譬如窮者入富室，所遇皆奇足跰踔。珊瑚七尺坐上碎，明珠十枚乘後照。甘寧割繒棄滿路，郭況藏金積成窖。胡椒八百用斛量，珠履三千看客蹈。為王疑對陳涉歎，得雟幾同劉毅叫。乞兒搬椀自嫌陋，貧士市瓜安免誚。又如小勇見大敵，兩兵未交氣已剽。偪陽斷布三軍徇，莒師絕絙一城噪。雩門陣上皋比蒙，孤延馬前雷火燎。十蕩│決揚彼威，七縱七擒扼其要。敬則撫髀過虎幢，羊侃橫行踏堯廟。氣矜之隆孰可當，辟易而退吾其趒。自分方同井底黿，好事偏窺管中豹。吾宗耽吟有獨嗜，佳句知音許同調。風人反辱瓊玖投，秦客先蒙乘韋犒。雖非燕石少真賞，終恐瘡痂成癖好。況復賦命久蹇滯，頗怪頻年打氆氌。難吹南郭一人竽，虛卜華山六回珓。全家蹤蹟類踰淮，半世心情無媚竈。感君至意莫與訕，顧我虛聲恐純盜。欲將雌霓示王筠，更袖詩篇儼然造。」（《簡松草堂詩文集》詩集卷一一）

吳錫麒【春雲怨】詞前小序：「揚州張友棠孝廉木有女曰得珠，幼通經書，性閒靜，許字同里汪生溥，歸有日矣，以中暑卒，嘉慶戊午七夕前四日也。孝廉有詩哭之甚哀。余今年一甥女、一姪女皆以痘殤，柔情根觸，老淚縱橫，因述此詞，以慰孝廉，並志餘痛。」詞曰：「風吹月墜，攪一庭香影，和花都碎。可柰問天無語，晚雨濺衣先化淚。絛脫猶留，迷藏難捉，咫尺盈盈隔秋水。空費工夫，女兒箱好，幾日織涼翠。　　　人生最是多情累，歎彩雲倏忽，琉璃輕脆。熬殺西風畫欄倚。白柰催簪，也怕天孫，不禁憔悴。讀罷聞蛩，酒闌燈炧，怎到故園夢裏。」（《有正味齋詞集》卷四）

《瓊花觀圖》，蔣士銓有《題瓊花觀圖》，見《忠雅堂文集》卷二〇；

金兆燕有《題瓊花觀圖後》，見《棕亭詩鈔》卷一二。

王予中懋竑，乃汪由敦之師，著有《白田存稿》。甌北讀而有感，發為長詩。

《讀王予中先生白田存稿，敬書於後。吾師汪文端公嘗出先生門，古人以親受業者為弟子，弟子所轉授者為門人。余於先生淵源故有自也》：「去古日以遠，道學世所鄙。方厭老生談，孰究先儒旨。風會趨益下，其病正坐此。白田王先生，學獨務根柢。下帷窮六經，插架辨諸史。蘇湖初教授，名高特薦起。鑾坡稽古榮，鶴禁毓德美。疏廣賜金歸，力更救桑梓。生膺蒲輪徵，歿入耆宗祀。嗚呼洵完人，邈矣前賢軌。嗟余生也晚，汨沒詞章裏。一朝讀公書，不覺投五體。在昔東坡翁，怕見逢掖子。或以鬼怪嗤，或以糟粕詆。獨於周濂溪，弗敢一言毀。造物乃其徒，恨不奉杖履。是知真大儒，折盡才華士。我劣本無才，敢以坡自擬？惟此服膺心，傾倒有相似。韓門出陸莊，況是小桃李。雖未枕膝授，豈遂傳衣止？著錄稱門人，例在通德里。只應飲思源，遠溯崑崙水。」（《甌北集》卷三九）

【按】王懋竑（1668～1741），字予中，江蘇寶應人。王式丹（號樓村）之侄。少從叔父學，刻苦自厲，篤志經史，恥為標榜聲譽。康熙戊子（1708）舉鄉試，又十年，成進士。在吏部，乞就教職，授安慶府學教授。雍正元年，授翰林院編修，在上書房行走。後以老病辭歸，年尚未六十。為學甚刻苦，於諸史皆有考證，實事求是，不為抑揚過當之論。著有《白田草堂集》、《朱子年譜》、《讀史記疑》等，事見錢大昕《王先生懋竑傳》、王箴聽《文林郎翰林院編修予中王公行狀》。（《碑傳集》卷四八）懋竑為人端方，律己甚嚴，嘗稱：「非聖賢之書不敢觀，非聖賢之志不敢存。」又將「惜分陰，湛深，刻苦；循序漸進，熟讀精思；以身體之，以心驗之，從容默會於幽閒靜一之中，超然自得於書象意言之表」書座右。還說，「前賢之言，須是真個躬行佩服，方始有功，不可只如此說過，不濟事。聖賢千言萬語，祗是教人做人。公且道不去讀書，專去讀些時文下梢，是要做甚麼人？可惜舉業壞了許多人。」「理義散於日用，何庸揣摸於高深？」（《白田王公年譜》）由此可見一斑。

先前，甌北在蘇州與蔣業晉、范蔚林、蔣莘等聚飲於拙政園，曾倡言建「懷杜閣」於虎丘，以紀念杜甫。事為藩伯陳東浦奉滋、江寧太守李松雲堯棟、蘇守任曉村兆炯所知，一力支持，捐俸千六百金建此閣。六月

十日，工竣。甌北聞之，甚感欣慰。

《立崖諸公方營杜閣，東浦藩伯暨李松雲、任曉村二太守聞之，共誇盛事。適虎丘有蔣氏園求售，共捐俸千六百金買爲閣基。任君並以虎丘本白香山守郡時築塘開路，遂又祠白公於其中。懷賢好古，皆名流韻事也，書來促余往觀厥成，先疊韻奉寄》：「爲山得大力，蟻垤忽成嶺。諸公營杜閣，規畫方井井。事已聞當路，名宦有軒耿。尚嫌所荒度，徧仄類坎窞。一擲二百萬，買園劃疆壃。始歎達官力，迴勝素士猛。風流賢太守，妙思更旁騁。懷杜方慨慷，思白又淒哽。遂仿彭澤田，秔秫各半頃。溪移浣花幽，路飲香山冷。恰對仰蘇樓，鼎足名並永。因一乃得三，古蹟增新景。平池春雨痕，喬柯夕陽影。長作遊宴地，客到酒可請。」（《甌北集》卷三九）

另有《前和立崖虎丘詩，勸築懷杜閣以配仰蘇樓。蓋一時偶見及此，未敢必有成也。不一月，立崖書來，已與同志諸公擇花神廟旁地，擬即日營構，可謂好事矣，疊前韻以堅其約》、《戲題任太守書後》、《蓄一獅貓，毛甚長，暑天不落，戲書》、《題洞庭尉程前川三百首梅花詩本》（《甌北集》卷三九）諸詩，也寫於此時。

【按】《舊譜》於嘉慶三年謂：「先生年七十二。有蔣立崖郡丞業晉遊虎丘，用蘇東坡遊虎丘韻作詩索和，將刻於仰蘇樓下。先生閱杜少陵壯遊詩，有『東下姑蘇臺』、『闔廬丘墓荒』、『劍池石壁仄』等句，是少陵亦嘗遊此，而世莫有知者，囑立崖建一懷杜閣以表遺蹟。藩司陳奉茲、蘇守任兆炯、江寧守李堯棟聞之，咸快此舉。適山塘有蔣氏塔影園山售，遂共捐貲買之。入門恰有一閣，即榜爲『懷杜』。其右有堂三楹，任守以白香山曾守蘇，闢山塘路，因並祀香山於其中。最右又有一樓，乃移『仰蘇』榜額於此，總名曰三賢祠，遂成一勝地。遊虎丘者，無不遊焉。實先生一言倡之也。」與《甌北集》所敍不符。《甌北集》卷三九所收詩均爲丁巳（即嘉慶二年，1797）所作，敍及懷杜閣者凡六見，記述了從倡議至落成之全過程，故繫於本年。

李松雲，即李堯棟（1753～1821），字伯和、東采、松雲，號松堂，浙江山陰人。

《蒲褐山房詩話》：「李堯棟，字松雲，山陰人，乾隆三十七年進士。今官延平知府，有《寫十三經室詩鈔》。」

法式善《送李松雲堯棟太守之任徐州》詩謂：「又到莫愁湖，湖山識

客無。民思賢太守，官重舊師儒。白髮誠難遣，黃河尙易圖。板輿得親侍，匪直戀薄鱸。」（《存素堂詩初集錄存》卷一六）

潘奕雋《送李松雲之徐州守任》詩曰：「天子懷保切，使君經綸優。璽書下丹墀，隼旟指徐州。使君在承明，公望燕許儔。一麾坐石頭，再任臨爽鳩。同僚躋三事，門下擁八騶。萬事豈意料，空驚歲月遒。人生五馬貴，羨公猶黑頭。徐州號難治，地劇當黃流。質樸信有餘，勁屬良可憂。東坡有遺愛，維公能匹休。飭治貴經術，先平競與綠。風清雲龍山，月白燕子樓。政閒攜賓從，可詠亦可遊。雖云二千石，何異萬戶侯。江雲引蜺旌，梅雨隨鹿輈。受事屬首夏，政成期新秋。宣室佇前席，蒼生望鞠謀。河東且臥理，黃霸寧淹留。」（《三松堂集》詩集卷一六）

舒位《聞李松雲太守自徐州調任延平計日當過吳會因寄》二首謂：「彷彿三生杜牧之，年年作郡送人時。抽豪紫禁來何晚，吹笛黃樓去較遲。九曲溪山新樂府，十圍桃李大宗師。太守嘗主闈試。誰知太守饞無敵，拋得蒲萄便荔支。」「卻從相別憶相逢，些子因緣爾許空。吳市簫吹三月雨，寒山鐘打半橋楓。春來相見楓橋別館。詩成蠻語嫩隅外，夢在儂歌欸乃中。只隔太湖三萬頃，暮霞惆悵鯉魚紅。」（《瓶水齋詩集》卷一一）

《匏廬詩話》卷中：「山陰李松雲中丞堯棟官翰林時，考差試題《麥浪》有句云：『一犁新雨露，萬頃綠波瀾。』仁廟時爲皇子，閱卷歡賞不置，欲擬首進。同閱卷官梁文定公引宅相之嫌，啓置第四，聖意殊未慊也。御極後，中丞以郡守入覲仁廟，憶及此事，因爲誦此二句，遂由監司洊擢封疆，固知皐虁夔咻遇合之隆非偶然矣。中丞《金陵懷古》詩云：『西風秋柳王司李，流水棲鴉紀阿男』，頗有三河少年風流自賞之致。」

任曉村（一作曉林），即任兆炯，山東聊城人。顧宗泰《任曉村太守招同李松雲太守燕集於署之木蘭堂出白傅祠圖卷屬題用香山虎邱寺路韻得四首即同松雲同年作》謂：「涵綠搖青路，芳堤嘯詠頻。香山留惠績，刺史得傳人。勝選林亭舊，芬垂俎豆新。風流今不墜，長慶有餘春。」「洗馬南池古，清秋問訊頻。更憐三過蹟，猶頌六橋人。配食簪還盍，聯吟社復新。到今推任昉，政美物皆春。余頻年往來南北，過任城必登太白酒樓並訪工部南池。己亥歲，客武林一年，每遊湖上，尋坡公遺蹟。」「四百紅橋月，鶯啼好夢頻。卅年渾過客，九月暫歸人。鐵壁巖花秀，山祠徑竹新。使君吟眺

地，重訪古時春。」「木蘭堂上燕，披卷興飛頻。眞接三賢武，須爲千載人。雲渠澄練久，風榭仰山新。此別詩憑驛，應懷庾嶺春。」（《月滿樓詩文集》詩集卷三六）

葉紹本《虎邱謁白公祠遂登懷杜閣仰蘇樓得詩四首並美任曉村太守》：「詩酒何妨政，惟公韋佩調。芰荷春一道，鸚鵡曲終宵。翠巘東西寺，紅闌四百橋。謳思猶未歇，聲在玉人簫。」「天寶風塵日，東南尙晏然。如何留蜀棧，不復泛吳船。劍石雄詞在，扶桑舊夢懸。詩魂今始慰，萍梗憶當年。」「常潤經行慣，青鞵偶此登。江湖羈傲吏，雲水問孤僧。林影二泉接，花光三竺勝。歸田曾欲請，絕檻試重憑。」「地是名園舊，經營頓改觀。花潭通曲澗，松徑轉層巒。粉本留金谷，新題換碧瀾。風流應不朽，身樂想民寬。用白傅事。」（《白鶴山房詩鈔》卷五）

洪亮吉《虎丘謁白公祠即呈同年任太守兆炯》詩題下注曰：「祠即太守所建。」詩謂：「大曆才人剩此翁，百篇稍已變唐風。因思白傳談詩好，雅與生公說法同。言外自然參妙悟，個中兼可喻童蒙。西昆詞格西江派，只惜雕鐫語太工。」「同攀仙桂無多日，得蔭廿棠已十年。差喜故人皆守郡，時魏君成憲亦擢守揚州。可容傲吏早歸田。租船即繫祠邊樹，築屋都模池上篇。何止政清詞筆麗，望君心蹟繼前賢。」（《卷施閣集》詩卷一九）

孫星衍《白公祠爲任太守兆炯作》詩謂：「白公堤上新祠宇，訪古曾經展拜頻。水利繼成千載政，瓣香元有再來人。兩朝詩老淵源合，祠有懷杜樓、仰蘇閣。三徑園亭結構新。祠爲蔣園故址。若問鄒滕溝洫事，廉車我媿澤如春。」（《孫淵如先生全集》租船詠史集一卷）

王昶有《題任太守曉林兆炯虎邱白公祠長卷》，見《春融堂集》卷二三。

程前川，或即程思樂（一作師樂）。洪亮吉《即席贈程司理師樂》詩曰：「清絕程司理，官貧日課詩。心香原有屬，手板不曾持。肯作通方吏，寧爲多士師。時以課徒自給。梅花三百首，風味耐尋思。」（《卷施閣集》詩卷二〇）又，《梅花僊人歌爲程司理思樂賦》詩謂：「伯牙臺前花一山，君家梅子山下。愛花人住梅花灣，無夢不與花相關。莫釐峰頭花萬樹，愛花人宦梅花渚，卻喜官閒作花主。少年愛名花，花外無性情。離花一步不肯行，四十不復營功名。中年愛名花，花外少肝膈。一官雖卑意亦適，靜對花枝已忘食。世人不知君，笑君作花癡。君聞亦夷然，直受顧不辭。

滿堂花開滿堂客，客或呼君作花癖。君聞若不聞，意亦良自得。一花初
開詩一首，爲酬花枝亦呼酒。花神感君祝君壽，來歲居然七旬叟。花癡
花癖君寧然，意與花有前生緣。君不見梅花賦就三百篇，我今署作梅花
仙。」（《更生齋集》詩卷三）又，《喜晤程司理思樂》曰：「我借全湖水，
來清百斛塵。故人吟骨健，遷客鬢絲新。感激樽前語，扶持難後身。廨
旁營釣舫，久約其垂綸。」（《更生齋集》詩卷三）

聞知顧晴沙光旭《梁溪詩鈔》編竣，舊稿則埋於惠山，且以詩塚名之，
賦詩述其事。亦與錢梅溪泳有交。

《顧晴沙選梁溪詩成，瘞其舊稿於惠山之麓，立碑亭其上，名曰詩塚，
爲賦七古一首》：「晴沙妙選梁溪詩，二千餘年盡羅致。一將功成萬骨枯，所
餘殘稿將焉置。既非青史蕉園焚，敢托黃冊後湖閟。錦軸慮掣桓玄廚，銀盃
恐化公權笥。同志有人出奇策，文塚筆塚可援例。遂傍龍山九隴長，選得牛
眠一弓闊。或笑秦儒將被坑，或疑李集欲投廁。豈知琢石比櫬堅，兼復立亭
仿塔瘞。遂使此邑千才人，詩魂上天魄歸地。雖悲一丘貉不分，且喜千腋狐
已萃。昭陵匵殉修禊文，汲郡簡藏編年記。多少精靈聚一團，行看蒸出菌芝
瑞。清芬自少荊棘生，酸氣並令螻蟻避。宿草滋含文露濃，野花開帶心香膩。
嗚呼才人苦愛名，慮到陵谷變遷異。元凱碑付江波沈，思肖函從井底墜。猛
將甘作沙場塵，酒人願化陶家器。此舉正合古遺法，不怕竊鈎出非意。發丘
郎識無金銀，掘墳賊豈要文字？況諸作者非並時，前不預知後徒企。賴君作
合結同龕，不隔去來今三世。有如周秦紀行篇，蛾眉一堂集佳麗。又如幽燕
憫忠寺，馬鬣一坎聚烈義。故鬼新鬼紛並肩，舊雨今雨欣把臂。月下定有秋
墳唱，歲除不煩詩草祭。九原詞客果有知，此亦吟朋大快事。我來經過一憑
弔，欲喚何人莽無次。但覺蒼蒼宰木邊，常有光芒透山翠。」（《甌北集》卷
三九）

此時另有《爲錢梅溪題其尊人養竹山房圖》（《甌北集》卷三九）詩。

【按】顧光旭《梁溪詩鈔跋》謂：「乾隆丙申（四十一年，1775）冬，余
歸自蜀，從兄諤齋（按：顧斗光，字曜七，號諤齋）既輯《梁溪詩鈔》」，
「其稿則盡歸於余」，「參之諤齋、可亭二選，各有增刪。」（《響泉集》
文卷一，清宣統二年無錫顧氏刻本）《溪溪詩鈔》「黃上舍世則」又載，
黃氏亦曾著手編《梁溪詩彙》。知顧氏此選，是在顧斗光、黃可亭所選梁
溪詩之基礎上增補、刪訂而成。

錢梅溪，即錢泳。《吳興詩話》卷一四載曰：「錫山錢梅溪泳，字立群，吳越武肅王後也。其先避金人亂居吳興，十一世祖宋承事郎名迪者始遷錫山，至梅溪已十九世矣。《行詩》二絕云：『茗雪雙溪漾白蘋，先公曾此避囂塵。百年子姓多寥落，說起湖州一愴神。』『臨安宮闕但秋煙，物換星移總自天。聞道鷗波亭下路，空餘芳草綠年年。』蓋錢氏與宋終始，至元時多高義不仕，其用意微婉，頗得詩人之恉。」

《國朝書人輯略》卷七載錢泳事曰：「字立群，號梅溪，江蘇金匱人。工於八法，尤精隸古。晚歲以八分寫十三經，擬復鴻都舊觀，功力甚巨，刻石未及半而止。平生所摹唐碑及秦漢金石斷簡，不下數十百種，俱已行世。(《墨林今話》)」「錢梅溪能詩，工書縮本唐帖。至其分書，一味妍媚，不求古雅，名雖遠播，終不近古。(《齊學裘見聞隨筆》)」

子廷偉年三十，自去年四月患病，四處求醫診治，無效。至閏六月十六日，病亡，甌北傷心至極。

《哭偉兒》(十一首)之一：「二十年無一哭聲，此生應免起哀情。誰知時命無終泰，臨老西河欲喪明。」(《甌北集》卷三九)

另寫有《七夕爲偉兒三七之期》、《再哭偉兒》、《夢中》(《甌北集》卷三九)等多首。

【按】《舊譜》記載，「次子廩膳生廷偉自上年四月患病，纏綿不愈。本年三月先生挈往蘇州就醫，稍痊復劇。七月十四日買船歸，次日抵家。十六日巳時遂不起，先生痛之甚。」若依此，廷偉當病亡於本年七月十六日。然甌北另有詩《七夕爲偉兒三七之期》，既然七夕(農曆七月初七)已爲三七之七，按照傳統習俗，人死後每七天設奠一次，凡七次，「三七」，即二十一天。由七夕上溯，可知，廷偉當病逝於六月十六日。又，《西蓋趙氏宗譜》亦稱，廷偉病歿於嘉慶二年丁巳閏六月十六日。甌北自撰《亡兒廷偉小傳》也謂：「嘉慶二年又六月十六日也。」由此可見，《舊譜》記載有誤。

六月，孫補山士毅病卒於軍中。未幾，顧晴沙光旭卒於家。畢秋帆沅，六月從馬上墜落得風疾，至七月亦身亡。月餘之間，連喪三友，甌北甚為悲痛。

《追悼補山使相》：「崔符才起將星亡，丹旐飄飄出蜀疆。嗣祖焉知非是福，李流今已漸爭疆。九原氣作山河壯，五等勳封帶礪長。贏得口碑遺論在，

公存不至賊披猖。」「石稜眼焰戟鋒鬚，節鉞威名懾萬夫。帝謂魏徵偏嫵媚，人知呂相不糊塗。開邊幸亦書生膽，按部聲先墨吏誅。今日平心論人物，封疆籌略似公無？」（《甌北集》卷三九）

《顧晴沙挽詩》：「同向江天把釣竿，扁舟來往最交歡。曾爲才子先登第，要作高人早去官。遺愛尚留秦蜀道，吟情欲闢杜韓壇。那堪才寄詩筒去，不及燈前一拆看。」「省署簪毫出建牙，我歸君亦即還家。居鄉月旦持清議，奉母晨昏誦白華。藻思捷如驚蛺蝶，草書工過壓蝦蟆。誰知手選梁溪集，自殿群賢押後車。」（《甌北集》卷三九）

《秋帆制府挽詞》：「初聞末疾困炎陬，誰料騎箕碧落遊。羊祜惠猶留峴首，馬援功未竟壺頭。風淒列帳悲笳曲，月冷籌邊古驛樓。太息荊巫尚烽火，益無人可倚軍謀。」「兩湖節制擁高牙，俄值兵氛亂似麻。劫火炎岡無玉石，殺機起陸有龍蛇。蠻箋夜草招降檄，里鼓晨催轉餉車。辛苦頻年戎馬地，故應鬒鬢總霜華。」「封疆歷廿餘年，重是初階出木天。死定仍爲香案吏，生曾獨領玉堂仙。共推雅量休休大，不藉威名赫赫傳。此後孤寒更誰倚，龍門回首總淒然。」「蹤蹟雖疏意自親，江湖每荷寄書頻。虛煩爲我高懸榻，不及從公醉吐茵。南國烽煙悲遠道，東山絲竹渺前塵。不堪重過靈岩館，剩有羊曇淚滿巾。」（《甌北集》卷三九）

在此前後，寫有《聞秋帆制府墜馬得風疾寄慰》、《聞秦蜀兵夾剿流賊奏捷，喜賦》、《答子才見寄之作》、《湖海》、《用少陵壯遊篇韻寄題懷杜閣，兼呈東浦藩伯、松雲、曉村兩太守暨立崖明府》、《用白傅虎丘寺路韻題白公祠》、《滄來刺史自娶東來攝守吾常，妻民送者滿道，繪圖以記，爲題四絕句》（《甌北集》卷三九）諸詩。

【按】《清代七百名人傳·孫士毅》：「六月於軍中得疾，遽卒。」同書《畢沅》：「六月，以疾入奏，七月卒於官。」據詩作之編排，顧光旭也當卒於本年六月間。

滄來，即于滄來鼇圖。據《清代人物生卒年表》，其生卒年：1750～1811。《蒲褐山房詩話》：「字伯鱗，號滄來，漢軍鑲紅旗人。乾隆三十五年舉人，今官蘇州府知府，有《南來集》。」

《（同治）徐州府志》卷二一下：「鼇圖，鑲紅旗漢軍。于氏由太倉州調徐，督催引河發災賑，嚴戒侵冒，窮民咸沾實惠，旋授徐州府，擢徐州道。葺祠廟，增書院膏火。遇河水異漲，搶護勤勩。士民設位四賢

祠祀之。」

錢維喬《題于刺史滄來婁東施粥圖》:「偏災海國昔曾侵,賢牧恩垂感至今。布澤如斯仁有術,活人無算力能任。一圖鄭俠堪流涕,萬戶黔敖早動心。多少宰官身示現,願推此意及林林。」《于刺史來攝毗陵郡,婁東人士繪圖送之,彙成吟卷,因次家竹汀詹事元韻題贈》:「側聞婁東有神君,士沐化雨民熙春。忽然五袴歌滿耳,春風吹到崀崀輪。象賢世胄昔所企,刺史爲襄勤公曾孫。典郡雅度今無倫。攀轅彼界固眾口,跨竹此土方多身。公來蕭拜兩家廟,淵源敦篤皆天眞。公父紫亭侍御,爲先文敏兄門人。公復爲劉文定所取士,下車之日,即分詣家祠,展謁詞意,肫摯具見古風。以此厚德播作政,有不愷悌善撫民?但攜琴鶴伴吟嘯,肯爲裘葛分涼溫。新詩出手韻金石,賤子蹶起寒螿呻。因思佛乳悉可潤,一燈徧照何所分。預期借寇且經歲,俾我桑梓風還淳。」(《竹初詩文鈔》詩鈔卷一五)

潘奕雋《于滄來太守婁江施粥圖用卷首同年筠浦制府韻》詩謂:「誰回枯槁作陽春,姓氏書屏御墨新。體得如傷懷保意,知公眞是讀書人。」「恩指婁江浩蕩波,鳴榔眞見督維那。須彌芥子同無際,一點靈臺覆被多。」(《三松堂集》詩集卷一六)

顧宗泰有《晤彭城太守于滄來同年出視婁東施粥圖卷題七言一首》,並於「使君芬烈名賢後」句下注曰:「襄勤公曾孫。」見《月滿樓詩文集》詩集卷三九。

王昶有《題太倉于刺史滄來鼇圖賑粥圖》,見《春融堂集》卷二二。

朱珪有《于滄來刺史婁東施粥圖》,見《知足齋集》知足齋詩集卷一四。

襄勤,清康熙名臣于成龍諡號。

八月,阿桂病亡,甌北感念舊情,悲痛不已。

《公相阿文成公挽詩》:「黃髮番番映殿墀,秋風俄報飾巾期。望兼勳德裴中立,身繫安危郭子儀。百戰功名圖像早,九重恩禮乞骸遲。老成徂謝何勝感,不但羊曇哭故知。」「汗馬歸來錫命榮,爵頒圭組位鈞衡。周官已極三公貴,魯論猶餘半部精。行酒從容人避席,聽歌慷慨客彈箏。生平論相推姚宋,不敢輕言秉國成。」「烽火無端楚蜀疆,共期元老奮鷹揚。年高不復臨軍旅,身在猶能重廟堂。華袞易名公論定,豐碑賜葬國恩長。只應一事還留憾,未見荊巫靖陸梁。」「曳履星辰地最尊,敢將疎賤說交親。曾經戎馬同甘苦,頻向江湖念隱淪。相業已歸青史傳,軍諮今亦白頭人。此生無復西州過,遙

憶平津淚滿巾。」（《甌北集》卷三九）

《題鄒蓮浦小照》、《子才昔年預索挽詩，竟無恙。今以腹疾就醫揚州，又索生挽。戲再作以遲其行》、《荊襄》（《甌北集》卷三九）諸詩，均寫於此時。

【按】《清代七百名人傳》：阿桂於嘉慶元年十一月，以疾乞假，二年八月，卒。

鄒蓮浦，即鄒文瑔。

法式善有《雨後同人集鄒蓮浦文瑔水部一經齋看藤花》詩，謂：「去歲看藤花，方當望雨時。驕陽炙紅霧，觀者神不怡。主人情特殷，枯腸搜不辭。聊以志嘉會，慚愧稱風詩。今年好雨多，草木咸華滋。賓至皆名流，我亦操筆隨。老藤殊自矜，黯淡芳心持。桃李附炎熱，逢場逞容姿。藤也三兩花，夭矯雲中披。眞香詎在多，能沁人心脾。門外看花客，多向豐臺馳。及問花何似，看花人弗知。君子審物理，勿被浮名欺。」（《存素堂詩初集錄存》卷一一）

洪亮吉《初九日鄒水部文瑔載酒相訪，因約同人松寥閣小集，分韻得聲字》詩曰：「難得新涼載酒行，酒兵鬥罷鬥心兵。江光入夢仍如練，秋色搏空若有聲。悟後雨從衣上落，醉餘天向笠邊橫。京華舊事勞重說，臥看潮頭滅復生。」（《更生齋集》詩卷七）

趙懷玉《鄒虞部文瑔招飲藤花吟舍，分得獨字》詩謂：「水部雅好客，當春酒常漉。每逢藤花開，客至多不速。去年花事盛，萬紫紛滿目。今年花事寂，一枝斜傍屋。盛固競芬菲，寂亦媚幽獨。主人興自豪，招邀盡名宿。神仙句曲來，謂茅學士元銘。別又幾寒燠。持觴互傾倒，拈韻戒重複。既多文字緣，亦饒飲食福。惜哉離緒催，何時高會卜。」（《亦有生齋集》詩卷一九）

後生崔景高酷愛藏書，並繪有《積書圖》。甌北樂與其交，並題詩於圖。

《題崔景高積書圖》：「貽子黃金篋，不如教一經。斯特古語耳，移步漸換形。斯文積輕後，卷帙亦不靈。殘稿覆醬瓿，故紙糊窗櫺。胡爲君癖好，籤軸購滿廳。宛委搜逸典，良常訪新銘。多逾鄴架蓄，秘入曹倉扃。揚州繁盛地，氣溢錢刀腥。君獨以此勝，似欲別渭涇。那知非豪舉，家有四寧馨。大者擅才思，快若新發硎。小亦目十行，背誦翻水瓶。生兒有如此，忍不豐

其翎？縹緗厚所儲，學海恣揚舲。會看學成後，稽古榮大廷。虎觀奪重席，鯨鏗應寸莛。始知積書力，猗頓去徑庭。翁未雙垂白，兒已萬選青。」（《甌北集》卷三九）

　　另有《又題景高小照》、《題程晴岩小照》（《甌北集》卷三九）詩，也寫於此時。

　　【按】崔景高，張雲璈有《題崔朗峰積書圖》詩，曰：「有書在讀不在積，不讀雖教積何益。有書能積始能讀，不積又愁讀不足。二者兼之誠為難，熊魚皆嗜將何餐。世閒不少占畢士，往往抱守殘編殘。博陵四十猶青鬢，膝下奇童如到蓋。昂藏嶷立四寧馨，桓山之羽常看振。王家成器璠璵重，韓氏知名經緯用。已教得半比荀龍，還更誇多逾薛鳳。崔翁要兒讀等身，廣搜萬軸縹緗新。錦瞤之色翻繽紛，芸香之氣吹葐蒀。琅琅高誦驚四鄰，插架不許凝纖塵。乃翁善積兒善讀，不負一世翁辛勤。君不聞百萬一聚黃牓標，千萬一庫懸紫標。人生封殖定應爾，似君毋乃成虛枵。又不聞蔡邕談藉論衡助，郭象生偷向秀注，古來剽竊亦成名，何用楹書遠相付。君家諸郎頭角露，自是生來有奇悟。十三或成國僑贊，十四或作蓮化賦。目十行下萬言誦，區區所積何足數。翁宜更入宛委山，黃帝岩嶽相躋攀。來覓繡衣蒼水使，探取玉字銀編還。又宜徑入琅嬛洞，紫字丹書莫虛擁。門前驅逐兩白龍，攫得三墳九邱重。籲嗟乎！壯武載書三十乘，天下奇書來取正。河東秘書三篋亡，屬車默識無遺忘。吾家故事我無一，更復披圖爽然失。直須來學癡茂先，欲賃君家住十日。」（《簡松草堂詩文集》詩集卷一四）

先是，甌北每讀杜詩以興歎。懷杜閣建成，地方士紳乃將白公祠、仰蘇樓與之並立，取名「三賢祠」。中秋後，任曉村太守約甌北來蘇州虎丘一遊。

　　《讀杜詩》：「杜詩久循誦，今始識神功。不創前未有，焉傳後無窮？一生為客恨，萬古出群雄。吾老方津逮，何由羿彀中。」（《甌北集》卷三九）

　　《中秋後，曉村太守招遊懷杜閣，閣在左偏，已塑少陵像，中為白公祠，設香山栗主，右別有樓，遂並移東坡像於此，仍旁為仰蘇，總名曰三賢祠，虎丘從此更增一勝地矣，再疊前韻題蘇樓下》：「人隔唐宋朝，地分秦蜀嶺。誰能聚諸賢，晤對共廬井。作合有妙手，術過先生耿。因杜兼及白，營築力已罷。並移仰蘇樓，粉繪飾荒礦。幾同縮地幻，直過移山猛。想見三詩

魂，結伴共馳騁。出有同遊樂，居無獨吟哽。坡也雖後輩，才思潮萬頃。恰稱三雅聯，豈同孤雁冷。相得乃益彰，彌擅千秋永。獨悲公去後，幾閱滄桑景。至今少替人，空矗高樓影。一廡倘可分，所願不敢請。」（《甌北集》卷三九）

《三賢祠在塘北，舟行從斟酌橋入可直到門，然橋低不能過大舟也。曉村語余：今年六月十日，祠將落成，忽風雨大作，雷擊橋碎，遂可改造大橋以通官舫，謂非三賢之靈欲昌其遺蹟乎？補記以詩》、《再題懷杜閣》、《題查悐存檢書圖》、《題張敬業小照》（《甌北集》卷三九）諸詩，也寫於此時。

【按】趙懷玉《三賢祠圖卷跋》謂：「嘉慶丙寅四月，伊墨卿太守招葺揚州圖經，寓居胡安定祠，適長洲蔣君紹初過揚，以三賢祠圖卷示予，祠之緣起已詳，君與家耘菘觀察倡和詩，及王念豐所爲記，圖則翟大坤筆也。夫香山刺蘇，築堤著績，其祀於虎邱也宜。若少陵、東坡，蹤蹟所及，或暫或久，亦得並崇廟食，豈非以其詩之足以鼎峙耶？抑詩之外，更有在也。是非邦人之有心，當事之用力，曷克致此？顧天下之所當爲如三賢祠者不少，往往事機一失，遂至因循。使皆展圖思奮，又何廢之不興、墜之不舉哉！則君是圖，其利甚溥，非特三賢之功臣而已。」（《亦有生齋集》文卷九《跋》）

張敬業，《兩浙輶軒續錄》卷五謂：「張敬業，字日乾，號篁園，嘉興人。雍正壬子舉人，考取內閣中書，官典籍，著《篁園吟稿》六卷。汪芝亭曰：『先生性情閒澹，安貧守拙，嘗顏其居曰『拙存』。在薇省十二年，勤敏練察，爲桐城相國文和公倚重，欲薦入軍機行走，力辭乃止。甲申告歸，優游林下又二十年。生平詩不苟作，作亦不事雕飾，獨抒性靈，至其《觀州》、《雜興》，淋漓悲壯，又集中一變格也。」《全浙詩話》卷四〇謂「張敬業」：「敬業，嘉興人，諸生。《山居詩話》：梅里盛孝廉嵩畫小照，旁有姬吹簫，一姬秉燭入梅花下。鴛水張秀才敬業題云：『鳳簫不是江城笛，分付梅花莫浪飛』，一時無出其右者。」未知係此人否？

法梧門式善，為人風雅，嘗作詩龕圖，甌北為其圖題句。

《寄題法梧門祭酒詩龕圖》：「杜詩萬里行，歐詩三上成。作詩必以龕，毋乃拘心旌。豈知渺眾慮，端在嚴關扃。或仰屋梁臥，或觸醋甕傾。屏除萬籟靜，獵微窮至精。詩龕之築無多楹，虛白一室涵空明。曾無四圍包羅幛，

但有五夜鐵燈檠。想當晏坐吟興發，風簾不卷爐煙輕。眼光直洞重垣透，思路迥蝹層宵清。一龕廣不過十笏，已逾五百由旬程。信哉人地兩超絕，毋怪詩律堅長城。聞公家世本沙漠，契苾勳門埒褒鄂。即今西南戰伐殷，何不奮戈就戎幕。乃耽手筆造鳳樓，遂忘弓刀畫麟閣。緣知風雅味獨深，嗜好與世酸鹹各。君不見雲石小海牙，橫絕酸齋作。雁門薩都剌，亦壓蘇天爵。公才十倍此數人，已爆高名動寥廓。惟有湛然居士集，經濟文章胸可拓。好當彌勒結同龕，一瓣心香寄所托。」（《甌北集》卷三九）

【按】法式善《詩龕圖》，李調元《雨村詩話》（十六卷本）卷三曾敘及，曰：「大司成蒙古法式善，字時帆，玉溪在京曾與交往，言其詩甚風雅，人亦沖淡，常作詩龕圖畫，陶淵明正坐，王、孟、韋、柳分坐兩旁，而畫己北面執卷而立。其曰『龕』者，以寓衣缽之意也。王述菴題詩云：『吟壇久已建麾幢，詩境偏宜近石窗。應是不同彌勒住，鑄金先事賈長江。』」余集《法時帆求畫詩龕圖》曰：「我畫任意不求似，彊號詩龕亦聽渠。卻有拂雲三兩樹，更添插架縱橫書。荒寒雅稱清吟苦，蕭淡嫌非顯者居。頗記商量問奇宇，每因朝罷 停車。」（《憶漫菴剩稿》）此外，如紀昀有《題法時帆祭酒詩龕圖》，見《紀文達公遺集》詩集卷一二；劉嗣綰有《題法時帆先生詩龕圖》，見《尚絅堂集》詩集卷二三；錢大昕有《題法時帆大司成詩龕圖二首》，見《潛研堂集》詩續集卷八；舒位有《庶子法梧門先生枉顧，並索題詩龕圖，會脂車南下，即此呈別》，見《瓶水齋詩集》卷一〇；王昶有《題法庶子開文式善詩龕圖》，《春融堂集》卷二十一；王芑孫《題法時帆員外詩龕圖》，見《淵雅堂全集》編年詩槁卷一〇；翁方綱有《題秋史爲梧門作詩龕圖》，見《復初齋詩集》卷四五；又有《又題夢禪子爲梧門作詩龕圖》，見《復初齋詩集》卷四六；曾燠有《寄題法梧門祭酒詩龕圖》，見《賞雨茅屋詩集》卷二；張問陶有《黃小松易作詩龕圖寄法梧門祭酒，爲題一律》，見《船山詩草》卷一三；又有《江秋史德量前輩摹靈宛泚小幅，法時帆侍講借作詩龕圖，屬爲題句》，見《船山詩草》卷一五；趙懷玉《爲伍堯祭酒法式善題黃司馬易所寫詩龕圖》，見《亦有生齋集》詩卷一五。

九月二十九日，孫公樾生，廷英出。

【按】《西蓋趙氏宗譜》：「樾，行二，又行七。初名絡生，字絡生，嘉慶二年丁巳九月二十九日未時生，道光二十四年甲辰十二月二十六日巳時

卒，年四十八。葬父塋。配汪氏，候選通判熊女，嘉慶二年丁巳三月初
九日未時生，咸豐十年庚申卒。子三：長曾德，次曾業，三曾輔。女一：
適候選未入流楊連昌。」

冬，門生費芸浦淳由閩又移撫江南，甌北為詩以贈之。

　　《芸浦中丞移節閩疆，不數月復奉命來撫江南，吳民歡聲載道，爰紀以
詩即贈》：「絳節移閩暫駐騑，吳儂翹首正依依。重來天果從人願，小別公如
作客歸。民慶二舖長有托，吏遵六計未全違。福星合在江南照，那許他邦久
借暉。」「來往郵簽兩月期，故園頻喜駐旌麾。似償少日題橋柱，惜未炎天啖
荔支。三節還鄉豪傑事，一年借寇吏民思。向隅獨有閩人歎，不得留公見設
施。」「仙霞高嶺劍州灘，回首今辭行路難。人指江南爲福地，帝知吳下憶清
官。兵氛路遠民安堵，稔事年豐戶飽餐。早識隨輪膏澤到，下車時正雪花團。」
（《甌北集》卷三九）

　　此時還寫有《閱邸抄，賊至利川，邑令尹英圖約鄰邑周景福糾集鄉勇，
截殺數千，大獲全勝，喜賦》、《題汪韡懷比部松溪漁唱圖》、《題謝蘜泉侍御
自焦山放舟金山觀月圖》、《題周竹樵國博抱琴聽泉圖》、《題程湛之漁樵雙照》
（《甌北集》卷三九）諸詩。

　　【按】《清史稿》卷三四三《費淳傳》謂：淳于乾隆六十年「擢安徽巡撫，
調江蘇。嘉慶二年，疏言：「淮、徐、揚三府屬被水窪地，責州縣勸植蘆
葦，以收地利。應納錢糧，即照蘆課改折徵輸。」詔議行。調福建，復
還江蘇。四年，擢兩江總督。」據上引甌北詩「惜未炎天啖荔支」句後
小注可知，費淳「仲秋到閩，孟冬即調任」，至江蘇時，天降大雪，當在
十月間。又查《清史稿·疆臣年表》，費淳于嘉慶二年「七月庚午遷，康
基田江蘇巡撫，九月甲申遷，費淳代。」與甌北詩互證，可補傳記所載
之不足。

　　汪韡懷，即汪棣。《揚州畫舫錄》卷一○：「汪棣，字韡懷，號對琴，
又號碧溪，儀徵廩生，爲國子博士，官至刑部員外郎。工詩文，與公爲
詩友，虹橋之會，凡業醶者不得與，唯對琴與之。多蓄異書，性好賓客，
樽酒不空，一時名下士如戴東原、惠定宇、沈學子、王蘭泉、錢辛楣、
王西莊、吳竹嶼、趙損之、錢籜石、謝金圃諸公，往來邗上，爲文酒之
會。子晉藩、掌庭，皆名諸生。」《蒲褐山房詩話》謂「汪棣」：「字韡懷，
號碧溪，儀征人。貢生，官刑部員外郎，有《持雅》、《對琴》等集。」「韡

懷居廣陵，好文史，嘗槧漁洋《唐詩神韻集》行世，然寥寥數十首，未
必爲眞本也。甲戌冬，予過廣陵，韡懷具小艇，邀賓谷、松滋諸君陪予
遊平山堂。酒次備論生平諸作，予曰：『「江梅春信早，村店酒旗偏」，此
君五言壓卷句也。』座客皆以爲允。」《國朝詞綜》卷三八：「汪棣，字
韡懷，號對琴，江都人，監生，官刑部員外，有《春華閣詞》二卷。黃庤
堂云：『對琴詞如入武夷啖荔枝，鮮美獨絕，又如饌設江瑤柱，與群殽錯
迥別。』陳玉幾云：『對琴以餘事爲長短句，清音亮節，具體樂笑翁，而
生峭之致、奧折之趣，別自煎洗於夢窗、白石。』張漁川云：『對琴每於
酒邊花下，閒作倚聲，如聞空山琴語、松下幽泉，使人不復作塵想。』」
與王昶交厚，見《春融堂集》卷五、卷七、卷一七、卷二六。王昶《刑
部員外郎汪君墓誌銘》：「汪君韡懷，娶於少司馬榆山凌公之女。公家上
海，君往候起居，因與公從子祖錫及張君熙純、趙君文哲同遊於九峰三
泖間，賦詩相樂。比至吳門，時吳君泰來爲公外孫，家有池亭圖史之勝，
君屢往過之，又與嘉定王君鳴盛、錢君大昕、曹君仁虎、桐鄉朱君方靄
並吳縣張崗、沙維杓兩布衣倡和，而余追逐其間，尤爲親厚。君本世家，
無聲色紈袴之習，嗜詞章，喜賓客，居揚州，爲四方舟車之會，名流翕
集，造門延訪，君亦折節禮之。其最著者，則有程編修夢星、晉芳，張
編修馨、給事坦，馬員外曰琯、曰璐，易主事諧。其寓居於揚州，則有
陳徵君撰、厲徵君鶚、惠徵君棟、杭編修世駿、金布衣農、陳布衣、章
明經皐、張同知四科、沈上舍大成，題襟奉袂，皆與君結文字之交。如
抱山堂、小玲瓏山館，歲時讌集必招君，而君賦詩嘗爲壓卷。及遊京師，
先爲常熟蔣文恪公、錢唐符郎中曾、秀水鄭編修虎文所賞，又與秀水錢
贊善載、同鄉秦譻、沈業富兩編修，遊潭柘寺萬柳堂聯吟紀事，益爲都
下所稱。君少爲諸生，工時藝，南北試皆不利，乃入資得國子監博士。
久之，補刑部員外郎。在部時，與郎中阮葵生、馮廷丞、陸錫熊復常爲
文酒之會，人以明白雲亭之比也。然君勤吏治，伯父漢昭任山東糧道署
按察司事，君因以習法律。及任西曹總理部務，劉文正公深歎能平反，
出入頗多抉摘，而於河南書籍違悖之案力辨其冤，奏上，得釋。葢其明
恕如此。在部兩載餘，以父病乞歸侍疾，晝夜不少懈。及喪，哀毀。伯
叔兄弟人眾有不足者，助之；有爭產者，讓之，是以家中落，然亦不介
意也。君生於康熙庚子年十二月，卒於嘉慶辛酉八月，年八十二。其先

出唐越國公，後六世祖諱道貫，其兄道昆，官兵部侍郎，以詩鳴，與王元美、李滄溟時稱七子，故道貫亦與敬美齊名。高祖諱立，諸生，累贈中議大夫。妣吳氏，累贈淑人。曾祖諱壽岳，貢生，累贈資政大夫，妣吳氏，累贈二品夫人。祖諱天與，官刑部郎中，累贈資政大夫。妣黃氏、潘氏，累贈二品夫人。父諱治佐，貢生，誥封中憲大夫。妣程氏，贈恭人。配凌氏，封恭人，即榆山公之女，有淑行。子二：光烜，諸生，出嗣弟後。光㸌，廩生。女二：長適貢生洪錫曉，次適諸生陳贊詠。孫一：履基，尚幼。君詩淵微窈眇，有王江寧、韋蘇州之遺。詞以王碧山、張玉田為法，清虛雅淡，見重於詞家。所著《對琴初槁》、《春華閣詞》，已刻，其餘藏於家。君歸田二十餘年，余始得蒙恩致仕，每以公事過揚州，必訪君，留連浹夕，見君賦詩飲酒如平時。沈運使業富、阮中丞元俱稱其所作老而愈工，而江浙士大夫皆推為名宿。方喜精神彊固，不意無疾而終。自君之歿，東南耆舊昔與君共遊處者寥落無幾。讀君事略，不禁潸然出涕也。光烜等以事略來請銘，余何忍辭？君名棣，自號對琴，韡懷字也。」（《春融堂集》卷五六）

謝薌泉，謝振定。《國朝御史題名》：「（乾隆五十九年）謝振定，字薌泉，湖南湘鄉人。乾隆庚子進士，由翰林院編修考選江南道御史，改禮部主事。」《嘯亭雜錄》卷一〇《謝薌泉》條謂：「謝薌泉待御，性豪宕，嘗蓄萬金，遨遊江浙間，拋棄殆盡。嘗曰：『人生貴適意耳。銀錢常物，何足惜也！』與余交最善，嘗屢戒余之浮妄躁進，余懇服之。嘗曰：『君子之交，可疏而厚，不可傾蓋之間，頓稱莫逆，其交必不久也。』嘉慶初，和相當權，時其奴隸抗縱無禮，無敢忤者。公巡南城，遇其妾兄某馳車沖驅從，公立命擒之，杖以巨杖，因焚其轂，人爭快之。王給諫鍾健，希和相意，劾罷公官。管御史世銘笑曰：『今日二公各有所失。』有問之者，答曰：『謝公失官，王公失名。失官之患，不過一身；失名之患，致傳千古矣。』今上親政，復特召為祠部主事。」《（光緒）湖南通志》卷一八一：「謝振定，字薌泉，乾隆丁酉與兄振著同舉於鄉，庚子成進士，官編修。戊申典試江南，改江南道御史。巡視南漕，入瓜儀，糧艘阻風，禱於神，得濟，疏請建風神廟，嗣是渡江風輒順，人呼為『謝公風』。署兵科給事中。巡東城，有乘違制車飛馳於道者，執而訊之，則和珅妾弟也，勢橫甚，立杖之，焚其車，竟坐罷職。嘉慶己未特旨起禮

部主事，應詔言事，條陳甚悉。甲子遷員外郎，典試陝西，尋充通州坐糧廳，修公廨，革陋規。會夜半漕船火，官吏多束手，親率僕徒步往救，火遂熄。康家溝向苦黿患，鎮以鐵釜，爲文祭之，堤乃合。所修張灣故道，開果渠、溫榆河，皆利漕運。生平篤於風義，在京師修鄉先正明李文正公祠、墓，又置義地，以厝同鄉旅櫬。師友中有貧不能葬者，葬之。著有《知恥齋詩文集》。年五十七卒於官，入祀鄉賢祠。子興嶢，字果堂，嘉慶己卯進士，由庶吉士改官寶豐知縣，升陝州知州。時豫匪號曰『紅鬍子』，恣爲民患，以計擒治之。並力行團練法，互相救應，賊入境皆被獲，遂相戒不敢犯。卓薦入都，宣宗垂詢家世，興嶢以父名對。上曰：『爾乃燒車御史謝振定之子乎？』嗟賞久之，擢敍州知府。以剿辦夷匪功，賞戴花翎，旋調成都府護鹽茶道。性彊直，不阿附，以是積忤上官，因事罷歸。興嶢弟興峘，官安溪知縣。峘子邦鑒，字吉人，道光乙巳進士，官高淳知縣。抵任甫四月病卒。」與祝德麟、趙懷玉、曾燠、謝啓昆、吳錫麒、吳嵩梁、王文治、王昶等有交，見《悅親樓詩集》卷三〇、《亦有生齋集》詩卷一八、《賞雨茅屋詩集》卷二、《樹經堂詩初集》卷一四、《有正味齋集》詩集卷一四、《香蘇山館詩集》古體詩鈔卷三、卷六、卷七、今體詩鈔卷一八、《夢樓詩集》卷二三、卷二四、《春融堂集》卷二三。

　　周竹樵國博，或爲周炎。《揚州畫舫錄》卷二：「周炎，字受堂，號竹樵，順天□□科舉人，工文詞，精於醫。」又，《兩浙輶軒錄》卷二四：「周炎，字西序，號青瑤，蕭山諸生。乾隆丙辰舉博學鴻詞，著《幽思草》、《可耕堂集》。《詞科掌錄》：蕭山周炎青瑤，浙江總督上蔡程公所薦，賦性溫茂，淵懷若不及。古文刻屬精粹，似孫可之。《鳧亭詩話》：西序詩詞爲一邑之冠。四十年前寶意商君爲鎮江司馬時，有《越郡舒華》之選。托余徵詩，余與西序世誼，交最善，因錄其詩二十餘首郵寄之。其題《西施廟》云：『誓死未酬亡國恨，偷生肯上五湖船。』《秋園》云：『秋林無靜葉，寒水有沈魚。』又如《曉行》云『馬馱殘夢過江東』、《法相寺》云『山深寒月凍琉璃』，皆佳句也。《舒華》之選今改名《越風》梓以行世，而所載西序詩不及諸作，豈久而遺其稿耶？然則越詩之佳者、越風之所遺亦多矣。西序於乾隆元年應博學鴻詞，試至都門，不能上，竟以諸生終。按嘉興沈廉少年入秦曾有句云：『去題百二關中壁，要看三

千里外山』，聞者壯之。西序弱冠《登岱》云：『帝座仰窺纔尺五，黃河下視直三千』，亦屬何等氣概。其後兩人俱不獲一第，抑鬱終身。然則世之以詩句卜人榮桔者，乃偶中耳，豈可全信哉！」未知即此人否？

與王夢樓文治，席佩香綺蘭揚州客中相值，邀聚於寓齋，以素食相款待。

《素食招夢樓、佩香小集寓齋》：「客中破寂賴吟朋，小治伊蒲饌尚能。雅集不妨妝閣女，枯禪俱已在家僧。座無何肉清如水，室有唐花暖未冰。便抵吳門蔡經宅，麻姑親降寵難勝。」「不是持齋學太常，劉輿膩恐汙清芳。得邀霞帔來仙界，敢涴天花散道場。春茗烹當重醞酒，臘梅開作辟寒香。留賓莫笑無葷血，此亦詩家白戰方。」（《甌北集》卷三九）

另寫有《揚州遇陸郎夫中丞子文駉感賦》、《題陳樹齋軍門辦禪圖小照》（《甌北集》卷三九）等詩。

【按】陸文駉，陸朗夫耀之子。《鄉園憶舊錄》卷三：「吳江陸公朗夫耀，貌清臞，廉潔自厲。王倫之變，公在濟寧，嚴守禦，賊不敢犯。官布政，以巡撫貪暴，不相能，告歸。後為湖南巡撫，以勞卒。其友徐貞生入視含斂，室中別無長物，歎曰：『貧至此，即不死亦難度日矣。』子文駉，落魄無依，趙耘菘感而賦詩云：『廉吏可為兒作客，故人已死鬼成神。』湖南人皆以公為湖南省都城隍，故云。按陸公為山東布政，時巡撫名國泰，為御史參劾，伏法。惜公在官不得展其志。公十三歲賦牡丹詩得名，紀其《偶感》一首，足見生平：『喜無側媚干時術，不作婀娜諛墓文。知己未妨當代少，浮名惟恐後人聞。硯池餘墨臨窗試，初地清香盥手熏。決計疏狂竊微祿，閉門寂寂似揚雲。』」

陳樹齋，疑為陳大用。錢大昕《題陳樹齋提督聽雨圖》：「生長忠孝門，擩染詩書味。三十登壇驚一軍，緩帶輕裘靜無事。英衛之武虞褚文，威名儒雅兼一身。朝挽彊弓午揮翰，腕力勁欲回千鈞。金貂侍從三殿裏，旌節輝光又南指。亞夫詔許真將軍，諸葛人推名下士。偶然寫意濠濮間，濕雲半掩青翠山。茅齋淅瀝響疏雨，主人宴坐冰雪顏。笙歌鼎沸世所好，不如倚竹一清嘯。琅玕個個無俗聲，唯有靜者觀其妙。我似青藤磊塊人，曾邀幕府醉芳樽。月湖記得同聽雨，剪燭何時重細論。」（《潛研堂集》詩續集卷六）張問陶《甬東聽雨圖為前軍門陳樹齋大用題》詩題下注曰：「陳以江南提督削籍，此圖是其任寧波時所繪。陳初以祖功世襲子爵。」

詩謂：「北風弅日南風競，塵土汙人愁欲病。揮塵晴窗對故侯，雨聲忽向
圖中聽。陳侯智勇今儒將，橫海頻年資保障。大劍長槍或有人，似聞名
士惟臣亮。一卷陰符靜中寫，扢毫不是耽風雅。天吳紫鳳夜騰光，欲挽
天河洗兵馬。韜鈐無用敢裴回，轉爲昇平屈將才。對簿乍驚絲底事，縱
教無語亦堪哀。即今痛定還思痛，世臣獨荷君恩重。策蹇長安訪舊遊，
相看握手都疑夢。新知亦作舊交憐，話雨披圖各惘然。指點甬東修竹影，
寫眞已是十年前。十年人世匆匆改，且幸鬚眉猶好在。期君終望畫凌煙，
我尚持杯問東海。」（《船山詩草》卷一三）問陶還有《送陳樹齋大用以
守備從軍陝西》，見《船山詩草》卷一五。王芑孫有《趙陳樹齋將軍大用
聽雨圖四首，圖在浙江提督時作》，見《淵雅堂全集》編年詩槀卷一九。
祝德麟有《松江提督署中有西園八景，陳樹齋軍門屬題詩，各賦一絕句》，
見《悅親樓詩集》卷二四。

周松靄春，長於詩，於聲韻之探究亦多有所得。曾著《杜詩雙聲叠韻譜》，
甌北題詩以評述之。

《題周松靄杜詩雙聲叠韻譜括略》：「詩以詠我言，本從聲韻出。中有條
縷分，古疎後漸密。隱侯辨仄平，孫炎著反切。關鍵一以開，千載莫能易。
雙聲與叠韻，六朝始梳櫛。碻磝音響連，腥瘦字母壹。北有魏伯起，南有謝
希逸。此法皆講求，秘矜專門術。杜陵益精嚴，對屬百不失。侵簪月影寒，
逼屨江光徹。老去詩律細，此亦細之一。倘其可不拘，何以名爲律？無何讀
杜者，過眼付一瞥。但誇奔絕塵，不屑駕循轍。海昌有周子，遙契得眞訣。
手著括略編，韻學乃盡泄。從來文字緣，每隨氣運闢。古人抉其大，後人剔
其窄。非必後所增，都自鑿空獲。即如近體詩，古人所未識。抑揚抗墜間，
妙有自然節。古人縱復生，不能變此格。是知本天籟，豈鑽牛角僻。茲譜雖
小道，源出唇齒舌。詆畫混沌眉，乃導崑崙脈。反語田顛童，測字杭兀術。
矯揉尚稱奇，矧此諧赬繹。允作杜功臣，藝苑更繩尺。音籤韻府外，另豎一
幟赤。」（《甌北集》卷三九）

《聞賊入蜀，將軍明公統索倫吉林兵追及，擊殺萬餘，自此逆黨震慴，
蕆功當有日矣，喜賦》（《甌北集》卷三九），亦寫於此時。

【按】周松靄，周春（1729～1815）。《兩浙輶軒續錄》卷七：「周春，字
松靄，號芚兮，海寧人。乾隆甲戌進士，官廣西岑溪知縣。著《松靄詩
鈔》。《海昌備志》：『松靄任岑溪知縣，革陋規，幾微不以擾民。凡所設

施，有古循吏風。以憂去官，民欠未完，捐俸償之，貧不能行。當事聘修《梧州志書》成，乃歸。先是，岑人祀前令山陽劉信嘉、金壇于烜，及松靄歸，構生祠，並祀劉、于兩公，曰『三賢祠』。松靄既歸，潛心著述。父喪，服除，侍母七年，母喪，服除，年未五十，不謁選。所居著書齋，臥起其中者三十餘年。嘉慶十五年重赴鹿鳴宴，賜加六品銜。十九年當重宴瓊林，未及赴，明年卒，年八十有七。』閨淑徐葉昭《序》略：『松靄周君，沈酣載籍，淹貫古今，由名進士爲良有司。岑溪之治，冠絕粵西。蠻煙蜑雨中，言懷寫意，蓋不勝將父將母之思焉。推其心，得侍父母側，不爲官樂也；不得侍父母，爲官不樂也。讀其詩，知其於仁孝隆矣。周君之詩，不屑屑規行矩步以爲能，心精所至，眞意自流，蓋其不可及者，在性情、在學問，辭章抑末耳。然就其所詣，眉山之恣肆、渭南之盤鬱，殆庶幾焉。』《誰園詩話》：『《黍谷學吟》一卷，乃早年所作，有沈文慤序；《北遊草》一卷，乃入都捷南宮時作。右兩集並文慤所評，《學吟二集》一卷、《著書齋集》二卷，乃其家居及在志局時作，爲杭董浦太史所評。《夫不集》二卷，乃入都赴粵西所作。《儀州集》一卷，乃令岑溪時作。《松靄集外詩》一卷，係拾遺所存。《彩堂集》一卷，乃引艱回里時作。《著書齋續集》五卷，乃自丙申迄今丙午作也。』吳衡照曰：『先生著述四十餘種，《十三經音略》十二卷、《中文孝經》一卷、《爾雅補注》四卷、《代北姓譜》二卷、《遼金元姓譜》一卷、《遼詩話》一卷、《選材錄》一卷、《杜詩雙聲疊韻譜》八卷，皆梓行。』」

《拜經樓詩話》卷二：「周松靄大令，夙精華嚴字母之學，嘗著《悉曇奧論》，又輯《杜詩雙聲疊韻括略》，以爲音聲之道，本乎天籟，若夫雙聲疊韻，則三百篇已肇其權輿，漢魏洎晉宋以前大都闇與理合。齊梁而降，風氣尙屬初開，唐賢明此者多，而少陵更擅勝場，惜自來讀杜者無慮千百家，從未有論及於此。其體例有雙聲正格、疊韻正格、雙聲同音通用格、疊韻平上去三聲通用格、雙聲借用格、疊韻借用格、雙聲廣通格、疊韻廣通格、雙聲對變格、疊韻對變格、散句不單用格、古詩四句內照應格，凡十二。所摘古近體詩句，自杜外附漢魏六朝至唐宋諸家，自謂凡數易稿，閱二十餘年而後成，其致力可謂勤矣。此書實發千古之秘要，非深通音韻者不能知其妙也。」

周春與錢大昕、錢泰吉、秦瀛、王昶、吳騫等有交，見《潛研堂集》

文集卷二五、卷二六,《甘泉鄉人稿》卷四、卷九、卷一〇、卷一七,《小峴山人集》詩集卷一〇、卷一二、卷一五、卷一六、卷一七、卷一八、卷一九、卷二四、卷二五、文集卷二、卷三、續文集卷二、《春融堂集》卷二三、《拜經樓詩集》卷三、卷五、卷一〇、續編卷二、再續編,《愚谷文存》卷一、卷二、卷三、卷五、卷九、卷一三。

將軍明公,即明亮。事蹟見《清史稿》卷三三〇「本傳」。

冬,十一月十七日,袁子才枚病故。未幾,王西莊鳴盛亦歿。甌北一一哭之以詩。

《袁子才挽詩》:「索挽連番竟不行,此番真是送登程。死應仍去為猿嘯,生不留看賦鹿鳴。花月千場供老福,詩文一代享高名。只愁未免風流罪,欲為翻經度化城。」「三家旗鼓各相當,十載何堪兩告亡。今日倚樓唯我在,他時傳世究誰長?本非邢尹生相妒,縱到彭聃死亦殤。衰朽只悲同調盡,獨搔白首覽蒼茫。」(《甌北集》卷三九)

《王西莊光祿挽詩》:「歲在龍蛇讖可驚,儒林果失鄭康成。宦情淡有千秋業,文望高於一甲名。白首叢編成又改,青燈老眼瞽重明。從今學海誰津導,我哭先生為後生。」「束髮攻書到老翁,未曾一日輟研窮。遍搜漢末遺文碎,不鬥虞初小說工。後輩豈知真學問,幾時再有此淹通?存亡莫道無關係,直在蒼茫氣數中。」「風趣長康半點癡,牙籌不諱手親持。出門誤認儀同宅,築室遙催錄事資。皇甫三都求作序,李邕四裔乞書碑。即論致富惟文字,前輩高風亦可思。」(《甌北集》卷三九)

《年來孫補山、畢秋帆兩制府、阿雲岩相公相繼下世,林下則顧晴沙、袁子才、王西莊又物故。生平交舊,一時俱盡,淒然感懷》:「老來不復作詩新,偶作詩惟哭故人。哭盡故人無可哭,孑然顧影自傷神。」「武緯文經將相功,儒林文苑亦宗工。此皆數十年成就,何意淪亡一歲中。」(《甌北集》卷三九)

蔣瑩溪騏昌,年已黃昏,又納一妾,甌北為詩以調之。

《戲贈蔣瑩溪納姬》(六首)之一:「風情臨老尚兒嬉,買得嬋娟鬢已絲。猶勝詩人張子野,行年八十娶雛姬。」之二:「曾是瑤臺第一仙,舞衫歌扇最翩翩。可應一念回頭岸,甘與維摩結淨緣。」之四:「花燭先期半月忙,口脂面藥扮新郎。背人自把菱花照,小試蘇家拔白方。」(《甌北集》卷三九)

【按】蔣騏昌出生於乾隆五年(1740),至本年,已五十八歲。

除夕，獨飲悶酒，以遣老懷。

    《除夕》：「年年除夕醉深巵，今歲屠酥但酒悲。思子臺邊何限淚，一兒死別一生離。」（《甌北集》卷三九）

本年，廷俊續娶黃氏。

嘉慶三年戊午（1798）　七十二歲

【時事】　正月，長陽教軍首領覃加耀被俘。先是，長陽教首林之華被擊斃於大茅田，加耀敗至施南山中，尋逃往長樂朱里寨，「三面懸崖，惟東南一徑。十二月，遣死士縋登，掘地窖火藥轟之」，教軍爭走，「墜崖，坑谷皆滿」。惟加耀率部眾二百遁，踞歸州終報寨。「詔斥額勒登保縱賊，降三等伯爵。三年春，加耀始就擒，仍以藏事緩，奪爵職、花翎，予副都統銜，命赴陝西協剿襄匪高均德、姚之富、齊王氏等。會李全自蝥峗至藍田」，欲與教軍合，擊走之。（《清史稿》卷三四四《額勒登保傳》）二月，以慶霖為江寧將軍，吳省欽為左都御使。命內閣學士那彥成在軍機處學習行走。三月，襄陽教軍首領姚之富、齊王氏失援，遂跳崖死。齊王氏年僅二十二歲。明亮等又進剿高均德於兩岔河，教軍分逃商州、鎮安二地。（《清史稿》卷三四四《額勒登保傳》）又據載，此時乾隆帝已年邁氣衰，難以理事，「朝鮮使清臣向國王進聞見別單，略言：太上皇容貌氣力不甚衰老，而善忘比劇，昨日之事，今日輒忘；早間所行，晚或不省。故侍御左右，眩於舉行，而和珅之專擅，甚於前日，人皆側目，莫敢誰何。皇帝平居與臨朝，沈沒持重，喜怒不形，及開經筵，引接不倦，虛己聽受，故筵臣之敷奏文義者，俱得盡意。閣老劉墉之言，最多採納，皇上眷注，異於諸臣。蓋墉夙負朝野之望，為人正直，獨不阿附於和珅」（《清通鑒》卷一五五）。五月，德楞泰於五郎關擊敗教軍徐均德。「均德走寧羌、廣元，合龍紹周、冉文儔踞渠縣大神山，有眾二萬」。詔斥德楞泰，奪爵職，留副都統銜。（《清史稿》卷三四五《德楞泰傳》）又據《清史稿》卷三四四《勒保傳》，教首「王三槐犯大竹，分竄梁山、墊江、新寧，東奔開縣，亮工出為犄角，擊走之，斬其黨林定相。天德來援，敗之，擒其黨張洪鈞，天德奔新寧。三槐與冷天祿踞雲陽安樂坪，進圍之」。六月，諭令各路堵截教軍。略曰：「勒保係總統大員，所有陝楚各股賊匪，皆應通盤籌畫，悉心調度，豈得專管川省一路？而各省竄匪，聽各省自行剿辦，以致彼此各不相顧，東擊西竄，迄無成功。如此又安用總統

為耶？今將各路帶兵大員，為之分定責成。」（《清通鑑》卷一五五）七月，勒保誘捕教首王三槐。《清史稿》卷三四四《勒保傳》：「七月，誘三槐降，擒之，械送京師，詔晉封公爵。天祿盡有三槐之眾，負峴抗拒，圍攻久不下；黃號龍紹周、龔建、樊人傑來援，擊卻之。」八月，「以獲教匪王三槐功，晉勒保及和珅公爵，福長安侯爵」（《清史稿》卷一六《仁宗紀》）。九月，上奉太上皇木蘭秋獮還京。十月，清兵分三路圍剿教軍。先是，七月，德楞泰偕惠齡、恒瑞攻克大神山，教軍逃營山，躄之黃渡河。「均德中槍，逸入箕山坪，與羅其清合。箕山圍徑百餘里，三面陡絕，惟東南有路可通。徐天德、王登廷、樊人傑踞鳳凰寺，阻糧道，與為犄角」。八月，克鳳凰寺，教軍奔箕山，負固不下。十月克之。「其清退踞大鵬寨，額勒登保自閬中來會剿」。十一月教軍首領羅其清被擒獲。據史載，當月，教軍被圍急，「乘夜雨撲營。德楞泰偵知之，潛伏賊寨南門，梯而登，火其寨；額勒登保等亦襲破西門，殲其清父從國；合兵窮追，擒其清於巴州方山坪。復花翎。冉文儔竄踞東鄉麻壩，乘除夕大破之於通江」。（《清史稿》卷三四五《德楞泰傳》）。十二月，教首徐天德、冷天祿所率教軍，被圍於合州。

本年，泰州仲振奎以紅豆村樵名，著《紅樓夢》傳奇成；著《憐春閣》傳奇。

常熟瞿頡著《元圭記》傳奇。

常熟席世臣以掃葉山房名補刊顧嗣立舊所輯《元詩選癸集》，別為補遺一卷。

清河汪汲刊行所著包括《事物原會》、《詞名集解》、《宮調彙錄》、《樂府標源》等書的《古愚叢書》六十二卷。

陽湖孫星衍次所作為《岱南閣文稿》。

江陰金捧閶客孫星衍兗州官署中，著《客窗二筆》。

長洲蔣業晉刻所著《立厓詩鈔》七卷。

儀徵阮元輯《淮海英靈集》二十二卷成。

江西謝啓昆寓揚州，此年纂定所著《小學考》五十卷。

浙江章學誠在杭州續纂《史籍考》。

浙江吳騫在蘇州訪唐詩人顧況遺蹟，輯《清磬孤煙集》一卷。

安徽姚鼐在金陵作《峴亭記》，記瞻園后土阜築亭事；所編《五七言今體詩鈔》十八卷刊行。

吳縣黃丕烈得元刻《幽蘭居士東京夢華錄》。

嘉定錢坫官陝西武功，糾集地主武裝撲滅白蓮教，金匱錢詠以文誇述其事。

丹徒王文治遊杭，復還吳門，於綠天對雨廬跋所見文俶《卉草卷》。

江西吳嵩梁旅廣陵，作《揚州水亭懷古》。

直隸舒位離黔東還，作《沙坪》、《蕉溪》諸詩，冬至長沙。

四川張問陶爲泰州朱鶴年題《葦間沿緣之舫圖》。

武進管幹貞死，年六十五。

武進管世銘死，年六十一。

二月廿七日，大考翰詹諸員於正大光明殿，欽命題爲《征邪教疏》等，洪亮吉於疏中略謂：「欲以祈福，繼因受地方官挾制萬端，又以黔省苗氛不靖，派及數省，賦外加賦，橫求無藝，忿不思患，欲借起事以避禍。邪教起事之由如此」（《卷施閣集》文甲集卷第十）。主張脅從宜貸，吏治宜肅，「今日州縣之惡百倍於十年、二十年以前，上敢隳天子之法，下敢竭百姓之資，以臣所聞，湖北之宜昌，四川之達州，雖稍有邪教，然民皆保身家、戀妻子，不敢犯法也。州縣官既不能消靡化導於前，及事有萌蘖，即借邪教之名，把持之，誅求之，不逼至於爲賊不止。臣請凡邪教所起之地，必究其激變與否與起釁之由，而分別懲治之，或以爲事當從緩。然此輩實不可一日姑容，明示創懲，既可舒萬姓之冤，亦可塞邪民之口。蓋今日州縣，其罪有三：凡朝廷捐賑撫恤之項，中飽於有司，皆聲言塡補虧空，是上恩不下逮。一也；無事則蝕糧冒餉，有事則避罪就功，州縣以蒙其府道，府道以蒙其督撫，甚至督撫即以蒙皇上，是使下情不上達。二也；有功則長隨幕友皆得冒之，失事則掩取遷流顛踣於道之良民以塞責。然此實不止州縣，封疆之大吏、統率之將弁皆公然行之，安怪州縣之效尤乎？三也。」（《卷施閣集》文甲集卷第十）。「於疏內力陳內外弊政，至數千言，情詞剴切。閱卷者皆動色，初擬二等前列，旋置三等二名」（《洪北江先生年譜》）。

六月九日爲明詩人李東陽（字賓之，號西涯，茶陵人）生日。法式善所居積水潭，乃李東陽故居。是日，招集翁方綱、羅聘、趙懷玉諸人，同集於此。「約拜公生朝」、「幾於傾日來」。（《六月九日李茶陵生日也，積水潭爲西涯舊址，伍堯祭酒法式善招同人集焉，詩以紀事》，《亦有生齋集》詩卷一六）

焦循年三十六，省試過後，題曰：「榜發，若得解，自此碌碌。明春北上，

何暇讀書？以此一載工夫，當增學問幾何？」落榜後，又題曰：「省試被落，緣此可以潛居讀書。《毛詩》久欲窮究之，因日間刪訂所撰《草木鳥獸蟲魚釋》及《詩地理釋》兩書，晚間燈下衡寫毛、鄭、孔之義，偶抽得《齊風》，乃自此本起。」（《焦理堂先生年譜》）

　　阮元三十五歲，修《淮海英靈集》成，注釋《曾子》十篇亦成。又成《經籍纂詁》一百六十卷。錢大昕爲之作序。（《雷塘菴主弟子記》卷一）

【本事】元旦賦詩，稱筋骨尚健，欲探訪東南山水勝景。

　　《戊午元旦》：「古稀過又兩年期，望闕朝衫歲一披。世事漸如雞肋味，詩情猶剩虎頭癡。流年老幸春還到，晚運衰非力可支。差喜筋骸麤健在，東南山水擬探奇。」（《甌北集》卷四〇）

　　《蔣母陳太恭人七十壽詩》（《甌北集》卷四〇）寫於此後。

春二月間，出遊蘇州，寓虎丘懷杜閣後樓，遊覽網師園諸名勝，受李曉村太守熱情款待，與舊雨新知、後輩書生先後過從。

　　《春仲出行》：「嫩黃新柳未成陰，幾日春風綠滿林。絕似元繒三入後，一番加染一番深。」「白是東風引綺羅，撩人春色不須多。一枝紅杏出牆見，便有少年攜酒過。」（《甌北集》卷四〇）

　　《述菴司寇、竹汀宮詹過懷杜閣寓齋小集》：「舊雨一朝集，欣聯李郭舟。若非憑勝地，安得召名流。幸脫龍蛇厄，同爲笠屐遊。山塘人已說，好作畫圖留。」「館閣青雲契，林泉白髮年。相逢非偶爾，欲別輒淒然。況是鶯花地，而當櫻筍筵。一尊同話舊，能不重流連。」（《甌北集》卷四〇）

　　《曉村太守連日宴客於三賢祠，余以寓客屢作座賓，賦詩志雅》：「名園改築古賢祠，太守風流集履綦。肯與前人圖不朽，必非俗吏所能爲。習池此日多遊蹟，峴首他年有去思。早是與民同樂意，不言已遍路人知。」「地主翻教作座賓，僦居已是授廛民。屢陪上巳流觴宴，幾比中書伴食人。扣砌日烘花拆甲，舣船風過酒生鱗。浣花故事眞重見，嚴尹移廚到水濱。」（《甌北集》卷四〇）

　　《吳下諸生聞余至，多以詩來謁，頗費應酬，率賦》：「偶此成流寓，何期戶屢盈。我慚無實學，人尚愛虛名。豈有傳衣付，殊勞倒屣迎。此邦風氣好，前輩肯心傾。」「枉將心力泥風騷，湖海生平氣本豪。功業老難投袂起，聲名古且鑿坏逃。人能不朽方爲壽，俗有相知尚未高。慚愧蕭蕭雙白鬢，猶將鼛悅動時髦。」（《甌北集》卷四〇）

此時另有《至蘇州寓懷杜閣後樓即事》、《去歲偉兒就醫，寓舍在伍相國祠東，今來過此，泫然有作》、《遊網師園贈主人瞿遠村》、《族兄者庭八十壽詩》、《題印淞汀同年隱几觀書遺照》、《瘦銅子孝彥來見，泫然有作》、《題單竹軒山水知音圖》、《題短簿祠》、《題錢嶼田林屋夜遊圖，兼呈尊人竹汀宮詹前輩》、《三月十日，寓齋前牡丹才試一花，次日半開者數朵。十二日，曉村太守宴東浦藩伯、湛露廉使、柳亭觀察於此，則百朵競放矣。以後士女遊觀，連日雜遝，雜記以詩》、《三賢祠成，皆曉村之力。詩酒遊宴，足繼前輩風流，洵虎丘佳話也，再作詩以諗後人》、《春蘭禁體和呂叔訥廣文》、《將別寓樓題壁》、《題瞿花農洞庭泛月圖》（《甌北集》卷四〇）諸詩。

【按】瞿遠村，即瞿兆騤（1741～1808），字乘六，自號遠村，江蘇嘉定人。與潘奕雋交往較頻繁，見《三松堂集》詩集卷一〇、卷一三、卷一四。潘奕雋《瞿君遠村墓誌銘》曰：「君諱兆騤，字乘六，自號遠村。姓瞿氏，先世仕宋，扈從南渡，居上海之下沙里。數傳至慕雲公，於洪武初居嘉定之高橋鎮，是為嘉定始遷祖。又數傳至東周公，力行善事，設黃浦義渡濟人。事載《嘉定縣志》者，君之高祖也，授修職郎，安徽和州學正。諱有恒者，君之曾祖也，贈朝議大夫。諱大定者，君之祖也，封奉政大夫，晉朝議大夫。諱連璧，字學南者，君之考也。學南公始自嘉定遷居蘇州，今入籍為長洲縣人。有丈夫子三，君居長。少抱偉器，持重若成人，讀書能領大意，長尤勤敏。學南公家本儒素，時更中落，君年十五，廢書歎曰：『凡為學者，學為孝弟也。今視吾父之辛勤而不能分任，所謂服勞之義安在乎？吾將從端木氏遊矣。』遂以誦讀期之兩弟，隨學南公晨夕持籌握算，學南公倚之如左右手。中歲交遊日廣，酬應日繁。君智慮周密，纖悉皆中節，不貽學南公憂，議敍以知府用，親友或勸之謁選，而君以戲彩為歡，不以捧檄為樂也。學南公既卒，弟塘、兆麟皆筮仕於外，君為之代理家事，有無緩急，未嘗歧視季弟。兆麟自安徽歸，生計日絀，君彌縫調劑，鶺令急難之誼，里黨至今稱之。其自奉也廉，其與人交也信，其任恤姻黨也周。其教諸子也，期以遠大，而尤以孝弟禮讓為先。晚歲，於城南得宋氏網師園故址，經營締構，又於白堤營別墅，顏曰『抱綠漁莊』。水竹環繞，亭館幽靚，一樹一石，皆手自位置。君雖年逾花甲，精力彊固，須鬢黝黑如四十許人。春秋佳日，延故鄉戚友王西沚光祿、錢竹汀宮詹及吳中諸朋友遊燕其中，或有吟諷，

必以紙索書裝成卷冊，披覽什襲以爲樂。識者愛其性之雅，尤歎其才之優，以爲過於人遠也。嘉慶十三年十一月十七日遘疾卒，春秋六十有八。子五人：中泌，昭文縣訓導，候補光祿寺典簿，先卒。中滋，候補鹽場大使。中瀚，浙江候補同知。中灝、中培。女五人，婿彭希鄭，禮部儀制司郎中；戈鈺，國學生；蔣光庭，候補州吏目；趙宗瑛，候補指揮；汪承詔。孫四人：樹基、樹敏、樹墉、樹勳。孫女七人。於嘉慶十七年月日葬於吳縣十二都七圖北比字圩，蓋自築生壙也。將葬，中滋等來請銘，昔學南公之葬也，竹汀詹事爲志其墓，稱爲厚德篤行之君子。余之文不逮詹事之足以傳後，而君之行則固無忝所生者矣。」（《三松堂集》文集卷四）

網師園，《（同治）蘇州府志》卷四六謂：「網師園在葑門內闊階頭巷，宋廉訪宗元所居，彭啓豐有說，後歸太倉瞿氏。錢大昕、褚廷璋皆有記。同治中，歸李廉訪鴻裔，易名曰蘇東鄰。」並引錢大昕《網師園記》云云。王昶《瞿遠邨兆騤招飲輞師園》詩謂：「城西遊宴又城東，折簡招來上客同。筍屐籃輿分路到，梅坪竹塢傍橋通。輞師宅第今猶昔，詹事文章老更工。錢曉徵宮詹作記。酒罷長廊還散步，摩挲寶刻興無窮。壁上刻劉石菴冢宰詩。」（《春融堂集》卷二二）《浪蹟續談》卷一《瞿園》條謂：「蘇州之瞿園，即宋氏網師園故址，後歸嘉定瞿遠村，復增築之。園中結構極佳，而門外途徑極窄，陶文毅公最所不喜，蓋其築園之初心，即藉此以避大官之輿從也。余在蘇藩任內，曾招潘吾亭、陳芝楣、吳棣華、朱蘭坡、卓海帆、謝椒石在園中看芍藥。其西數十步即沈歸愚先生舊廬，嘗約同人以詩紀之，且擬繪圖以張其事，而遷延不果作此。數君子皆老斲輪，果皆有詩必可以傳，今則如摶沙，一散不可聚矣。越十餘年重到，爲之慨然。」《履園叢話》卷二〇《瞿園》條謂：「瞿園即宋氏網師園故址，嘉定瞿遠村氏增築之，其西數十步即前大宗伯沈歸愚先生舊宅也。嘉慶戊寅四月，余嘗同范芝岩、潘榕臯、吳槐江諸先生看園中芍藥，其花之盛，可與揚州尺五樓相埒。范有詩云：『看花車馬聲如沸，誰問尚書舊第來。』今又歸天都吳氏矣。」

趙者庭，即趙土槐，見本譜乾隆五十三年考述。

印淞汀，或作印松亭，即印憲曾。字昭服，寶山縣人。《國朝御史題名》：「印憲曾，字昭服，號松汀，江蘇寶山縣人。乾隆辛未進士，由刑

部郎中考選浙江道御史，轉工科給事中，吏科掌印，寧紹臺道。」王元啓《觀察印淞汀像贊並序》：「《韓子・原道篇》謂，道德必合仁義言之，自孟子後無人敢作此語，而後儒學孟子者反譏之。其《答侯生書》以『反身而誠』釋聖人踐形之義，自周子《通書》未出以前無人能作此語，而後儒學周子者又往往於韓子多微辭。竊謂善學孟、周者，無如伊川、程子。伊川於漢後諸儒皆不滿，獨不敢苟疵韓子，謂韓子晚年文字非可易視，蓋其所契者深矣。余幼讀韓文，見後儒妄肆譏評，心竊非之。研求五十餘年，始知韓子之學上承孟子、下開周子者如是。嘗竊著《讀韓記疑》一書，藏諸篋衍，未嘗敢以示人。乙巳夏，旅蹟四明，得同年印淞汀觀察手評《韓文考異》之作，其核正前人之謬，往往與鄙見相符，因爲竊取數條用補拙著《記疑》之所未及。會其子以君讀書小像屬題，乃爲贊曰：『說始論學，六經中論學之語自說命始。首先遜志。孟沒千年，韓實繼起。昧儒罔覺，率口肆詆。韓注論語，不敢過求。君師其意，涵泳優游。吐棄滓粕，咀彼膏油。吾題君像，不及其他。一縑永日，俯仰嘯歌。表君遜志，用詔學者。者字從吳才老讀。」（《祇平居士集》卷二九）

姚鼐《印松亭家傳》：「印君諱憲曾，字昭服，寶山縣人也。祖曰輯瑞，考曰克仁。克仁無子，其弟廣西太平府知府光任生君，以君爲之後。中乾隆十五年順天鄉試舉人，次年成進士，分發廣東爲翁源知縣，以能吏稱，其後內擢，補吏部稽勳司員外郎，三擢至吏科給事中。京察一等。乾隆四十六年命爲浙江寧紹臺兵備道。其在寧紹凡八年，嘗修海寧石塘，有功。榷海關，盡去苛徵，商民喜之。寧紹歲造戰船，以樟木爲材，君採購，嚴禁吏蠹，毋擾於民，而公事修辦。大計列一等，當擢，而君疾引歸，數月而卒。年七十一。君爲人孝弟慈仁，其在京師，遭本生父母喪，哀甚，見者不能與言也。平居和易愛人，人樂親之。交友，鄉里至都，居君寓舍常滿。有求索者，必應事。有就君謀者，必盡其慮。及君外任，則求君者益廣。君意常若有歉於人者然，故求者雖頻數，不以自沮。其處內外職，屢治刑獄，而意一出於慈仁矜全，多賴以生者。鼐與君及泰州侍庶常朝，皆以鄉試同年相知。侍君負氣疾惡，同年生多遭誚責，然獨重君。嘗謂鼐：『印君眞長者也。』其後庶常沒於京師，君視其棺殮尤備。君生平寡欲，獨好鼓琴，晚而自號松亭云。子三：曰鴻經、鴻緒、鴻緯。君居官爲政之詳，錢辛楣少詹事已爲志墓具之，鼐更以所

知者爲傳，以授其子焉。」（《惜抱軒全集》文集卷一〇）。

甌北《題印淞汀同年隱几觀書遺照》詩「按部威名接柏臺」句下注曰：「君由御史觀察浙東」，與姚鼐所述相合，當即此人。松亭乾隆十五年順天鄉試舉人，甌北亦於本年應順天鄉試，被取爲第二十一名。可知，所謂「同年」，乃指的是鄉試同年。此人《清代人物生卒年表》未予收錄。

張孝彥，張塤子。

單竹軒，即單渠（1752～1819）。張雲璈《候補治中竹軒單君墓誌銘》：「君姓單，諱渠，字濚延，竹軒其自號也。單氏固周室卿士，成王封蔑於單，故爲單氏。其後繁衍，散在天下。元明間有敬一者，始占籍蕭然山下，是爲君之始祖，遂世爲蕭山人。子道，洪武間上書改魚鱗冊爲四柱，稱旨，詔爲定式，又剙造牛車運水之法，天下便之。二事載在《省志》。十三傳而至君考叔則公，諱如楷，爲東諸侯客，羔雁之來，不脛而走，以君弟澐貴，誥封中議大夫，江南徐州道。配胡太淑人，生丈夫子五，君其仲也。早歲補弟子員，弱冠即囊筆遊公卿間，精申、韓之學，而持以平，往往平反大獄，聲稱藉甚，天下無不知有小單先生者，蓋繼君考而有是稱也。歷在山左皖城、吳門、白下各幕府，垂三十年，如康茂園河帥、汪稼門制府、奇麗川中丞、馬朗山制府、長牧菴相國、陳東浦方伯、熊謙山侍郎，皆賓主最久，相契重。興除利弊，恒恃君爲轉移，言無不從，政無不舉。以故，諸巨公外施民惠、內結主知，天下同聲稱賢督撫監司，皆君贊襄之力也。以議敍得兩淮鹽運判官，累權南北監掣事。勘丈沙地，清釐積案，所至有聲。癸亥冬，有轉餉四川之役。君弟潼適膺是選，時方抱恙疲癃，又當軍興之際，道路崎嶇，君慮弟之不克任此也，又不敢蹈規避之愆，乃毅然請行，以代弟，上游義之。水陸萬餘里，備嘗艱苦，人以爲難。《兩淮鹽志》不修閱四十餘年矣，鹺使佶公山欲舉其事而節經費，乃分官、商二局，商任自爲，官則派員分司其事，以君爲總纂，奏限二年。君嘗陳其不便，鹺使不聽。予時方自楚歸，君相邀佐理，而私謂予曰：『此書恐未易猝辦也。』屆期果費巨，而書不成，復奏展一年。今中丞曾賓谷先生時爲都轉，廉其實乃悉反舊議，以君與總校宓君惟欽司局事，而別延予與王博士芑孫合官、商而專其成。君與予意見脗合，有請於都轉，無掣其肘者，半年而功竣，人始服君先見。將內遷，治中以胡太淑人春秋高，陳情乞養，寓於吳，奉晨昏者十餘年，

忽右足不良於行，然無他苦。去年冬，予自湘潭告歸，道出吳門，訪君於金獅巷寓第，見君陽氣滿大宅，意氣言論無減平時。今年四月，予往揚州，約歸時再晤，比歸，而君先一月長逝矣。實嘉慶己卯閏四月八日也，年六十有八。予在志局三年，晨夕與君見，知君盤盤大才，大府有束手事必屬君，而君從容料理，若不知其難者。喜吟詠，蜀中之行，懷今弔古，稿束如筍。君雖名滿天下，實未竟其用，大受而小知，識者惜之。且太淑人在養，白華之職未終，尤君之沒，而猶視者也。元配何恭人，早卒。繼岑恭人，簉室四，子十，女六、孫四，諸公子官近省者多，易簀環侍不少一人，咸謂君福德所致云。當往蜀也，有婁君惟善與偕。一日宿華陰，婁夢遊廟中，見一僧趺坐，諦視之君也，心訝焉。恍惚間見几上一偈，有『願同舍利子，一百八回圓』之句，憬然而寤，以告君。君笑曰：『此往返程期之數也。』後果然。彼佛氏所云夙根之具者，其信然歟？孤子鴻圖等將以某年月日歸葬於本邑張皇封尖之陽，而先期來乞銘。予不獲辭，銘曰：天驥之才，蹀躞千里。乃其展足，及半已止。又如五石瓠，而受一石水。君之年未中壽，君之賢未蒙祐。我交於君，心實相傾，十年縞紵，僅視此銘，不爲虛辭，不務美名。吾以用吾情。」（《簡松草堂詩文集》文集卷一）

單氏《山水知音圖》，一時題詠者甚眾。如舒位有《單竹軒治中屬題山水知音圖》，見《瓶水齋詩集》卷一三；張雲璈有《山水知音圖爲單二竹軒題》，見《簡松草堂詩文集》詩集卷二〇；樂鈞有《題單竹軒運判渠山水知音圖》，見《青芝山館詩集》卷一二；姚文田有《題單二渠山水知音圖》，見《邃雅堂集》卷九。

錢疁田，即錢東塾，錢大昕子。《歷代畫史彙傳》卷一八謂：「錢東塾，字學韓，號疁田，嘉定人，宮詹大昕子，邑生，爲廣文，圖繪韶秀，超然塵外，工書，分隸傳家學。」《國朝書人輯略》卷八曰：「錢東塾，字學仲，號東橋，自號石丈，江蘇嘉定人。竹汀宮詹次子。好書畫，尤喜寫山水，書工分隸，樸茂得漢人氣息，晚年俱不輕作。」《林屋夜遊圖》，當時題詠者尚有陳文述《題林屋夜遊圖》，見《頤道堂集》外集卷一〇；洪亮吉《錢少詹大昕林屋夜遊圖》，見《卷施閣集》詩卷一九；潘奕雋《林屋夜遊圖爲錢子梟上舍》，見《三松堂集》詩集卷一二。

呂叔訥廣文，即呂星垣（1753～1821），字叔訥，號湘皐，又號映薇，

江蘇武進人。《蒲褐山房詩話》：「呂星垣，字叔訥，武進人，貢生，官新陽縣訓導，有《白雲草堂詩》。」《歷代畫史彙傳》卷四四：「呂星垣，字叔訥，武進明經，爲直隸贊皇知縣，花卉學徐渭，工詩詞。」錢泳《春噓、叔訥兩明府》謂：「呂叔訥，名星垣，爲毘陵七子之一，國初呂殿撰宮之後也。以明經官海州學正，得保舉爲直隸邯鄲縣知縣。余戲寄一詩云：『自笑書生骨相寒，出門何處是邯鄲。早知富貴原如夢，誰肯將來作夢看。愁緒苦長鬢髮短，功名容易別離難。君家老祖如還在，爲我先求換骨丹。』叔訥著書甚富，尤長於詞曲。嘉慶已卯萬壽，嘗塡《康衢新樂府》傳奇，爲世所稱。」（《履園叢話》卷六）朱珪《題黃仲則遺稿》：「予聞常州有四才子之目，曰洪北江亮吉、黃仲則景仁、呂叔訥星垣、孫季仇星衍，其鄉人假藉以爲伯仲叔季云。」（《知足齋集》詩集卷一四）法式善《呂叔訥星垣廣文》詩謂：「我昔逢君賣酒市，醉後罵人不識字。手攜殘稿扣我門，衣間時帶秋雲痕。詩人海內從頭數，眼中只有洪稚存與孫淵如。一別長安今廿載，聞說疎狂猶未改。」（《存素堂詩初集錄存》卷十六）錢維喬《贈呂甥叔訥》謂：「燕颷風勁木蕭騷，感遇三多首漫搔。游了盤惟求苜蓿，才人筆偶賦櫻桃。甥有芸閣賦，爲歌童作也。丹青重灑羊曇淚，予偕甥遊琉璃廠，購得先文敏兄畫一幀。霜雪偏縈須賈袍。甥所衣裘，自云塞上故人所寄。珍重歲寒生計好，得歸免使倚閭勞。」（《竹初詩文鈔》詩鈔卷一四）

瞿花農，即瞿應謙。潘奕雋《送瞿花農運判之官浙中》詩謂：「此日湘江上，猶聞竹馬謳。君前通守湖南。新輝分贊治，轉運待持籌。江白濤聲震，湖平嵐翠浮。因君動遊興，春到欲移舟。」（《三松堂集》詩集卷一七）舒位《漢皋錄別圖爲瞿花農別駕題》三首謂：「此柳依依惜此筵，丹青引裏又雲煙。忽忽閏過花生日，六十年來十六年。圖爲王蓬心太守所寫，是乾隆六十年乙卯閏二月花農於役武昌時也。距今嘉慶庚午恰十六年。」「酸咸滋味別離時，玉笛梅花豈夢思。定有滄江虹貫月，二王書畫況題詩。謂蓬心、夢樓兩先生。」「如是湖山畫更難，朝朝拄笏等閒看。不須拋得杭州去，只有東坡作此官。花農方以鹽運分司改官別駕，需次杭州。」（《瓶水齋詩集》卷一四）其生平事蹟略見一斑。《洞庭泛月圖》，潘奕雋有【水調歌頭】〈王蓬心洞庭泛月圖爲瞿花農題〉，見《三松堂集》詩集卷一九《水雲詞一》；秦瀛有《爲瞿花農題洞庭泛月圖用杜韻》，見《小峴山人集》詩集卷二二；王

文治有《洞庭泛月圖歌爲瞿花農作》，見《夢樓詩集》卷二二；吳鼐有《題瞿花農洞庭泛月圖，即送其之官杭州》，見《吳學士詩文集》詩集卷二七；楊芳燦有《瞿花農洞庭泛月圖記》，見《芙蓉山館全集》文鈔卷一。

短簿祠，《欽定大清一統志》卷五五《蘇州府二》謂：「短簿祠，在元和縣虎邱山麓。《虎邱山志》：東山廟，在虎邱山門東嶺上，祀晉司徒王珣，名短簿祠。又立西山廟於西，祠珣弟司空瑉。今居民祀爲土神。乾隆二十二年翠華南巡，御製雜詠吳下古蹟，有《短簿祠》詩。」

旅途之中，仍手把一卷，讀史思今，感時傷事。

《讀史》：「盜起開元后，渠殲正德中。古今多變局，天地少全功。未事幾誰覺，臨危力已窮。陳編供閱歷，愁對一燈紅。」（《甌北集》卷四〇）

【按】乾隆帝曾御製《十全記》，令繕寫滿漢四體字，建蓋碑亭，以昭武功，並自稱「十全老人」。甌北此詩卻謂「古今多變局，天地少全功」，似有言外之意。

三月末，往遊杭州，得與同年謝蘊山啟昆相聚。

《杭州晤同年謝蘊山藩伯》：「汾晉移旌僅一年，重來浙土奏句宣。帝期東海長無警，公與西湖夙有緣。杭越總歸千廈庇，白蘇僅以兩堤傳。早聞力挽頹風處，先凜冰霜素節堅。」「退衙無事擁牙籤，補史亭前畫下簾。不擇地知文思湧，無堅城爲筆鋒銛。名高應並湖山久，才大何妨嘯詠兼。勳業文章都占盡，使君毋乃取傷廉。」（《甌北集》卷四〇）

【按】甌北遊蘇州詩有《三月十日，寓齋前牡丹才試一花，次日半開者數朵。十二日，曉村太守宴東浦藩伯、湛露廉使、柳亭觀察於此，則百朵競放矣。以後士女遊觀，連日雜遝，雜記以詩》（《甌北集》卷四〇）一首，知其在此地逗留較久，此後又多有應酬。據此，知甌北來杭，不會早於三月末。姚鼐《廣西巡撫謝公墓誌銘》（《廣清碑傳集》卷九），謂其由「山西布政使，調浙江布政使」，未注明具體時間。甌北詩謂「汾晉移旌僅一年，重來浙土奏句宣」，爲瞭解謝氏遊宦經歷提供了佐證。甌北謂：「早聞力挽頹風處，先凜冰霜素節堅」，與姚文所稱「公持身廉潔，而智慧究郡縣利弊之多寡，立法以其贏絀相補。任使盡其能，操縱當其時，故所蒞不數年，無造怨於吏民，而能完久虧之額」，亦相合。姚文又曰：「士謂公文學、吏治蓋兼存於其中焉」，甌北詩「勳業文章都占盡」云云，又與之相符。可見，史家之詩，無虛言也。

同年馮星石應榴補注蘇詩，七年乃成。甌北大為感佩，題詩見意。

《題星石夢蘇草堂圖，時著蘇詩合注已成》：「我家顧塘橋，坡公上仙地。乘雲或來歸，乃不我一詣。翻訪大馮君，千里到幽薊。我賤君方貴，頗疑坡勢利。豈知君與坡，千載有獨契。眉山詩一編，箋疏良不易。一在援舊典，一在考時事。景盧但博觀，放翁亦引避。辛苦王梅溪，集注尚未備。施本稍後出，綿津加補綴。近時初白翁，精心更排次。我嘗靜披尋，似已無遺議。君也讀書多，一覽見疵纇。遂獨出手眼，訂訛辨同異。大節據長編，瑣聞摭稗記。事參百家集，地考十道志。羽衣會何人，洞簫客何字。巢痕憶故官，綠衣嘲下吏。漏必簡蠹搜，誤輒芻狗棄。如睹局中身，並及言外意。想當五夜披，青熒一燈矱。神光離合間，不覺接夢寐。匪特君精誠，感通力能致。實亦坡靈爽，欲以不朽寄。七年果訖功，真面廬山出。奎宿在絳霄，固應鑒勞勤。君今買草堂，恰傍西湖涘。坡昔遊宦鄉，歲或一再至。我當來從君，襆被同床睡。庶藉介紹殷，得聆緒論秘。又恐成各夢，弗獲捧杖侍。」（《甌北集》卷四〇）

另有《晤同年馮星石》、《蘊山招同星石湖舫遊宴》（《甌北集》卷四〇）二詩。

【按】馮星石，即馮應榴（1740～1800）。

《國朝御史題名》：「（乾隆四十五年）馮應榴，字星實，浙江桐鄉縣人。乾隆辛巳進士，由吏部郎中考選山東道御史，升鴻臚寺，江西布政使，降補吏部郎中。」「（乾隆五十三年）馮應榴，字星實，再由吏部郎中考選江南道御史。」

《蒲褐山房詩話》：「馮應榴，字星實，桐鄉人，乾隆二十六年進士，官至鴻臚寺卿。」

《國朝詩人徵略》卷三八：「馮應榴，字星實，浙江桐鄉人。乾隆二十六年進士，官鴻臚寺卿。星實英敏豁達，有干濟才，既以江西布政使罷歸，益肆力於典籍。尊人養吾侍御注李玉溪詩最為精贍，君師其意，以蘇文忠公詩注疏舛尚多，遂取王梅溪、施輔之、查初白諸本合抄之，以考其是非得失。所采正史而外，凡叢書脞說可證據者，靡不搜討。（《湖海詩傳》）星實先生沈酣於東坡詩者有年，又得宋槧五家注、元槧百家注舊本，參以施注殘本，稽其同異而辨證之。竊謂王本長於徵引故實，施本長於臧否人倫，查本詳於考證地里，先生則彙三家之長而於古典之沿

訛者正之，唱酬之失考者補之，輿圖之名同實異者核之，以及友朋商榷之言，亦必標舉姓氏，其虛懷集益又如此。合注出，而讀蘇詩者可以得所折衷矣。(《潛研堂文集》)」

翁方綱《夢蘇草堂歌爲馮星石少卿賦》謂：「馮公與我同所師，枕葃蘇集忘朝饑。眼穿萬古作合注，直追施宿與顧禧。八注十注不可見，五車四庫來交馳。星宿歸源海洩委，細分脈縷窮豪釐。昔人圭景測未及，親覿庭戶堂與基。忽焉簾開儼公至，風馭笠屐雲披披。平生下拜費想像，到此始覿眞鬚眉。覺來扣我蘇齋戶，會心一語匡解頤。指我齋中壁間軸，笑拈夢裏光合離。我知君夢乃非夢，是有眞見非尋思。又云偕來潁濱叟，四海知己更有誰。看君眼食坐立處，合眼悉是蘇公詩。君猶謙沖不自是，潁濱亦笑爾我癡。急爲君書擘窠字，月圓電轉神光隨。視我案頭顧施注，待君訂闕還辨疑。了了眞境篆香起，嫋嫋石銚茶煙時。明年雪後此注就，此堂此酒同一巵。草窗弟子莫漫擬，荻溪一曲歌瓊枝。明荻溪王錡號夢蘇道人。」(《復初齋詩集》卷四一)

《甌北詩話》卷五述及蘇軾詩文註疏本梓行，謂：「近時查初白及吾友馮星石鴻臚，又有《補注》、《合注》之刻，則又皆於施注之外，援據宋人雜說傳記以增訂之，更足與施注互相發明也。」

遊西湖諸勝景，蘊山具舟遊湖，錢塘蔣新次明府具輿馬遊靈隱、天竺，青年詩人吳蘭雪嵩梁從遊數日。

《西湖寓樓即事》(八首)之二：「虎丘遊罷虎林遊，人巧天工各擅優。黃篾酒樓青篛舫，西湖可惜不蘇州。」之四：「散人漫說厭官場，措大清遊只裹糧。何一不資官力辦，陸行輿馬水舟航。」之六：「年少吳郎絕妙詞，相逢眞恨十年遲。瀟瀟暮雨催人別，腸斷西泠是路歧。」(《甌北集》卷四〇)

此時另有《禁體詠西湖》、《吳江舟次，忽夢見偉兒，惝怳間又有傳其泛海去者，不覺心痛如割》(《甌北集》卷四〇)諸詩。

【按】《西湖寓樓即事》詩「陸行輿馬水舟航」句後注曰：「蘊山方伯具舟遊湖，次日錢塘蔣新次明府具輿馬遊靈隱、天竺諸勝」，「腸斷西泠是路歧」句後注曰：「吳蘭雪年少奇才，同遊數日。」吳嵩梁《蘇潭丈招同馮星實方伯、趙甌北觀察西湖讌集》：「連宵微雨釀清和，天氣新晴試薄羅。一桁欄干臨水活，六朝楊柳受風多。雲山只合仙官領，士女爭迎畫舫過。紅袖隔花聞細雨，座中今日有東坡。」「茶具漁蓑在小舟，園林重與約清

游。雪將山翠都侵酒，人與花枝共入樓。後日笑談成掌故，先生餔啜亦風流。便教摹上新團扇，紗帽依然對水鷗。」(《香蘇山館詩集》「今體詩鈔」卷三)吳嵩梁(1766～1834)，《蒲褐山房詩話》:「吳嵩梁，字子山，號蘭雪，東鄉人。嘉慶五年舉人，候補國子監博士。有《香蘇山館詩集》。」「西江自明以來稱詩者眾，而無卓然傑出號大家者。予嘗以語蘭雪，蘭雪深以爲然。今自蔣苕生後二十餘年，蘭雪繼之。予兩至南昌，故才人多在門下，如雲衣、照南、修之三吳，咸以詩名當世，而蘭雪實爲巨擘。詩如天風海濤，蒼蒼浪浪，足以推到一世豪傑。每閱數年，輒來三泖漁莊省視，故錄其詩較多。」

《國朝詩人徵略二編》卷五二:「吳嵩梁，字子山，號蘭雪，江西東鄉人。嘉慶五年舉人，官黔西州知州，有《香蘇山館詩鈔》。子山年未三十，挾其行卷遊吳越間，皆拱手斂袵，莫與抗行。及以公車入京師，士大夫推服亦如之。需次補國子監博士。(《香蘇山館詩鈔序》，王昶撰)蘭雪應禮部試畢，輒就余議論詩教之盛衰、文章之正變。而蘭雪又報罷。(《香蘇山館詩鈔序》，法式善撰)蘭雪與海內賢豪定交，其名益盛。顧屢躓春闈，乃以博士改官中書。(《香蘇山館詩鈔序》，葉紹本撰)蘭雪浮沈國學及內閣者二十年，今逾六十，曾不得一行其志。(《香蘇山館詩鈔序》，姚瑩撰)庚寅余入都晤賓谷先生，問蘭雪行止。先生笑曰:『忽然官興發作，語本蔣九種曲，往貴州爲知州矣。』蓋蘭雪由中書入貲，改知州，補黔西州。後卒於任。(《松心隨筆》)袁簡齋枚曰:『蘭雪詩能放能收，可華可樸。』王蘭泉昶曰:『西江自蔣苕生後，蘭雪繼之。』王夢樓文治曰:『袁子才似琵琶，吳蘭雪似鐵笛。』洪稚存亮吉曰:『蘭雪詩珠光七分，劍氣三分;吾詩劍氣七分，珠光三分。』曾賓谷燠曰:『香蘇山館之詩作者，其有憂患乎?雨苦之夜，華月自出;霜濃之晨，奇花大開。』蘭雪晚年，都中人目其詩集爲有韻搢紳。(《松心隨筆》)蘭雪少時美風儀，善談論，翁覃溪先生督學江西，賞其詩，目爲射鵰手，由是詩名頓起。當時江浙諸老宏獎風流，未免譽過其實，然去其應酬浮泛之作，取其內心結撰之篇，則雖不及蔣心餘、黃仲則，而在數十年來詩家中，固卓然傑出者矣。(《聽松廬詩話》)」

《靈芬館詩話》詩話卷一一:「吾友吳蘭雪嵩梁，詩筆清華，一時罕麗，聞甚工爲詞，然未之見。樂蓮裳《耳食錄》中見其『簾外桃花紅，

奈何春風吹又多』之句，金荃之亞也。」

洪亮吉《吳嵩梁建昌》：「一疏居然動聖明，同時申救少公卿。窮荒天許重磨盾，請室心猶望洗兵。正氣三更銷鬼焰，邊愁萬里入笳聲。孤臣垂死恩難報，不願人傳敢諫名。」「春風吹入玉門關，天上金雞詔特頒。五月雷聲傾雪水，一梯雲影度冰山。神魚擁甲隨潮滿，龍馬如人立仗閒。留得新詩光萬丈，夜郎爭看謫仙還。」（《更生齋集》詩卷一）

翁方綱《贈吳生嵩梁》：「百五人中補此人，通省選拔一百五人。始知盧嶽最嶙峋。蓮洋得體他年喻，迦葉拈花現在因。鳥自相求能感氣，鶴元不病更清眞。生有《病鶴賦》。煩君一吸西江水，莫放坡詩百態新。」（《復初齋詩集》卷三八）

《竹葉亭雜記》（卷五）：「吳中翰蘭雪說吾鄉劉孟塗開在江西與同學數人論道統，中有兩人論不合，繼而相詈，繼而揮拳。……或謂論詩不合而至於搏，猶不失前輩風流，若論道統、誇世族至於相搏，殆未可以風流目之也。」

四月，回至蘇州，王仲瞿曇以所得梁時所製觀世音銅像來求題。甌北考其來歷，並題詩。

《梁製觀世音像歌》詩略曰：「王君仲瞿其名曇，前身當自彌勒龕。購得古觀世音像，身被繡襪頭翹簪。款鑴天監二年造，昭明太子歲正三。年深色黯質未改，但是斑駁非縷褪。惜哉王君愛塗飾，重與莊嚴失古色。添得黃金一百銖，論價翻輸舊時直。幸渠色新制自古，猶是六朝人手蹟。」（《甌北集》卷四〇）

【按】王曇（1760～1817），又名良士，字仲瞿，浙江秀水人。乾隆五十九年舉人，「左都御使某公與大學士和珅有連，然非闇於機者，窺和珅且敗，不能決然舍去，不得已乃托於駿顚。川、楚匪起，疏軍事，則薦其門生王曇能作掌中雷，落萬夫膽。自珅之誅也，新政肅然，比珅者皆詔獄緣坐。某公既先以言事駿避官，保躬林泉，而王君從此不齒於士列。掌中雷者，神寶君說洞神下乘法，所謂役令之事，即以道家書論，亦其支流之不足詰者。王君少從大剌麻章佳胡圖克圖者遊，習其遊戲法，時時演之，不意卒以此敗。君既以此獲不白名，中朝士大夫頗致毒君。禮部試同考官揣某卷似浙王某，必不薦；考官揣某卷似浙王某，必不中式；大挑雖二等不獲上。君亦自問已矣，乃益放縱。每會談，大聲叫呼，如

百千鬼神、奇禽怪獸，挾風雨、水火、雷電而上下，座客逡巡引去。某一二留者，僞隱几，君猶手足舞不止。以故大江之南，大河之北，南至閩粵，北至山海關、熱河，販夫走卒皆知王舉人」。事見龔自珍《王仲瞿墓誌銘》（《廣清碑傳集》卷一○）。《龔定庵全集類編》卷九《傳狀碑誌類》所收此文，於「左都御史某公」後註曰：「某公爲吳省欽，南匯人。」又，洪亮吉《乞假將歸，留別成親王，極言時政》：「純皇帝大事之時，即明發諭旨，數和珅之罪，並一一指其私人，天下方爲快心，乃未幾而又起吳省蘭矣。召見之時，又聞其爲吳省欽辨冤矣。夫二吳之爲和珅私人，與之交關通賄，人人所知。」（《卷施閣集》文甲集續）又據《清史編年》（第七卷）嘉慶三年正月二十五日，「因內閣學士吳省蘭係大學士和珅引用之人，被推薦爲嘉慶帝抄錄詩稿。本日又將其擢升工部右侍郎。二月十八日，以吏部左侍郎、吳省蘭之兄吳省欽爲都察院左都御使。」嘉慶帝於四年正月十二日，責斥吳省欽「『身爲臺長，不知政體，惑於邪言，妄行瀆奏，與學習邪教何異耶？』著交部嚴加議處。十四日吏部議：蓋伊自揣係和珅私人，且在學政任內聲名平常，恐被人列款彈劾，故爾避重就輕，先爲此荒謬之奏，藉得罷官回籍，遂得田園之樂。帝又諭，此人『已難勝臺長之任』，『著照部議革職回籍』」。據此，知左都御使某公，即吳省蘭之兄吳省欽。

同年項任田，辭官歸里後，潛心學問，博采眾家，閉門授徒，成就後生，而不願與達官貴吏交往。甌北追憶故友往事，感念不已，題其青士居祠堂以寄感慨。

《寄題同年項任田青士居祠堂》：「老閱後生多，端居想故友。任田我同榜，薇省班稍後。沈默下帷讀，恭謹循牆走。東華每聯步，蹟似魚貫柳。一別三十年，雲山各翹首。聞君歸田來，名行著閭右。達官罕識面，鄰里無哆口。人蒙涸鮒煦，士倚鏗鯨扣。寄我一輈集，精比深寧叟。我思遊黃山，訪君相擊搰。俄聞山陽笛，不得一執手。及門著錄多，爲君謀不朽。瀟灑青士居，昔日傳經久。戶外屨常滿，納約悉自牖。數典鄭注參，析理閩學守。探源溯先河，訪逸搜小酉。榛翳有必芟，渤溇亦兼取。至今絳帳生，成就十八九。乃即皋比座，築祠不盈畝。生托一瓣香，死奉一尊酒。以茲心喪切，益徵教思厚。嗚呼講學名，世已成窠臼。東林盛標榜，鄒顧屹山斗。繼以幾復社，氣矜尚赳赳。近時風稍衰，漢學又哮吼。一字據葉龍，千言掃芻狗。豈

眞發奧窔，但自衒簟籔。君獨宗紫陽，尺寸不敢苟。名場詎屑爭，理窟默自剖。允矣鄉先生，典型古耆耉。固宜祀瞽宗，釋奠鄉射耦。雲亭遊息地，翠色蔚林阜。修竹列如屏，溪水清且瀏。帶草通德鄉，菁莪育材籔。高風長不沫，千春薦香茆。」（《甌北集》卷四〇）

【按】項任田，見本譜乾隆三十一年考述。

同年胡豫堂高望，為人清謹，廉潔自持，直內廷嘗抄寫御製詩，又「屢典文衡」，死則無錢殯殮。甌北聞知，甚為感動。

《哭胡豫堂總憲》：「臚唱祥雲繼魏公，獨將清謹契宸衷。不言溫樹三緘口，屢典文衡兩袖風。烏府班遷高座獨，黃庭帖寫御詩工。老成雕謝今餘幾，忍聽胡威又告終。」「蘭譜論交四十春，旌麾南菣倍情親。升沈不隔青雲面，老大同傷白髮身。一室翻經摩詰病，舉家食粥魯公貧。傳聞易簣幾難殮，故舊誰爲理飾巾。」（《甌北集》卷四〇）

此時，另有《寄題虎丘萬丈樓》（《甌北集》卷四〇）詩。

【按】胡豫堂高望，見本譜乾隆五十五年考述。

四月中旬，往鎮江，路經丹陽一帶，睹河水運送之便，回思古人疏鑿之功，感而為詩。

《丹陽道中》：「疏鑿痕猶見，舟行似峽中。岸高帆少力，潮逆櫓無功。畚鍤當年集，舟航萬古通。莫嗤隋煬帝，此舉禹王同。」（《甌北集》卷四〇）

四月二十二日，鎮江都天會因雨而改期。甌北應王夢樓文治之約，赴飲，並觀賞其家伎表演歌舞。

《四月廿二日，鎮江看都天會，因雨阻改期，夢樓招飲，出家伎奏樂，即席二首》：「神會遙傳麗羽旄，我來偏值雨蕭騷。不逢蜃市千層幻，翻聽霓裳一曲高。軟腳敢煩開近局，遨頭不枉泛輕舠。看他十六天魔舞，已賽靈風颭鷺翿。」「曾探若木泛東溟，五馬歸來謝緄簪。閒以聰明修淨業，老憑歌舞耗雄心。一堂墩管遊仙曲，四海笆苴賣字金。臨汝亡來誰作達，讓君遊戲閬風岑。」（《甌北集》卷四〇）

【按】都天會，乃古時的一種祭祀活動。據《歙事閒譚》「程古雪奇行」載：「鄉俗尚淫祀，每酷暑，奉所謂都天神者，奔走駭汗，煩費無度。」清厲秀芳（字實夫，一字惕齋，江蘇儀征人）《眞州竹枝詞》收有《都天廟進香》，曰：「那是神靈願未酬，藉燒香便看龍舟。少年不喜鬆籠髮，梳得揚州元寶頭。」又有《都天會》：「江上齊民香共燒，沿堤十里篆煙

飄。諸軍若有睢陽節，俎豆人間也不祧。」知所供奉爲張睢陽巡。另，
清林溥（字少紫，江蘇儀征人）《西山漁唱》「嘲俗三十首」，亦謂：「聞
說都天會事忙，畫旗彩杖盛供帳。」又據厲秀芳《眞州竹枝詞》「引」：
都天會舉行於關帝誕辰的五月十三日之後，「十五日出都天會，以紙紮五
瘟神，浮於江上。謂之『送瘟』。其陪巡神位，與東嶽會埒。是會乃水巡，
陸路鹵簿，無所出色。」又敍及水巡情狀曰：「每神船中，鼓樂喧闐，香
煙馥鬱。會眾相率著號衣曳緯，大約衣如其神袍色，其衣綠衣紫者，不
知何神。所知者，如黑虎天神元壇則一色黑衣。卜帥則一色白衣。城隍
則一色紅衣。都天東嶽則一色黃衣。成團作隊，如火如荼。船頭鑼聲爆
竹聲與岸上邪許聲相應。由江口進四閘，至天池，神坐轎上坡。日中儀
仗，悉易爲燈，大率玻璨琉璃之屬。從者各持琉璃手燈。燈上注硃字，
曰『送駕回宮』。多者百盞，少亦數十。將抵廟，則爆竹聲不斷，而鑼聲
益急。近廟人家，皆擺香案。擡神轎者飛奔而過，如矢赴的，如水過峽，
必抵神座而後已。是日傾城往觀，河無虛舟。」又稱：「都天爲唐張睢陽，
卜帥則南霽雲，牛帥則雷萬春。當日牽制敵軍，使不南下，江淮晏然，
故至今江南、北人敬祀之。其說當不誣。邑人乃曰，一書生夜遇疫鬼，
散毒井中，自拚一死，以救萬人，新城鎮石墓即當日投井處也。余考其
事，時時見於他說，或亦不誣。然謂即在新城鎮，得毋後人附會歟？是
墓也，白石壘成，歷久彌光。進香士女，必來廟後參謁。手拂拭石，謂
之不龜。錢磨厲石，謂可辟疫。大眾摩抄，愈形潤澤，豈神眞降靈此地
耶。噫！異已。嘉慶某年，或訝神法身差小，喧傳以爲江南人易盜。是
說也，余竊疑之。又有埠行與早鑾會，汰凡儀仗庸熟者，而務爲新巧。
諸埠復更番爲之，各出其奇。」（《歷代竹枝詞》第三冊）徽州舉行都天
大會，乃在「酷暑」，儀徵是在五月十五日，而鎮江則爲四月二十二日，
可知各地風俗有異，祭祀時間亦有出入。

聞知來鎮江，女詩人駱綺蘭佩香投書約請。甌北以事未能往，佩香以新
鮮鰣魚相餽，並附詩章。茅耕亭、何建亭等人，亦爭相招飲。

《佩香女史聞余至，折簡枉招，余以事不得赴，蒙惠珍饌，侑以佳章、
次韻奉謝》：「訪舊江干泊野航，美人珍贈意何長。揮毫好句明珠顆，出水鮮
鱗白玉肪。身是前劉傷老大，才非小杜敢輕狂。只應朗誦瑤華什，並作晨餐
齒頰香。」「明識高齋勝小航，一尊大可話宵長。愁君慧齒清霜屑，笑我殘牙

軟截肪。毛女得仙原不老，髮僧出定倘能狂。何當身作清娛婢，長侍瑤臺禮
佛香。」（《甌北集》卷四〇）

四月二十五日，天放晴，於鎮江城東舉都天大會，甌北欣然往觀。

《都天會》：「神會蓋始鄉人儺，黃金四目揚珣戈。漢家原廟亦遺制，衣
冠月遊長樂坡。城陽景王歲一駕，用二千石儀衛多。南朝蔣侯更出蕩，張弓
拔白聲驅魔。有元帝師泥銀傘，至撥鹵簿爲搗呵。流俗相沿遂成習，附會神
鬼訛傳訛。潤州城東都天會，年年四月大報賽。七香亭導八擱輿，彩仗前驅
一對對。金童玉女乘雲軒，夾以鏡簫溢闤闠。刀矛浴鐵皆似銀，旗幟繡絲不
用繪。列隊幾長十里餘，麋財不在萬金內。但求角勝肯惜費，富者破慳貧者
貸。不知是何神，擅此大富貴。或言唐張巡，睢陽百戰捍賊塵，保障功在江
淮民。或言一儒巾，夜遇疫鬼散毒氛，獨以一死活萬人。究竟未識何者是，
徒令世眼滋擬議。我思天下祠廟多，原可不必一一考姓字。大凡人間所祭神，
非即此神來受祭。韓擒虎作閻羅王，未必至今尚占閻羅位。即如關莊繆，血
食遍海滋。安得百千萬億身，處處明禋悉親涖。是必有眾神，分享牲牢饋。
可知香火區，有同衙署地。三層殿閣尺五祠，一樣流官屢更替。倘憑祠額廟
號辨僞眞，竊恐頂缺冒名不勝計。都天神，來何途？我不復索稽神樞。但覺
不呼能使萬眾集，必其靈爽能感孚。君不見大官旌麾耀市衢，乃是官募非人
趨。」（《甌北集》卷四〇）

另有《佩香叠韻索和，再次奉酬》（《甌北集》卷四〇）一詩。

【按】《水窗春囈》卷下《都天會》條謂：「都天會最盛者爲鎮江，次則清
江浦，每年有擡閣一二十架，皆扮演故事，分上中下四層，最上一層高
至四丈，可過市房樓簷，皆用童男女爲之，遠觀亭亭然如彩山之移動也。
此外旗傘旌幢，綿亙數里，香亭數十座無一同者。又有坐馬二十四匹，
執轡者皆華服少年。又有玉器擔十數挑，珍奇羅列，無所不備。每年例
於四月二十八日舉行。其最不可解者，擡閣一二十座非一人所能辦，必
一年前預爲之；而出會之前一日，尚不知今年之擡閣是何戲劇也，其慎
密如此。使上下公事皆能如之，獨不妙乎。」此又言四月二十八日辦會，
與甌北所述又有所不同。《甌北詩鈔》「七言律五」所收《佩香叠韻索和，
再次奉答》詩「又勞題句送吳航，正值遊街軟繡長」句下注曰：「廿五日
出神會」，知甌北出看都天會，乃在此日。

又據本詩「彩仗迎神排雁字，珍廚款客截鵝肪」句下小注：「是日茅

耕亭學士、何建亭秀才先後招飲。」茅耕亭，即茅元銘。《揚州畫舫錄》卷三：「茅元銘，字耕亭，乾隆壬辰進士。」《清秘述聞》卷七：「編修茅元銘，字賡廷，江南丹徒人，壬辰進士。」《清秘述聞續》卷九：「茅元銘，字畊亭，江蘇丹徒人。乾隆壬辰進士，嘉慶九年以內閣學士任。」《隨園詩話》卷一三：「丙戌三月，余過京口，宿茅耕亭秀才家，庭宇幽邃，饍飲精妙，燈下出詩稿見示，余爲加墨記。其佳句云：『鄰船通客語，虛枕納潮聲。』『千里月明天不夜，五更風急海初潮。』《官亭道上》一絕云：『細道繞平疇，時聽農歌起。回頭不見人，聲在禾麻裏。』未數年，秀才入詞林。丁酉鄉試作吾鄉副主考。」

夏，吳竹橋蔚光以所作《小湖田樂府》求題，甌北對其作品善於翦裁、力求創新多所肯定。

《九言題吳竹橋小湖田樂府》：「不信人間眞有腸錦繡，吐納風流一掃陳窠臼。世間美好古人已說盡，一經翦裁便若從未覯。吳君貽我小湖田樂府，不過文人遊戲消長晝。豈知靈心慧眼竊化工，又將突出白石屯田右。一樣風雲月露花鳥鮮，信手拈來別自出奇秀，詩餘本不足登大雅堂，乃爾鐫目鉥肝苦結構。我思一切文字皆拇駢，除卻經史法律不必究。縱教文過馬班詩李杜，無益於人總可醬瓿覆。然而古來作者各擅場，誰肯守拙抱殘甘樸陋。譬如蔽體只須縑一疋，偏是纂組能索高價售。又如飽腹不過米一升，偏是珍錯競把雋味購。乃知風會所趨日爭新，天亦不禁人工極雕鏤。玆編長調小令色色新，渲出水碧金膏光照牖。自是才人盡才而後止，那管月脅天心並穿透。只愁詞料又被君翻盡，不知後人如何更翻舊。」（《甌北集》卷四〇）

【按】吳蔚光，見本譜乾隆五十八年考述。

秋，送兒輩赴試至金陵，與慶晴村霖得以重聚，又遊覽棲霞等勝景。

《慶晴村爲尹文端師第五子，舊與余同學，自都門別後不相見者三十餘年矣。今以將軍來鎮江寧，握手道故，敬呈三律》：「昔日郎君今重臣，卅年相見倍情親。依然東郡趨庭處，來作南邦坐鎮人。叔子風流裘帶緩，臨淮精采幟旗新。金陵父老欣相語，風貌猶傳故相眞。」「何處江南非舊遊，清陰滿眼召棠留。即看今日施行馬，猶爲先人問喘牛。老輩尚稱佳子弟，世家尸復舊公侯。遙知不繫舟邊過，慨想前徽有淚流。」「聯吟可惜失隨園，同學今惟兩弟昆。君喜有朋來自遠，我慚無佛易稱尊。六朝陳蹟才人筆，一品崇班上將門。從此郵筒往來便，莫辭好句寄江村。」（《甌北集》卷四〇）

另有《自新開河至金陵送兒輩秋試》、《棲霞訪竹濤上人不值留贈》（《甌北集》卷四〇）諸詩。

【按】慶霖，見本譜乾隆三十年考述。竹濤上人，棲霞寺僧，鑑公弟子。汪學金有《中秋遊攝山，登最高峰望月，和朱竹垞先生韻四首，示竹濤、卓群兩上人，兼寄滄來守》，見《靜厓詩稿》後稿卷一〇。

漫步城郊，見河岸有牛吃草，思及人世之不公，感而為詩。

《見河岸齕草牛感賦》：「人物芸芸總並生，如何等級不公平。君看齕草牛何味，甘似豪家享大烹。」（《甌北集》卷四〇）

另有《昔歲曾與偉兒同登金山，扁舟重過，泫然有作》、《題甘雨應期圖》（《甌北集》卷四〇）諸詩。

門生、故交接連下世，吳澂埜紹燦、祝芷堂德麟近又病逝，甌北為詩以悼念。

《揚州哭吳澂埜編修》（二首）之二：「藜火精勤校石渠，蓬山仙籍拜新除。得償天上難成願，遍覽人間未見書。已徙新居三徑外，漸凋先業二毛初。我來剩有披帷哭，誰更論文一起予。」（《甌北集》卷四〇）

《哭祝芷堂侍御》（四首）之二：「綺歲登瀛氣吐虹，共占王掾黑頭公。五更秘閣青藜火，萬里征軺繡斧風。仗馬一鳴辭曉闥，塞鴻孤唳落寒空。書生只合文章進，何事輕乘御史驄。」之四：「同在江天履蹟清，歲時一晤倍關情。中郎書擬歸王粲，永叔文先弔曼卿。賴有麥舟分賻厚，稍欣梨板刻詩成。老來哭盡諸前輩，又向人間哭後生。」（《甌北集》卷四〇）

《時齋副憲子綏林已得恩蔭，南歸省墓，枉道過存，話舊感賦》、《費中丞壽詩》、《草塘河為偉兒覓葬地》、《題邑侯周石雲戲馬圖》、《題孫子瀟望子重生圖》（《甌北集》卷四〇），均寫於這一時段。

【按】汪綏林，汪承霈之子。承霈，字春農，號時齋，生平見本譜乾隆二十五年考述。

《費中丞壽詩》稱：「扶桑弧矢麗旌旄，綺甲才周未二毛。」綺甲，猶言花甲。織素為文曰綺。綺，華麗、美盛，猶言花也。既稱「綺甲才周」，知費淳年當六十。此詩是為費淳祝六十大壽。《清代人物生卒年表》據民國《杭州府志》卷一二六「本傳」，著錄其生年為乾隆四年（1739），甚是。

周石雲，疑即周宗泰。《國朝御史題名》：「周宗泰，甘肅平涼縣

人。乾隆己酉拔貢，由刑部郎中考選山西道御史，福建邵武府知府。」
與趙懷玉有交往，見其詩《中秋二首》（《亦有生齋集》詩卷三一）之二
詩注。

孫子瀟，即孫原湘（1760～1829）。字子瀟，又字長眞、心青。江蘇
昭文人。李兆洛《翰林院庶吉士孫君墓誌銘》載其事，曰：「君諱原湘，
字子瀟，又字長眞。孫氏，宋忠烈天祐裔也。高祖世柱，候選州同知，
自休寧雲溪遷家常熟。後縣析爲昭文，遂爲昭文人。曾祖岐福，祖永埏，
考錦。本生考鎬，誥授朝議大夫，山西潞安府知府，曾祖、祖，皆贈如
其官，妣皆贈封恭人。君生而穎異，方三四歲即知讀詩，口詠指畫，若
能通曉，蓋天賦也。成童後，嘗從朝議君於官，朝議自奉天治中擢潞安
府。君所歷若山海關、醫巫閭、瀋陽、繡嶺、木葉嶺諸勝，及黃河、太
行、王屋，名山大川，風物奇險，皆以歌詠發之。年才弱冠，而名滿都
下矣。中式乾隆乙卯恩科江南鄉試，嘉慶乙丑進士，改翰林院庶吉士，
充武英殿協修官。假歸，得怔忡疾，遂不出。歷主毓文、紫琅、婁東、
遊文諸講席，教誨不怠，多所成就，士論翕然歸之。凡邑中有水旱振恤
之事，君必先爲經畫，故全活者甚眾。初，李廷敬味莊備兵蘇松，主一
時詩文壇坫，吾友若李鹿籽、丁道久、陸祁生諸君，皆往來吳淞煙水之
間，歲無虛日。一日歸，會聚之頃，爲余言：『昭文孫子瀟者，今之詩人
也。』輒誦其詩數章，儵閒澹遠，有古人之風。余雖不善爲詩，而知好
之，頗以不獲見君爲恨。及嘉慶十年，與君同舉於禮部，相聚都下，因
以潛觀君之容貌舉止，脫然不與世俗爲類，而蘊藉之氣溢於眉宇間，蓋
信乎深於詩教者也。然君學足以治行，教足以澤遠，才足以幹事，乃甫
登第而旋退，僅以詩稱也。可不惜哉，可不惜哉！其論詩之旨，以爲一
人有一人之性情，無性情不可言詩，無風韻不可言詩。若徒以格律體裁
規模唐宋者，則失己之本來面目，而眞性情亡矣。有眞情性然後涵泳於
經史百家，以爲立言根柢，自然獨闢町畦，足爲一代正聲。自古大家、
名家，何嘗不以學力勝，要之，必從性情中來也。此言出，而專主性情
以爲詩可無學而能者，足闗其喙矣。以道光九年二月二日卒，年七十。
君所爲詩，已刻者三十卷，續集及古文、駢體三十二卷未刻。考贈文林
郎，妣陳氏封太孺人。配席氏，封孺人。子三人：文构，縣學生；文樾，
國子生；文楷。女二，國子生吳來復、縣學生邵淵懿，其婿也。孫五人。

文杓等將以某年某月某日葬君於某鄉某原。先期請銘，銘曰：嗚呼！古之學者爲己，今之學者爲人。爲人者襮諸外，爲己者淑諸身。君之不汲汲於仕進，而以昌其詩也，意在斯乎？則此歸然者東野、閬仙之侶，方有經過下馬捫碑酹酒於茲者矣。」（《廣清碑傳集》卷一〇）著述甚豐，有《天眞閣豔體詩》、《天眞閣集》、《天眞閣外集》等多種。

歲杪，仿杜甫《八哀詩》作《五哀詩》以追憶杭應龍、汪由敦、傅恒、觀保、阿桂諸有恩於己者，又作《四哀詩》，緬懷杭白峰、張瘦銅、趙文哲、徐秋園諸文字性情之友。

《故吏部尚書汪文端公》：「東坡出歐門，一日聲價長。由來士未遇，必藉老成獎。吾師松泉公，一代斗山仰。燕許大手筆，高名塞天壤。庚午主京闈，余方掉詞鞅。試卷謬見知，遂登京兆榜。尋招入平津，林亭極疎敞。佳兒付我課，奇書恣我賞。得窺美富藏，彌擴見聞廣。有時大典冊，副墨命擬仿。初猶不中程，塗竄至三兩。余矜跅弛才，遭抹欲稱狂。久而益服公，文心戒鹵莽。自此窺津梁，古學騁軼荡。一官直樞曹，仍喜侍函丈。入揮制草麻，出扈屬車輞。戎帳夜對談，有如共績紡。殖學期有源，立品貴無黨。語深忘就枕，每跋殘燭朗。情同骨肉親，誨極言論讜。無何梁木壞，悵悵吾安放。生平幾知己，恩況兼教養。龍門借虛聲，鯨鐘導洪響。至今五十年，魂猶接夢想。百身悲莫贖，九原痛長往。尚喜哲嗣賢，曳履雲霄上。當其入仕初，曾代籌運掌。至今駟馬門，或稍慰靈爽。」（《甌北集》卷四〇）

【按】《甌北詩鈔》改《五哀詩》爲《六哀詩》，增《故相劉文正公》一首。

嘉慶四年己未（1799）　七十三歲

【時事】　正月初一，乾隆帝尚有《己未元旦》詩，中謂：「雖云謝政仍訓政，是不知慚實可慚。」（《國朝宮史續編》卷一二）至初三日，病逝。其在位六十年，又內禪四年，得壽八十有九。嘉慶帝親政，馳驛安徽，召吏部尚書署安徽巡撫朱珪來京。珪途中上疏進言，帝嘉納之。自是大事有所諮詢，皆造膝自陳，不草一疏，不沽直，不市恩，不關向軍機大臣。初政之美，多由珪出。初四日，先革和珅軍機大臣、九門提督兩職。初八日，將大學士和珅、戶部尚書福長安革職，下獄治罪。據載：「自乾隆四十二年和珅尊寵用事，至於今二十有三年

矣。當是時，廉正大臣如嵇璜、元勳上公如阿桂，皆未嘗一加彈劾，以故終高宗之世，恩寵不衰，養成乾隆末年內外官吏貪墨之惡習。其黨皆培克聚斂，吸收民間脂膏，厚自封殖，百餘年之元氣，爲之斲喪殆盡。人民因相率思亂，始則有山東王倫之亂，繼則甘肅田五，終則川、楚白蓮教。而坤復稽壓軍報，虛張功級，濫邀爵賞，致匪亂蔓延不可收拾。帝未即位之前，即深惡和坤爲人，既即位，大權仍太上皇操之。太上耄老，惟和坤之言是聽。坤以帝之立，己實有擁戴功，益自矜。而帝以太上寵坤甚專，畏其傾陷，不得不虛與委蛇，隱忍不敢發。及本年正月初三日太上皇崩，帝親政。初八日，御史廣興、王念孫等，首上疏糾參和坤，列欵二十。先是仁宗未即位之前，即知和坤之奸，既即位，以太上故，隱忍未發。至是得疏，立下詔褫奪坤大學士職，並逮其黨戶部尚書福長安同下獄。然以太上崩未旬日，不忍即加誅戮。而念孫等復上疏言：神堯在位，不戮驩兜，虞舜登庸，即誅共鯀，正見寬嚴互用，張弛異宜。帝得疏，遂於是月十八日，以坤二十大罪宣示天下，賜自盡。福長安等皆伏誅，其子額駙豐紳殷德奪爵，並籍其家財入官。其財產先後抄沒者凡百有九號，已估價者二十六號，值銀凡二百二十三兆八十九萬兩有奇，未佔者尚有八十三號。從古貪婪蠹國之臣，未有如和坤之甚者。然一朝籍沒，反爲殺身之具，多藏厚亡，豈不信哉！和坤既死，大學士蘇凌阿以原品休致，追奪和琳公爵，撤出太廟，吳省蘭、李璜、李光雲皆以和坤私黨，降黜有差。」諭定和坤二十大罪狀，略曰：「一，泄漏先帝機密，以冊立皇太子爲擁戴功；二，騎馬過正大光明殿之禁地；三，輿臺出入大內；四，娶內廷使用女子爲妾；五，民亂以來，故意延閣各路軍報，並欺蔽實情；六，先帝不豫之時，舉措不愼；七，擅改先帝詔書；八，兼吏部及刑部事務，又兼理戶部，三部事務，一人專斷；九，隱匿邊情；十，誤外藩撫綏之法；十一，偏用官吏；十二，任意撤去軍機處記名人員；十三，家屋僭侈踰制，多寶閣及隔段式樣，皆仿照寧壽宮制度，其園寓之點綴，與圓明園蓬島、瑤臺無異；十四，蘇州墳墓，居然設立宮殿，開設隧道，附近居民，有和陵之稱；十五，私藏品中珍珠手串，有二百餘串，較之大內，多至數倍，又有大珠，比御用冠頂大；十六，有內府所無之寶石；十七，家中銀兩衣服等件逾千萬；十八，夾牆之內，藏金三萬六千餘兩，私庫藏金六千兩，有埋藏於地窖銀百萬兩；十九，借欵十餘萬於通州附近當鋪、錢店，以生利息；二十，家僕雖至賤，有二十餘萬資產。」（《清鑒》卷九）未幾，和坤賜死於獄，福長安論斬。「命勒保爲經略，明亮、額勒登保爲參贊，並查詢劉清居官，具

實保奏。吳省欽免，以劉權之爲左都御史。以保寧爲大學士，仍管伊犁將軍，慶桂協辦大學士，書麟爲吏部尙書，松筠爲戶部尙書」（《清史稿》卷一六《仁宗紀》）。二月，以松筠爲陝甘總督，以費淳爲兩江總督。釋回徐述夔、王錫侯子孫緣坐發遣者。（《清史稿》卷一六《仁宗紀》）本月末，命逮治武昌府同知常丹葵。御史谷際岐上疏論苛吏激變曰：「敎匪滋擾，始於湖北宜都聶傑人，實自武昌府同知常丹葵苛虐逼迫而起。當敎匪齊麟等正法於襄陽，匪徒各皆斂戢。常丹葵素以虐民喜事爲能：乾隆六十年，委查宜都縣境，嚇詐富家無算，赤貧者按名取結，納錢釋放。少得供據，立與慘刑，至以鐵釘釘人壁上，或鐵錘排擊多人。情介疑似，則解省城，每船載一二百人，饑寒就斃，浮屍於江。歿獄中者，亦無棺殮。聶傑人號首富，屢索不厭，村黨結連拒捕。宜昌鎭總兵突入遇害，由是宜都、枝江兩縣同變。襄陽之齊王氏、姚之富，長陽之覃加耀、張正謨等，聞風並起，遂延及河南、陝西。此臣所聞官逼民反之最先最甚者也。臣思敎匪之在今日，自應盡黨梟磔。而其始猶是百數十年安居樂業人民，何求何憾，甘心棄身家、捐性命，鋌而走險耶？」「常丹葵逞虐一時，上虧聖仁，下殃良善，罪豈容誅？應請飭經略勒保嚴察奏辦。又現奉恩旨，凡受撫來歸者，令勒保傳喚同知劉清，同川省素有清名之州縣，妥議安插。楚地曾經滋擾者，亦應安集。臣聞被擾州縣，逃散各戶之田廬婦女，多歸官吏，壓賣分肥。是始不顧其反，終不願其歸。不知民何負於官，而效尤覬忍至於此極？若得懲一儆眾，自可群知洗濯。宣奉德意，所關於國家苞桑之計匪細也。」（《清史稿》卷三五六《谷際岐傳》）帝納其言，治常丹葵罪。三月，以慶桂爲大學士，成德爲刑部尙書，以書麟爲閩浙總督、協辦大學士。調慶霖爲福州將軍，福昌爲江寧將軍。本月，額勒登保於岳池擊敗敎軍首領冷天祿，擒斬之。（《清史稿》卷一六《仁宗紀》）四月，禁止京師內城開設戲園。諭曰：「向來京城九門以內，從無開設戲園之事，嗣因查禁不力，夤緣開設，以致城內戲館，日漸增多。八旗子弟，征逐歌場，消耗囊橐，習俗日流於浮蕩，生計日見其拮据。自正月初間，大臣、科道官員等陳遞封章及召對面奏者，多有以城內禁止開設戲園爲請。朕因兩次面詢步軍統領、定親王綿恩，惟稱係粉飾太平之事，不宜禁止。夫太平景象，豈在區區歌舞爲之粉飾？況城內一經開設戲園，則各地段該員役即可藉端訛索爲舞弊肥橐之計。朕亦有所聞，知在步軍統領衙門司員或有利於其間，自不願將此事禁止，而綿恩亦以不宜禁止爲詞，其意殊不可解。其故亦不必究，存於朕心，再觀後效。見當遏密之時，除城外戲園將來仍准照舊開設外，

其城內戲園，著一概永遠禁止，不准復行開設。並令步軍統領先行示諭，俾原開館人等，趁時各營生業，聽其自便，亦不必官爲抑勒。自禁止之後，並著步軍統領八旗滿洲都統一體查察。如該旗地段，有違禁開設，經該都統查奏，即免置議；倘匿不奏聞，別經發覺者，除將步軍統領及司員等嚴加議罪外，並將該旗都統一併嚴加議處。」（《東華續錄（嘉慶朝）》嘉慶七）五月，湖南布政司鄭源璹以賣官鬻爵、驕奢淫逸論斬。鄭源璹對屬下肆意勒索，「凡選授州縣官到省，伊即諭以現有某人署理，暫不必去，俟有好缺以爾署之。有守候半年、十月者，資斧告匱，衣食不供。聞有缺出，該員請示，伊始面允，而委牌仍然不下。細詢其故，需用多金，名爲買缺，以缺之高下定價之低昂，大抵總在萬金內外。該員財盡力窮，計無所出，則先曉諭州縣書吏、衙役人等務即來省伺候。書役早知其故，即攜重資而來，爲之幹辦。及到任時，錢糧則必假手於戶書，漕米則必假手於糧書，倉穀、採買、軍需等項則必假手於倉書，聽其率意濫取，加倍浮收。上下交通，除本分利。至於衙役以訟事入鄉，先到原告家需索銀兩，謂之啓發禮。次到被告家，不論有理無理，橫行嚇詐，家室驚駭，饜飽始得出門。由此而入族保、詞證各宅，逐一搜求，均須開發。迨到案時，不即審結，鋪堂、散班之費，莫可限量。蓋各有所挾，積漸之勢使然也。是以賊盜敘起不敢申報，報則枉費銀兩，不爲緝獲，獲即受賄放去，毫無裨益。諺云：『被盜經官重被盜。』」且署衙中，「家屬四百餘人外，養戲班兩班，爭奇鬥巧，晝夜不息。昨歲九月，因婚嫁將家眷一分送回，用大船十二隻，旌旗耀彩，輝映河干。凡此靡費，皆民膏脂。是以楚南百姓富者貧，貧者益苦矣」。人稱：「近年以來，風氣日趨浮華，人心習成狡詐。屬員以夤緣爲能，上司以逢迎爲喜，踵事增華，誇多鬥靡，百弊叢生，科斂竟溢陋規之外。上下通同一氣，勢不容不交結權貴以作護身之符。此督撫所以竭力趨奉和珅，而官民受困之原委也。」（《竹葉亭雜記》卷二）。又，禁止官宦蓄養優伶。論曰：「昨據姜晟奏審擬鄭源璹加扣平餘，定擬斬監候一案，已交軍機大臣會同該部核議具奏矣。朕閱鄭源璹供詞內稱，署中有能唱戲之人，喜慶燕客，與外間戲班一同演唱等語。民間扮演戲劇，原以藉謀生計。地方官偶遇年節，雇覓外間戲班演唱，原所不禁；若署內自養戲班，則習俗攸關，奢靡妄費，並恐啓曠廢公事之漸。況朕聞近年各省督撫兩司署內教演優人，及宴會酒食之費，並不自出己貲，多係首縣承辦，首縣復斂之於各州縣，率皆腺小民之脂膏，供大吏之娛樂，展轉苛派，受害仍在吾民。湖南地方，雖尚未激變，而川、楚教『匪』，藉詞滋事，未必不由於

此。見當過密之時，天下停止宴會，即二十七月後，京城內開設戲館，亦令永
遠禁止。嗣後各省督撫司道署內，俱不許自養戲班，以肅官箴而維風化。」（《東
華續錄（嘉慶朝）》嘉慶七）七月，「褫勒保職，以明亮爲經略大臣，魁倫爲四
川總督。先是，本年正月，勒保受命爲經略大臣兼督四川，而昧於機宜，安坐
達州，不能出一策。川北教徒在廣元、寧羌間者，且西寇階州（清直隸州，今
甘肅武都縣），圍鞏昌，折奔秦州，蔓延甘肅東南。川東教徒，亦所在竊發。
於是將軍福寧疏奏：『賊』愈剿而愈熾，餉徒糜而罔益。乞特申乾斷，早決大
計。至是，帝詔奪勒保職，擢明亮代爲經略大臣，以魁倫署四川總督，令俱赴
達州」。八月，「明亮罷，以額勒登保爲經略大臣。當更易經略時，帝念額勒登
保於諸將中戰功最著，欲使以代勒保，惟不識漢字，不能治軍書。而明亮老於
用兵，資望爲諸將冠，故姑以經略畀之，而意實未愜也。會永保代秦承恩撫陝，
方以張漢潮一股遷延未滅之咎，與明亮互訟，帝密諭陝督松筠審兩人曲直。副
都御史廣興，亦奏明亮挾私怨望，有意玩寇。帝恐明亮終不足膺重任，乃命工
部尚書那彥成以欽差大臣赴陝西，監其軍，兼會同松筠勘問。而卒以經略屬額
勒登保，永保尋亦奪職拿問」。（《清鑒》卷九）九月，葬高宗純皇帝於裕陵。
湖廣總督畢沅，坐濫用軍需削世職，奪蔭官。十月，調朱珪爲戶部尚書，劉權
之爲吏部尚書。湖北襄陽道胡齊崙以侵盜錢糧處斬。勒保以玩誤軍情，被革職
逮問。（《清史稿》卷一六《仁宗紀》）十二月，漕運總督蔣兆奎，以率請加賦
濟運罷職。本月，帝禁各省督撫以屬員爲幕友。諭曰：「督撫職任封圻，政務
殷繁，不得不延請幕友，以資助理。近聞各省督撫多有挑取屬員入幕之事，因
其嫺明例案，便於任使，是以多留在幕。謹飭者或無影射滋弊，而一二蒼滑之
輩，藉與同寅交好，暗通關節，私相結納，到處招搖，逢人撞騙。司道資其通
信，府州藉以逢迎，每遇陞遷，輒出具上考，既擁厚貲，復邀遷擢。且此等人
員，既經常在督撫署中，於本任應辦事件必多貽誤，於吏治官方，實有關礙。
嗣後各督撫等不得將所屬人員留入署中，致滋弊端。其延請署中幕友，亦毋許
出外與地方官交結往來，如敢仍前私自留用屬員，別經發覺，或被科道糾參，
必將各該督撫及留入署中之員一併治罪，決不寬貸。」（《東華續錄（嘉慶朝）》
嘉慶九）

　　本年，吳縣諸生以地方官左袒富人，杖責生員，合詞上控，有司按紫陽書
院肄業名冊窮治，顧蓴、陸文等被拘辱，皆抗辯不屈，案旋以更易官吏結。

　　吳縣范來宗作《喧喧》詩，云「獄吏權尊威似虎，儒生力弱命如雞」。

四川張問陶以「萬里風沙悲獨往，舊時李杜愧齊名」詩，懷洪亮吉西征。

南匯吳省欽以疏薦王曇工內功拳法，可任西南兵事參謀，被顒琰斥責，黜京職還。

直隸舒位遊蘇州，再會王曇，以「覆巢危並孔融顛」詩述曇被株連吳省欽案，幾遭不測事。

儀徵李斗在揚召邀友人觀劇，自亦參加扮演，黃承吉作紀事詩。

嘉慶錢大昕著《十駕齋養新錄》二十卷。

嘉定王初桐刻所著《白門集》二卷。

武進臧庸刻所輯漢服虔《通俗文》。

陽湖孫星衍解魯職還居金陵，構五松園，作《五松居士傳》。

儀徵汪端光旅北京，與張問陶共作《新綠》詩。

甘泉江藩到杭州見王昶，勸勿濫收門下士，失昶意，為昶門諸客排走。

洪亮吉在京，以川陝未靖，國家多難，目睹時艱，「晨夕過慮，每聞川、陝官吏偶言軍營情狀，感歎焦勞，或至中宵不寐，自以曾蒙恩遇，不當知而不言，又以翰林無言事之責，不應違例自動章奏，因反覆極陳時政數千言，於二十四日上書成親王及座師吏部尚書朱公珪、左都御使劉公權之，冀其轉達聖聽」(《洪北江先生年譜》)。文中直陳時弊，略謂：「一則處事太緩，自乾隆五十五年以後，權私蒙蔽，事事不得其平者，不知凡幾矣。千百中無有一二能上達者，即能上達，未必即能見之施行也。」「一則集思廣益之法未備。堯、舜之主，亦必詢四嶽，詢群牧。蓋恐一人之聰明有限，必博收眾采，庶無失事。請自今凡召見大小臣工，必詢問人材，詢問利弊，所言可采，則存檔冊以記之。倘所舉非人，所言失實，則治其失言之罪。然寄耳目於左右近習，不可也；詢人之功過於其黨類，亦不可也。蓋人材至今日，銷磨殆盡矣。以模棱為曉事，以軟弱為良圖，以鑽營為取進之階，以苟且為服官之計。由此道者，無不各得其所欲而去，衣缽相承，牢結而不可解。夫此模棱、軟弱、鑽營、苟且之人，國家無事，以之備班列可也；適有緩急，而欲望其奮身為國，不顧利害，不計夷險，不瞻徇情面，不顧惜身家，不可得也。至於利弊之不講，又非一日。在內部院諸臣，事本不多，而常若猝猝不暇，汲汲顧影，皆云多一事不如少一事。在外督撫諸臣，其賢者斤斤自守，不肖者亟亟營私。國計民生，非所計也，救目前而已；官方吏治，非所急也，保本任而已。慮久遠者，以為過憂；事興革者，以為生事。此又豈國家求治之本意乎？」二

則進賢退不肖似尚遊移。「夫設官以待賢能，人果賢能，似不必過循資格。如劉清者，進而尚未進也。戴如煌雖以別案解任，然尚安處川中。聞教匪甘心欲食其肉，知其所在，即極力焚劫。是以數月必移一處，教匪亦必隨而蹟之。近在川東與一道員聯姻，恃以無恐，是救一有罪之人，反殺千百無罪之人，其理尚可恕乎？純皇帝大事之時，即明發諭旨數和珅之罪，並一一指其私人，天下快心。乃未幾而又起吳省蘭矣，召見之時，又聞其爲吳省欽辨冤矣。夫二吳之爲和珅私人，與之交通貨賄，人人所知。故曹錫寶之糾和珅家人劉全也，以同鄉素好，先以折稿示二吳，二吳即袖其稿走權門，藉爲進身之地。今二吳可雪，不幾與褒贈曹錫寶之明旨相戾乎？夫吳省欽之傾險，秉文衡，尹京兆，無不聲名狼藉，則革職不足蔽辜矣。吳省蘭先爲和珅教習師，後反稱和珅爲老師，大考則第一矣，視學典試不絕矣，非和珅之力而誰力乎？則降官亦不足蔽辜矣。是退而尚未退也。何以言用人行政未盡改也？蓋其人雖已致法，而十餘年來，其更變祖宗成例，汲引一己私人，猶未嘗平心討論。內閣、六部各衙門，何爲國家之成法，何爲和珅所更張，誰爲國家自用之人，誰爲和珅所引進，以及隨同受賄舞弊之人，皇上縱極仁慈，縱欲寬脅從，又因人數甚廣，不能一切屏除。然竊以爲實有眞知灼見者，自不究其從前，亦當籍其姓名，於陞遷調補之時，微示以善惡勸懲之法，使人人知聖天子雖不爲已甚，而是非邪正之辨，未嘗不洞悉，未嘗不區別。如是而夙昔之爲私人者，尚可革面革心而爲國家之人。否則，朝廷常若今日清明可也，萬一他日復有效權臣所爲者，而諸臣又群起而集其門矣。何以言風俗日趨卑下也？士大夫漸不顧廉恥，百姓則不顧綱常。然此不當責之百姓，仍當責之士大夫也。以亮吉所見，十餘年來，有尚書、侍郎甘爲宰相屈膝者矣；有大學士、七卿之長，且年長以倍，而求拜門生，求爲私人者矣；有交宰相之僮隸，並樂與抗禮者矣。太學三館，風氣之所由出也。今則有昏夜乞憐，以求署祭酒者矣；有人前長跪，以求講官者矣。翰林大考，國家所據以升黜詞臣者也。今則有先走軍機章京之門，求認師生，以探取御製詩韻者矣；行賄於門闌侍衛，以求傳遞代倩，藏卷而去，制就而入者矣。及人人各得所欲，則居然自以爲得計。夫大考如此，何以責鄉會試之懷挾替代？士大夫之行如此，何以責小民之誇詐夤緣？輦轂之下如此，何以責四海九州之營私舞弊？」又稱：「夫下之化上，猶影響也。士氣必待在上者振作之，風節必待在上者獎成之。舉一廉樸之吏，則貪欺者庶可自愧矣；進一恬退之流，則奔競者庶可稍改矣；拔一

特立獨行、敦品勵節之士，則如脂如韋、依附朋比之風或可漸革矣。而亮吉
更有所慮者，前之所言，皆士大夫之不務名節者耳。幸有矯矯自好者，類皆
惑於因果，遁入虛無，以蔬食為家規，以談禪為國政。一二人倡於前，千百
人和於後。甚有出則官服，入則僧衣。惑智驚愚，駭人觀聽。」（《清史稿》
卷三五六《洪亮吉傳》）「發書後，始以原稿示長子飴孫，告以當棄官待罪。
是日，宿宣南坊蓮花寺，與知交相別，同人皆懼叵測，先生議論眠食如常。
二十五日，即經成親王等將原書先後進呈。奉旨，傳至軍機處指問。旋有旨：
落職，交軍機大臣會同刑部嚴審，定擬具奏。二十六日，王大臣等在都虞司
訊問，並面傳諭旨：『洪亮吉係讀書人，不必動刑。』先生感激聖恩，伏地痛
哭，一一如問，指陳無隱。當經王大臣等擬以大不敬律斬立決。奉旨免死，
發往伊犁，交將軍保寧嚴行管束，二十七日即行。時事出倉猝，車馬行李，
俱無所出。姻家崔大令景儼在都門謁選，偕同年王編修蘇、同里莊上舍曾詒
等，日夜摒擋。滿洲侍郎成格公，時官戶部主事，素未識先生，自以屋券質
銀三百兩為助，方得成行。計在刑部三日夜，及自刑部至兵部，暨出彰儀門，
慰問者不絕於道，其中多有未經識面者，先生一一謝之。」（《洪北江先生年
譜》）。

趙懷玉作《書吳縣諸生事》，詳敘吳縣生員被非刑榜掠、銀鐺入獄事。（《亦
有生齋文集》卷一二）

王念孫於正月，密疏劾大學士和珅黷貨攬權。仁宗覽卷稱善，即日下旨
正法和珅。（《高郵父子王氏年譜》）三月，受命巡視淮安漕務，嚴絕饋遺。及
至高郵，資用乏絕，乃稱貸以繼之。（《王石臞先生年譜》）其子引之以一甲三
名進士及第，授翰林院編修。循例往謁翁方綱，則相見甚歡。時同謁者甚夥，
翁獨與公論學，亹亹不倦。（《高郵父子王氏年譜》）

凌廷堪官寧國教授，成《禮經釋例》三稿。（《凌次仲先生年譜》）

阮元時年三十六歲，補戶部左侍郎，兼署禮部左侍郎，充本科會試副總
裁。至十月，奉旨署理浙江巡撫事務。帝諭之曰：「勿忘訓言，切防引誘，立
定腳跟做去，庶可有成。處順境時切毋肆志，若不順亦莫灰心，知此道理，
庶乎可希古大臣之風矣。」（《雷塘菴主弟子記》卷一）

【本事】元旦，照例賦詩以致賀，且憶及少年讀書之事。

《己未元旦》：「飲罷酴酥最後觴，履端復此慶農祥。觀書眼暗情猶戀，
思子臺空痛未忘。老閱年光如愈駛，閒無日課轉尋忙。青紅省記兒童事，七

十年前上學堂。」（《甌北集》卷四一）

聞知乾隆帝駕崩，賦挽詩以志哀。

《舊譜》：「恭聞高宗純皇帝升遐，先生以入仕時擢一甲、授翰林，京察兩次記名，及出守鎮安、廣州，還貴西道，皆荷特簡，歸田後又蒙垂詢者再，哀感無地，恭製挽詩。有「每叨除授皆親筆，歸免饑寒尚俸錢。搏顙有哀頻搶地，攀髯無路但號天」之句，讀者咸知其出於至誠。」

《大行太上皇帝升遐，恭挽四章》（四首）之四：「忝竊朝簪二十年，入供館閣出籌邊。每叨除授皆親筆，歸免饑寒尚俸錢。搏顙有哀頻搶地，攀髯無路但號天。也知草土悲何益，回首舟棱淚自漣。」（《甌北集》卷四一）

佞臣和珅以貪酷攬權而獲罪身死。甌北甚為快慰，詩以抒懷。

《感事》：「相星忽報坼中臺，恩寵由來是禍胎。共識都盧橦最險，不虞霹靂斧真來。姓名久屬千夫指，氣焰俄消一寸灰。老去香山感時事，龍門詩豈幸人災。」「梁冀朱異漢江充，都在英君駕馭中。只覺可供驅使便，誰知已竊笑噴工。九天咳唾風雲變，四海苞苴杼軸空。好個家居幾撞壞，豈容還作黑頭公？」「聞道鈐山簿錄時，世間無此擁高貲。窖金已錮藏舟壑，琢玉兼裝浴室池。豈憶出身從委巷，依然空手赴冥司。可憐臨死猶癡甚，又想黃樓五丈旗。」「秋風賓客孟嘗門，頃刻炎涼局頓翻。往日肉膻趨螞蟻，只今樹倒散猢猻。尚憂瓜蔓抄將及，轉恐冰山倚有痕。太息沙堤高閣裏，一時多少未招魂。」（《甌北集》卷四一）

《邸抄》：「新詔傳來事事宜，弛張都立太平基。正當地坼天崩痛，恰是星回歲轉時。國有長君天下福，朝無幸位百工釐。始知景運綿長處，代有英明御四維。」「九宵默運斗杓旋，第一先收佞倖權。龍袞班高將極品，雞棲樹老已多年。灰釘敢效纍臣乞，帷蓋猶蒙聖主憐。從此百僚咸動色，要津誰復敢夤緣！」「詔下人人感涕流，同民好惡見皇猷。芻蕘博采千官疏，花萼相輝百尺樓。黃髮召歸龍尾道，翠雲焚卻雉頭裘。由來乙夜觀今古，總作璿樞布政優。」「頻年烽火熾三巴，睿照今周萬里賒。已警處堂嬉燕雀，詎容起陸沸龍蛇。一壇拜將專威柄，百道催軍走傳車。即此廟謨先扼要，何難蕩掃靖萌芽。」（《甌北集》卷四一）

《連日大僚多暴亡，相傳為失奧援，懼株累也。口語無稽，書以一笑》：「鈐閣俄聞蒿里聲，馬肝共說食文成。一抔土縱堪逃禍，萬口碑終不徇情。豈比遊仙雲鳥去，剩攜使鬼紙錢行。只憐自古誰無死，偏與人傳破膽驚。」（《甌

北集》卷四一）

春雨連綿，天甚寒，得聞汪時齋承霈遷左都御使，喜而為詩以寄之。

　　《聞時齋副憲遷秩少司寇，喜賦即寄》：「一紙除害下赤墀，欣聞汪澈復臺司。向來不肯因人熱，垂老終看結主知。解網時當疎節目，簪毫家本備論思。佇看晝接承恩渥，曳履從容入鳳池。」「子公氣力可推輪，不傍權門自致身。遲卻十年爲宰相，要教兩世作名臣。崇班漸近中臺地，宿望今推老輩人。莫怪江村聞信喜，師門調燮有傳薪。」（《甌北集》卷四一）

　　另有《春雨》、《春寒》（《甌北集》卷四一）二詩。

　　【按】《清史稿》卷三〇二《汪由敦附承霈傳》：乾隆五十四年，「監臨順天鄉試失察，左遷通政使。累遷復至侍郎。嘉慶五年，授左都御史，遷兵部尚書，兼領順天府尹。」據甌北詩所敍，承霈遷左都御史，當在嘉慶四年。錄以備考。

內弟劉敬輿欽，不久前尚登門過訪，不幾日突然病逝，甌北悲而為詩。

　　《哭敬輿內弟》：「亂鴉聲惡報清晨，霊耗驚催淚滿巾。十日以前猶過我，七旬相伴更何人？精嚴詩律閒逾進，貧賤交情老更眞。京館殘燈村店酒，一回追想一傷神。」「早年科目壯年官，猶帶書生一味酸。舊譜不翻爲政易，古妝雖雅入時難。歸來且喜消春永，老去方期共歲寒。那得披帷無一慟，白頭林下最交歡。」（《甌北集》卷四一）

　　《雨中杏花》、《又雨》、《題管松岩蒲團小影》（《甌北集》卷四一）諸詩，亦寫於此時。

　　【按】劉欽，《江蘇藝文志·常州卷》僅載其事蹟，而未注出生卒年。本譜乾隆五十八年考其生年當爲雍正二年（1724），長甌北三歲。其卒年，據本詩，知爲嘉慶四年（1799），享年七十六歲。

五月十五日，了廷俊之妻湯氏，僅二十六歲，病歿。甌北暮年「頻哭少年人」，心緒頗惡。

　　《五月望日，俊兒婦湯病歿。老年人頻見此事，何以遣懷，感賦》：「西河痛隔兩年春，又報蘭階撤瑟晨。衰至總無如意事，老來頻哭少年人。榴花帶雨如紅淚，螢火隨風作碧燐。暮景自知無可挽，白頭燈影獨傷神。」（《甌北集》卷四一）

　　《老境》：「老去塵緣百念灰，如何觸緒又悲來。兩房八個孫男女，一半稱孤一半哀。」（《甌北集》卷四一）

【按】《西蓋趙氏宗譜》：廷俊，「配湯氏，候選郎中紹業女。乾隆三十九年甲午六月初九日丑時生，嘉慶四年己未五月十五日辰時卒，年二十六，葬金壇遊仙鄉夏宵村。」

李雨村調元，前年自四川綿州有書來，並附所編《雨村詩話》（十六卷）一部，然至本年五、六月間始寄達。甌北喜不自勝，匆忙批閱。又得知，調元督學廣東時，有人呈《甌北集》求見，冒名甌北之子，騙得厚贐而去。其事亦奇。

《接同年李雨村觀察書，乃嘉慶二年十一月朔日自綿州封發，兼附雨村詩話十六卷，采拙詩獨多，感賦四律寄答》：不見李生久，今朝接寸箋。來原經萬里，到已歷三年。想像鬚眉老，傳聞子弟賢。京華舊遊蹟，振觸一燈前。」「天各一方遠，年皆七秩餘。料無重見日，但望再來書。豪氣應猶在，交情故未疎。采詩偏我厚，百首累抄胥。」「此書前歲發，蜀土尚無虞。豈意魚鳧國，今成豺虎區。可能扶老杖，當作辟兵符。莫是將軍號，真教展壯圖。」「得信知君在，其如寇禍侵。遙知驚夜火，不敢響秋砧。契闊同年面，迢遙兩地心。憂時兼憶友，不覺涕沾襟。」（《甌北集》卷四一）

《雨村書中謂督學廣東時，余子以拙刻贄謁，厚贐而去。僕初未有子入粵也，蓋他人假名干謁耳，書以一笑》、《張孝女詩》（《甌北集》卷四一），亦寫於此時。

【按】李調元《雨村詩話》，據巴蜀書社 2006 年版《雨村詩話校正·前言》，十六卷本《雨村詩話》共有五個版本：一為綿州李氏萬卷樓藏版；二為《續涵海》本，版式與萬卷樓本一致，是萬卷樓本的校訂重刻本；三為蔚文堂藏版，乃萬卷樓本的翻刻本；四為暎秀書屋刊本；五為鴻章書局石印本。並稱：「十六卷本《雨村詩話》是繼兩卷本而作」，「最後定稿當在嘉慶三年（1798）之後，蓋此書第十六卷末所記事有署『嘉慶三年』者也。」似不確。據甌北詩，該書嘉慶二年已有刻本行世，寄達甌北者即此十六卷本。卷末所記事，之所以署「嘉慶三年」，恰說明此書於嘉慶二年刊刻後，次年又再次刷印，「所記事」乃後來補刻增入。書此備考。假名干謁事，李雨村《戊戌年余視學粵東，閽人以趙雲崧觀察子名帖求見，並以〈甌北集〉為贄。余見之，留飯，贈三十金而去。昨接雲崧書，言其時子尚幼，並未入粵，乃假名干謁也。不覺大笑，作詩見寄。余亦為捧腹，依韻答之》，詩謂：「人生萬事盡傳奇，尤是官

場不易知。頭角居然高我子，言談殊不肖君兒。贈金小事原無惜，款飯殊恩悔莫追。未接手書終不解，怪無一字謝微資。」（《童山詩集》卷四一）

目睹天下多故，動亂四起，甌北時有所思，發而為詩。

《擬老杜諸將之作》（十首）之三：「盛世何因發殺機，追原禍始定誰歸？時平宦橐窮民力，亂起兵塵費國威。尚幸脱身逃鼎鑊，可應填腹飽珠璣。如何明詔教彈劾，不見封章到瑣闈？」之四：「露布頻聞奏捷書，揭竿隳突益焚如。城空官已同疣贅，賊過兵皆拾唾餘。風鶴警來惟早避，幕烏啼處且安居。也知草竊成何事，祇是何人去剿除？」之五：「兵聞拙速久難工，初起潢池易掃空。將略誰防滋蔓後？軍儲徒耗養癰中。頻年坐甲芒俱頓，今日需糧力漸窮。那不令人思賈鄧，專征出每早成功。」之十：「三十餘年臥故林，何期戎馬動愁吟。無才徒作憂時語，未死終懸報國心。烽火何時停戰伐，江山依舊好登臨。老來光景無多日，要聽銷兵大凱音。」（《甌北集》卷四一）

十月初，赴馬蹟山祭掃故塋，沿途睹豐收之景，興奮不已。夜泊湖堤。

《湖干夜泊》：「上塚夫椒塢，湖干夜守風。深林千樹黑，遠火一燈紅。節物驚秋盡，收成喜歲豐。村村聞打稻，齊趁月如弓。」（《甌北集》卷四一）

此時另有《山行看紅葉》、《秋成大稔喜賦》、《感事》（《甌北集》卷四一）諸詩。

蔣時南兆奎，本已致仕家居，因乾隆帝駕崩入臨，起為漕運總督，來淮上。甌北前往淮安，與之一聚。

《蔣時南中丞致政後，特詔起總督漕運，淮堧相晤，敬賦奉呈，末章兼寄費芸浦制府，二公皆余門下士也》：「歊歷嚴疆宿望崇，引年人更仰高風。帝因轉粟煩劉晏，人比懸車起潞公。成令早行升龠減，苦心仍濟舳艫窮。一封愷切論漕政，共識儒臣體國忠。」「致政歸田鬢已絲，何當重作出山時。老求身退偏難退，清畏人知已共知。薊關陳情詞懇款，秦關回首路逶遲。只應天假良緣便，白首師生再見期。」「桃李門牆樾蔭叨，三江節度八州漕。射堂演武森千騎，畫舫催綱押萬艘。愧比王通羅將相，敢誇裴晬識英豪。一莊兩督增光處，不在官高在品高。」（《甌北集》卷四一）

《自袁浦歸途作》：「訪舊清淮數日留，櫓聲如雁下揚州。湖中村似浮波面，潦後船猶出岸頭。天降豐年無德色，人聞新政有歡謳。江南滿眼熙恬象，不枉衰遲作近遊。」（《甌北集》卷四一）

《新豐道中》、《馮涇道中》、《不覺》、《戲題白香山集》（《甌北集》卷四一）諸詩，均寫於此時。

【按】蔣兆奎，見本譜乾隆三十一年考述。《舊譜》：「時費中丞擢任兩江總督，又蔣中丞擢任漕運總督，二公同在江南，人以爲門牆之榮。然先生惟以地方利弊爲二公告，未嘗干以私，故二公德望峻潔，嶷然不淬。先生嘗有詩云：『門前兩督增光處，不在官高在品高。』亦可見道義之交矣。」

近年無瑣事纏繞，每每出遊，然出必遇逆風。舟子以「逆風翁」呼之。此後，每雇舟出行，舟子必索值加倍，甌北亦無可奈何。

《逆風翁》：「無端讕語出篙工，署我頭銜笑路窮。半世詩名滿天下，老來改喚逆風翁。」「莫怪呼舟索價添，經旬載我拂征衫。可憐行盡江南路，千里何曾一掛帆。」「爲遣無憀作近遊，六張五角似相讐。故人若個留儂酒，辜負多情老石尤。」「馬卿情緒倦遊中，豈復貪爭破浪雄。爲語封姨莫相戲，先生老矣怕頭風。」（《甌北集》卷四一）

為子廷偉覓葬地，時出近郊勘察。經行華墅、秦望山等處。

《華墅》：「近遊百里覽郊原，柔櫓來過華墅村。山勢不高猶翠色，江流雖近少潮痕。朽株葉借藤牽蔓，崩岸泥懸樹絡根。東去相傳多古蹟，暨陽城控海爲門。」（《甌北集》卷四一）

《秦望山道中》、《爲偉兒覓葬地》、《閱邸抄，官軍連捷，擒戮賊首多人，餘賊可次第剿除矣，志喜》（《甌北集》卷四一）諸詩，寫於此時。

【按】華墅，在江蘇江陰縣東南三十五里，即今華西村。

秦望山，明張袞《（嘉靖）江陰縣志》卷三《提封記第二下》謂：「秦望山，在縣西南二十里。《風土記》云：本名娄耳山，昔秦皇登山四顧，因號秦望。《南徐記》云：暨陽縣西有秦履山，今呼爲茶岐山。」

過靈岩山，目睹畢沅所建靈岩山館冷寂之狀，頓生人世滄桑之感。

《重過靈岩山館》：「靈岩山館好蒐裘，老友重過淚暗流。嗣祖早亡猶是福，武安若在恐難留。春風亭榭花誰看，落日林巒鳥自投。終是生平風雅報，及身得免喚朱遊。」「旌麾三楚鎮雄繁，預擬歸開北海樽。得地猶依采香徑，藉官幸免奉誠園。會心魚鳥應餘慨，過眼雲煙尚有痕。太息平泉空作記，不曾終老此丘樊。」（《甌北集》卷四一）

【按】畢沅病亡於嘉慶二年（1797）。史載，二年，「疾作，手足不仁，賜

活絡丸。旋卒，贈太子太保。四年，追論沅教匪初起失察貽誤，濫用軍需帑項，奪世職，籍其家。」(《清史稿》卷三三二《畢沅傳》)嘉慶四年，御史谷際歧於上疏中對畢沅多所指斥，曰：「三年以來，先帝頒師征討邪教，川、陝責之總督宜綿，巡撫惠齡、秦承恩；楚北責之總督畢沅、巡撫汪新。諸臣釀釁於先，藏身於後，止以重兵自衛，裨弁奮勇者，無調度接應，由是兵無鬥志。川、楚傳言云：『賊來不見官兵面，賊去官兵才出現。』又云：『賊去兵無影，兵來賊沒蹤。可憐兵與賊，何日得相逢？』前年總督勒保至川，大張告示，痛責前任之失，是其明證。」(《清史稿》卷三五六《谷際歧傳》)可知，甌北之感慨，發之有因。

冬，時而讀書，但不常作詩，對西南戰局未定仍憂心不已。

《息陰》：「三十年來久息陰，而今壯志益消沈。偶觀書但供遊目，不作詩因怕費心。身老豈堪還舞袖，時艱敢幸早抽簪。只餘恤緯情猶切，頻問西南戰伐音。」(《甌北集》卷四一)

另有《嘲梅》、《除夕喜雪》(《甌北集》卷四一)二詩。

嘉慶五年庚申（1800） 七十四歲

【時事】　正月，阮元實授浙江巡撫。先是，嘉慶四年冬，「盜船之在浙者，最大爲安南夷艇，其次則鳳尾幫、水澳幫、箬黃幫，共數百船，盤踞浙洋，各行劫掠。十二月二十四日，定海李鎮軍長庚會閩中舟師攻捕夷艇於溫之三盤洋，炮沈盜船一隻，斃盜無算，無如艇船高大，駕馭靈快，雖傷不退。至是先生乃親赴台州，督捕夷閩各海盜，並奏請添設船炮。疏略曰：『艇匪船高炮大，邊圍裹牛皮、網紗甚厚。兵船炮子重者不過斤許，匪船炮子重至十三四斤。三鎮兵丁合計不過三四千人，匪船二百餘隻，總計約萬人。弱彊眾寡之勢，迥不相同。必當添設大船、大炮，加兵始能痛加剿除，以絕其窺伺內地之路。至沿海一帶奸民偷漏米糧、淡水、火藥，出洋濟匪，尤應嚴密查拿。海洋近日商船亦少，若艇匪外無所掠，而內地米不偷漏，必將近岸滋擾，是以沿海口岸尤應嚴防。臣當沿途查察，遇有兵少之處，即將陸路守兵酌調，嚴緊守禦，不致疏懈。』」(《雷塘菴主弟子記》卷一)並奏請捐造船炮。帝嘉納之。並諭其「爲國宣力，成一代偉人」。時，教民之亂，仍此起彼伏，乃命額勒登保往陝西剿辦，德楞泰、魁倫赴四川。以松筠爲伊犂將軍，仍留陝西剿辦。調

長麟爲陝甘總督，玉德爲閩浙總督。以姜昇爲湖廣總督。是月，詔清查庫款，從容彌補，勿以嚴急而致累民。（《清史稿》卷一六《仁宗紀》）二月，就內廷皇子饋贈禮物之事，嘉慶帝諭曰：「朕惟崇儉黜奢，治道所尙。朕素喜儉樸，乃出於天性，一切起居服御，從不肯稍事紛靡，儀親王永璿等素所深知。乾隆四十年以前，書房中每遇年節饋歲等事，於師傅及諸昆弟等偶有備物將意之處，不過如意、荷包、食物，此往彼來，互相酬答，從未有以陳設玩器相持贈者。迨近年以來，不免踵事增華，沾染習俗，間有陳設之物，朕已深爲憎厭。總由習尙浮侈，外省官員養廉豐厚，又三節兩生日，得受屬員規禮，惟以華靡相高，遂致吏治難以整頓。至在京官員，得項本屬有限，亦復轉相仿傚，漸事奢靡。又藉口於俸入較薄，日用不敷，最爲陋習。是以朕於親政之初，節經降旨停止貢獻，禁絕苞苴，以期還淳返樸，復我滿洲敦龐風氣，使旗民人等咸知節儉，庶生計日臻寬裕。訓諭再三，至爲嚴切。乃本日肅親王永錫因三阿哥於本月十八日上學，備進玉器陳設等物，並不奏明，輒令伊本府太監轉交皇后飯房太監遞進，實大不是。向來皇子上學，外廷臣工本不應與聞。即朕兄弟子侄從前入學讀書，廷臣亦初不知有其事。如儀親王永璿、成親王永瑆、慶郡王永璘、定親王綿恩等，均係近支，因曾在上書房讀書，備物致送，亦祇係筆墨等件，並無玉器。若永錫，祇係遠派宗藩，三阿哥上學，與彼何涉，若伊先行陳奏，朕必不准其呈遞。又況所進之物，內中並有玉器陳設等件，乃並不奏明，私派太監遞送至皇后飯房，更屬冒昧。永錫自因恭阿拉之女係屬伊媳，欲因此牽涉瓜葛，在朕前嘗試。伊即與恭阿拉誼屬姻親，互相往來，原所不禁，與朕同皇后何涉，豈得因此而干及內廷皇子乎？其心不可問矣。前此慶郡王永璘於穎貴太妃七十壽辰備物申祝，因其未經先行奏明，輒令護衛太監擅自呈遞，是以將永璘退出乾清門，並交宗人府議處。但永璘本係內廷王子，又因幼蒙穎貴太妃撫養，呈遞壽儀，理所宜然，所欠者未奏耳。今永錫迴非永璘可比，乃似此妄行呈遞，其罪更重於永璘百倍。且永錫管理圓明園八旗事務，諸事高興，擅將宏雅園私行居住。現在二十七月內，朕尙不詣圓明園，而永錫轉將官園私住，有是理乎？永錫種種不合，著將伊所管鑲藍旗漢軍都統及管理圓明園八旗事務俱行革退，仍著交宗人府議處。」（《國朝宮史續編》卷六）三月，教軍彊渡嘉陵江，復過潼河，魁倫以防守不嚴，被逮問。以勒保署四川總督。（《清史稿》卷一六《仁宗紀》）四月，德楞泰連破教軍。先是，教軍首領「屯馬蹄岡，伏萬人火石埡後。德楞泰令賽沖阿攻包家溝，阿哈保攻火石埡，溫春

攻龍子觀，自率大隊趨馬蹄岡」，過教軍伏數重始覺。「俄伏起，八路來攻，人持束竹、濕絮禦箭銃，鏖鬥三晝夜」，教軍更番叠進，「數路皆挫敗。德楞泰率親兵數十，下馬據山巔，誓必死。天元督眾登山，直取德楞泰，德楞泰單騎沖賊中堅，將士隨之，大呼奮擊，天元馬中矢蹶，擒之」，教軍遂瓦解。「鄉勇亦自山後至，逐北二十餘里，擒斬無算」。是月，又大破教軍於劍州，「又破張子聰、雷世旺於蓬溪，斬世旺，晉二等子，授成都將軍」。(《清史稿》卷三四四《德楞泰傳》) 五月，以那彥成不任戎務，罷直軍機處，又降為翰林院侍講。六月，以汪承霈為兵部尚書，馮光熊為左都御使。本月，海盜入寇台州，定海總兵李長庚將其擊潰。「自康熙二十二年臺灣入版圖後，海禁大開，航天萬里，沿海商業遂日以興，內外市舶，往來於江、浙、閩、越沿岸者絡繹不絕。乾隆末，安南王阮光平父子以力征，經營得國，財用匱乏，乃招瀕海亡命，資以師船，誘以爵賞，令劫內洋商舶，以佐國用，大為商民患。其始猶僅至粵海，浸丹以內地悍民為嚮導，深入閩、浙，有鳳尾幫、水澳幫等名稱，勢頗猖獗」(《清鑑》卷九)。據載，本年六月，「安南夷艇、鳳尾盜六七千過閩入浙，逼台州松門，將登岸，巡撫阮元勒兵於太平、松門擊之。二十二日，忠毅率師至海門，將會黃岩鎮謀攻取。夜颶風起，明日風益甚，盜船覆溺於松門外，僅餘二三船漂出外海。海門兵船亦多損。忠毅船隨潮溢入田，掛木而止。賊在松門，據破船及泅水登岸者，黃岩鎮率松門兵縛桴、合水陸悉攻俘之。獲安南四總兵印，及偽爵侯倫貴利磔之。又獲安南王敕，擲還安南。自是夷艇不復入浙海」(阮元《壯烈伯李忠毅公(長庚)傳》，《碑傳集》卷一二二)。七月，內廷太監狂妄驕縱，帝嚴斥之，曰：「凡於內廷太監等頻加賞賚，屢有恩施。迺竟不知感戴，漸致驕縱，甚至本日補放五品總管蕭得祿，膽敢於朕前妄行瀆奏，濫保常永貴可勝五品總管之職，實屬謬妄已極。若不嚴行懲治，無足以示儆誡。蕭得祿著革去督領侍，降為食二兩錢糧太監，著往裕陵當差。常永貴平日在敬事房，於差務尚為熟習，是以屢次加恩，近來漸多狂妄，今竟敢於朕前欲辭總管，往萬年吉地當差，是其驕縱已甚。常永貴著革去六品總管，降為八品首領，仍食四兩錢糧，在萬壽山當差，交管理三山大臣不時稽查。」(《國朝宮史續編》卷六) 本月，教軍首領劉之協等兵敗被擒，於次月遇害於京師。十月，「胡季堂卒，以姜晟為直隸總督，書麟為湖廣總督，琅玕為雲貴總督」(《清史稿》卷一六《仁宗紀》)。十一月，帝諭軍機處嚴守章程，略曰：「軍機處為辦理樞務、承寫密旨之地，首以嚴密為要。軍機大臣傳述諭旨，令章京繕寫，均不應稍有

漏泄。乃近來軍機處臺階上下，窗外廊邊，擁擠多人，藉回事畫稿爲名，探聽資訊。折稿未達於宮廷，新聞早傳於街市，廣爲談說，信口批評，實非政體，必應嚴定章程，以昭法守。嗣後軍機大臣止准在軍機處承寫本日所奏上諭，其部院稿案，不准在軍機處辦理；本管官員，不准在軍機處回事；軍機章京辦事之處，不准閒人窺視，自王貝勒貝子公文武滿漢大臣，俱不准至軍機處同軍機大臣談說事體，違者重處不赦。」（《清通鑒》卷一五七）十二月，陝西教首徐添德往湖北，湖北教首冉學勝往陝西。帝降責德楞泰、勒保等。（《清史稿》卷一六《仁宗紀》）

本年，溧陽史炳赴興化縣教諭任，作《之官》詩，寫其地地貧災重而官慢，民無所告訴的情況。

吳江徐達源校刊宋楊萬里《誠齋詩集》十六卷。

浙江吳錫麒以洪亮吉釋還，譜贈以北曲新水令一套。

武進臧庸復應阮元聘，爲校《十三經注疏》。

江寧萬榮恩譜《紅樓夢》、《後紅樓夢》故事爲《醒石緣》傳奇成。

武進湯貽汾任京口守備，在王文治家觀劇，作長詩炫述所見。

江陰屠紳著《蟬史》，得二十卷。

安徽姚鼐所著《惜抱軒文集》十六卷在南京刊行。

嘉定錢大昕纂《元史藝文志》四卷成，黃丕烈、顧蒓爲刊行，蒓寫樣。

金壇段玉裁、陽湖孫星衍、嘉定瞿中溶、湖南唐仲冕與鈕樹玉、袁廷檮、黃丕烈、顧蒓、顧廣圻等會虎丘一樹園，星衍作紀事詩。

青浦王昶在里主講青溪書院。

吳縣潘奕雋爲黃丕烈題《移居擔書圖》。

儀徵汪端光自京就職廣西。

武進莊勇成死，年七十八。

昭文邵齊熊死，年七十七。

寶應王嵩高死，年六十六。

秋，青浦王昶過武進，錢維喬延至齋中，招同同里洪亮吉、蔣騏昌、趙繩男、趙翼、劉種之、存之，夜飲話舊。（陸萼庭《錢維喬年譜》）

洪亮吉於本年二月初十抵伊犁惠遠城戍所。伊犁將軍保寧妄測聖意，於未到之先，先遞奏摺，中有「該員如蹈故轍，即一面正法，一面入奏」等語。奉硃批「此等迂腐之人，不必與之計較。」保寧之意始息。至四月，天大旱。

至閏四月初三日，帝諭曰：「從來聽言爲邦治之本，拒諫實失德之大。朕從不敢自作聰明，飾非文過。采擇群言，折中而用，兼聽並觀，惟求一是而已。去年編修洪亮吉，既有欲言之事，不自具折陳奏，轉向成親王及尙書朱珪、劉權之私宅呈送，原屬違例妄爲。經成親王等先後呈進原書，朕詳加披閱，實無違礙之句，仍有愛君之誠。惟言視朝稍晏及小人熒惑等句，未免過激。令王、大臣訊問，定以重辟，施恩改發伊犁。然自此以後，言事者日見其少，即有言者，皆論官吏之常事，而於君德民隱休戚相關之實，絕無言者。豈非因洪亮吉獲咎，鉗口結舌，不敢復言。以致朕不聞過，下情仍壅，爲害甚巨。洪亮吉所論，實足啓沃朕心，故置諸座右，時常觀覽。若實有悖逆，亦不能壞法沽名，不過違例奔競取巧營求之咎，況皆屬子虛，何須置辯？而勤政遠佞，更足警省朕衷。今特明白宣諭王、大臣，並洪亮吉原書，使內外諸臣，知朕非拒諫飾非之主，爲可與言之君。諸臣幸遇可與言之君而不與之言，大失致君之道，負朕求治之苦心矣。」（《清仁宗實錄》卷六五）遂釋亮吉回。九月初七日，洪抵里。親故話舊，幾如隔世，因自號更生居士。（《洪北江先生年譜》）

翁方綱由都中寄己新刻《元遺山年譜》贈凌廷堪。（《凌次仲先生年譜》）

焦循爲《題十三經注疏》。應阮元之約，往杭州，與李尙之共論經史。（《焦理堂先生年譜》）

【本事】春，經旬陰天，寒甚，又降大雪，閉門不出。元宵，閒看孫兒後堂舞燈。

《元夜無月》：「元夕重陰隱月光，更何情緒踏城坊。閉門閒喚孫男女，齊點紅燈舞後堂。」（《甌北集》卷四一）

另有《新春寒甚》、《暮雪》（《甌北集》卷四一）二詩。

漕督總理八省運務，權重位高。然蔣時南兆奎辭官不做，求歸鄉里。凡兩上疏始得旨召入京，另有任用。甌北詩以送別，並對「乞休」之舉備加稱賞。

《時南漕督兩疏乞休，得旨赴京另用，書來言別，寄此送行》：「此調今人久不彈，乞休兩疏駭旁觀。正看榮作八州督，誰肯輕拋一品官？側席仍教趨殿陛，攀轅何限泣河干。初衣莫是傳衣誤，效我中年早掛冠。」「釋褐西還悵各天，音塵只藉尺書傳。忽來宦蹟三千里，得慰離懷四十年。樽酒才傾淮浦月，行旌又指薊門煙。此生重見知何日，都是龍鍾雪滿顚。」（《甌北集》

卷四一）

【按】據《清史稿·疆臣年表三》：嘉慶四年（1799）二月，梁肯堂免漕運總督，蔣兆奎繼任。十二月壬辰，蔣兆奎免，又由鐵保繼任漕運總督。知蔣兆奎離任，當在本年春初。

曾爲鄰人金子友書「鳥宿池邊樹，僧敲月下門」一聯，不料，此聯卻爲尼菴誤取，張貼於門，一時見者，傳爲笑談。

《金子友來乞楹帖，其家住太平寺旁，門臨大池，余爲書「鳥宿池邊樹，僧敲月下門」一聯。適有尼菴亦來乞桃符，僮奴不知，即以此付之。一時見者傳爲笑資，賦此懺解》：「一聯誤到散花居，掩口胡盧遍里閭。豈敢戲留題鳳字，或疑錯寫弄麞書。翻經香盉重簾靜，繡佛燈搖四壁虛。盍與阿師勤懺悔，手抄梵莢鎮精廬。」（《甌北集》卷四一）

【按】此時排在本年三、四月間，當是事後追記。按照傳統習俗，人們往往於春節或婚嫁時才貼楹聯。由此而論，此事當發生在春節之前。節後，甌北始聞知此事，故移於此。

宗室思元主人及女詩人歸佩珊各以詩來求序，同日寄達，甌北分別序之。

《宗室公思元主人、虞山女史歸佩珊，各以詩來乞序，同日寄到，感賦》：「銀潢貴胄金閨媛，同日詩來乞齒芬。海内猶推識途馬，誰知老已不能文。」（《甌北集》卷四一）

《題女史歸佩珊繡餘集即寄》：「施嬙以美傳，誰識春風面。惟有才女吟，脫口易傳遍。一片靈妙心，世遠人尚見。所以閨閣姝，能詩務研煉。虞山歸佩珊，高門烜江甸。學從母氏授，情諧夫婿倩。慧業夙世深，晨夕事筆硯。閉門不見人，獨與古人戰。貽我繡餘集，兩詩乘韋先。氣兼顗眉雄，學窮騷雅變。清芬空谷蘭，潔白澄江練。盥手一披尋，雋味耐咀咽。劉楨敢平視？杜牧但驚羨。有客持迂談，謂此太自衒。梱言且不出，況露文采絢。豈知絕世才，孰能作喑雁。解圍青幢紗，織錦迴文線。風流自千古，壓盡青雲彥。何須女道學，塞嘿守庭院。愛名本同情，掞藻有獨擅。行看玉臺詠，增入列女傳。」（《甌北集》卷四一）

【按】思元主人，即裕瑞（1771～1838），字思元，一字棗窗，「豫通親王多鐸裔，封輔國公。工詩善畫，通西番語。常畫鸚鵡地圖，即西洋地球圖。又以佛經自唐時流入西藏，近日佛藏皆出一本，無可校讎。乃取唐

古特字譯校，以復佛經唐本之舊，凡數百卷。著有《思元齋集》」(《清史稿》卷四八四《裕瑞傳》)。

《履園叢話》卷八：「輔國公裕瑞，爲豫親王弟，自號思元主人。所居曰『樊學齋』，有亭臺花木之勝，一時名士如楊蓉裳、吳蘭雪輩皆與之遊，所著有《姜香軒吟草》一卷，十額駙豐紳殷德稱其詩『清華幽豔』，是能鎔鑄長吉、飛卿而自成一家者。《記其灤陽道中》云：『一馬長驅掛玉鞭，清秋風景倍蕭然。野蛾亂落荒林雪，山鳥斜沖古寺煙。雀舌宜烹疏雨夜，豆棚欲話晚涼天。無眠靜對寒檠影，起視雲邊月正圓。』殊清新可喜。主人嘗贈余七古一首，又和京師多日八詠及春遊詠諸作，詩甚長未錄也。」

紀昀《清豔堂詩序》謂：「思元主人喜爲詩，觸機勃發，天籟自鳴，不求苟同於古人，而自無不同；不求苟異於古人，而自然能異。陳簡齋《墨梅》詩曰：『意足不求顏色似，前身相馬九方皐。』昀每一長吟，輒悠然作天際想，此真心之靈秀，發爲文章，非尋章摘句者所可擬矣。春秋方富，進猶未已，昀焉能測其所至哉。」(《紀文達公遺集》文集卷九)又，《清豔堂賦序》謂：「思元主人工爲詩，以餘力更及於賦，近作二十六篇，昀伏几讀之，見其擷徐、庾之精華，而參以歐、蘇之變化，清思綿邈，靈氣縱橫，玉堂金馬之彥，專業於是者或不能及，而餘力爲之，顧遊行自在乃如是。蓋詩之與賦如書之與畫，體格異而運掉之關捩則同。故善書者多善畫，而工詩者亦多工賦，理之自然，無足異也。」(《紀文達公遺集》文集卷九)

裕瑞與吳嵩梁、樂鈞、吳錫麒、張問陶、袁枚有交。見《香蘇山館詩集》古體詩鈔卷六、卷七、今體詩鈔卷四、卷五、卷九，《青芝山館詩集》卷一三、卷一九、卷二〇，《有正味齋集》駢體文卷二〇，《船山詩草》卷一六，《小倉山房外集》卷八。

歸佩珊，即歸懋儀。《國朝詞綜續編》卷二三：「歸懋儀，字佩珊，琴川人。上海李安之室，有《聽雪詞》。

《歷代畫史彙傳》卷六六：「歸懋儀，字佩珊，常熟人。上洋諸生李學璜室，善畫，工詩。」

《然脂餘韻》卷四：「隨園女弟子虞山歸懋儀佩珊，詩名甚著，讀陳雲伯贈詩『絕代青蓮筆，名媛此大家。幽懷清到雪，仙骨豔成花』，其詩

品可想見矣。」

《春草堂詩話》卷四:「歸懋儀,字佩珊,昭文人,濟東泰武臨道歸朝煦女也。幼適上海李學璜上舍,刺繡之餘,夫婦倡和,人擬之爲神仙中人。余癸未在上海,猶及見之,年已六十餘矣。家甚貧,孜孜於詩,竟能忘倦。余索觀《繡餘吟草》,最愛其《十憶詩寄圭齋夫人》云:『正是輕寒乍暖時,春風吹面動相思。憶君羅襪纖纖步,行過花叢蝶不知。』『幾陣尖風送嫩涼,濛濛淡月下迴廊。憶君一種詩書味,愛聽尊前玉屑霏。』『遠勞青鳥到連番,風雨蕭蕭白屋寒。苦憶荒廚珍味少,盤殽頻餽勸加餐。』『花前月底共徘徊,憶得逢君懷抱開。冰雪聰明蘭氣息,班超有妹果奇才。』『十分哀毀費眠餐,自失慈幃淚不幹。憶得縞衣長慟處,梨花一樹雨中看。』『蘭閨姊妹列成行,憶到君家意味長。爲惜將離貪暫聚,經營茶竈替安床。』『知己深憐范氏貧,憶君推解最情眞。掃眉人帶鬚眉氣,不吝黃金贈故人。』『脫口吟成絕妙辭,笑拈斑管寫新詩。憶君天性耽風雅,硯匣隨身不暫離。』『靜穆閨闈息是非,幾生修得到青衣。憶君生就和平性,歡喜常多瞋怒稀。』」

《隨園詩話》補遺卷五:「松江李硯會刻其亡姊一銘心敬及子婦歸懋儀佩珊二人詩,號《二餘集》,曹劍亭給諫爲之作序。一銘嫁常熟歸氏,早卒;懋儀乃一銘所生,仍歸李氏。集中《晚眺》云:『垂柳斜陽外,如眉媚態生。因憐雙黛薄,羞對遠山橫。』懋儀《贈玉亭四姑於歸》云:『聞道雲英下九天,翠蛾新掃倍生妍。定知茂苑無雙士,始配瑤華第一仙。玉鏡曉妝花並笑,金樽夜泛月同圓。徵蘭他日符佳夢,應見雲芝茁玉田。』『詠絮清才擬謝家,神爭秋水貌爭花。雞晨問寢常攜手,雨夜聯詩共品茶。君在瀟湘吟水月,我歸江海玩煙霞。萍蹤重聚知何日,回首鄉關感歲華。』《夜泊》云:『曠野秋清夜寂寥,明星幾點望迢遙。雙輪歷碌才停響,又向江頭聽暮潮。』《送糧艘出海》云:『無事量沙成萬斛,但聞挾纊遍三軍。』雄偉絕不似閨閣語。劍亭有女洪珍,詠《月中桂》云:『萬古此秋色,一天生異香。』亦有奇氣,惜不永年。」

歸氏所作《繡餘小草》、《繡餘續草》,未見有甌北所作序文,未知此序至今尚存否?然《繡餘續草》收有《謝松坪侄寄贈甌北詩鈔》一詩,曰:「琥璜輝並映,干莫鋒相逐。由來造物妙,有對總無獨。使其兩未遇,緬想情獨蓄。一得而一遺,如食未果腹。夙昔慕小倉,未得親盥讀。今

春奉莪弟，貽贈開新幅。果然雲璈響，費盡千絲竹。復聞甌北公，別樹詞壇纛。如何仰典型，無由展枌柚。仲冬月初吉，瑤華貴空谷。中有四編詩，分排體例肅。一朝二妙並，領略快心目。小倉妙天機，芙蓉照水淥。江流自鋪練，霄雲或卷縠。手斟北斗漿，口嚼麒麟肉。五城十二樓，光華現閃倏。甌北負大力，龍象奮踏蹵。兩序球圖存，三軍茶火簇。肺腑欲歌舞，鬼神助嘯哭。凌雲百尺臺，悉稱銖兩築。境地互參差，情味耐反覆。作歌謝松坪，覘重千斛粟。」將子才與甌北詩對讀、比較，所論頗可取。

往楊舍別墅，途見無手足乞兒艱難情狀，頗為悲憫。

《所見》：「寒威癉瘰曉侵肌，驚見驅牛飲凍池。搖手急呼莫莫莫，恐他冷飲或傷脾。」（《甌北集》卷四一）

《乞活兒》：「手足俱無裹敗韉，蛇行蠕動路蜿蜒。憐他生已不如死，猶乞街頭活命錢。」（《甌北集》卷四一）

另有《楊舍城北登望海樓》、《珠林殺賊歌》（《甌北集》卷四一）二詩。

【按】楊舍，在江陰縣東七十五里。商旅輳集，十分熱鬧。在今張家港市區。

至蘇州，與錢大昕晤，以所著《廿二史劄記》相贈，求為序。再遊虎丘三賢祠。因建祠由己所倡，睹之，甚為快意。

《重過虎邱題三賢祠》：「虎邱祠前賢，其論自我創。三年復來過，雄麗果殊狀。酒樓低翠巒，畫舸臨晴浪。裾屐紛往來，沸聲日夜壯。遂使久湮蹟，頓豁心目曠。三詩人千秋，一土阜萬丈。卻笑建議初，本意標所尚。庶幾鄒湛名，得附峴山上。庸知傳世難，非可門戶傍。試問眾遊人，已把老夫忘。」（《甌北集》卷四一）

【按】錢大昕《廿二史劄記序》：「甌北先生早登館閣，出入承明，碩學淹貫，通達古今，當時咸以公輔期之。既而出守粵徼，分臬黔南，從軍瘴癘之鄉，布化苗、瑤之域，盤根錯節，遊刃有餘。中年以後，循陔歸養，引疾辭榮，優游山水間，以著書自樂。所撰《甌北詩集》、《陔餘叢考》，久已傳播士林，紙貴都市矣。今春訪予吳門，復出近刻《廿二史劄記》三十有六卷見示。讀之竊歎其記誦之博，義例之精，論議之和平，識見之宏遠，洵儒者有體有用之學，可坐而言，可起而行者也。」

所居後鄰白雲渡，前與東坡故居毗鄰，環境優越。然房舍年久失修，略

顯破舊，遂修葺一新，憶及當年所居陋室，自是境界各別。

《茸屋》：「老屋多年滿壁塵，一番補葺稍從新。愧無北海樽盈座，幸有東坡宅作鄰。水閣自明無月夜，山茶獨佔滿城春。三間馬磨誰還記？閒與兒孫說舊貧。」（《甌北集》卷四一）

《自題小照》：「官至四品不爲小，富過千金不爲少，壽逾七秩不爲夭。此亦書生之極，乃猶不免撫心自悼者，則以出無可紀之績，處無可傳之稿。竟與屠沽輩流，同冉冉以終老。」（《甌北集》卷四一）

【按】《西蓋趙氏宗譜・藝文外編》收有趙翼庚申（應即本年，嘉慶五年庚申）所作《自題畫像》一文，即《自題小照》詩。唯末句作「竟與尋常輩流同冉冉以終老」，與此略有不同。《趙翼全集》將之列入附錄四「輯佚」，似不確。

馮鷺亭集梧於廠肆買得田山薑雯大通橋秋泛圖，同時名流皆題詩於上，甌北亦題詩相贈。

《田山薑大通橋秋泛圖爲馮鷺亭編修作》小序曰：「山薑官大通橋監督時，集名流泛舟慶豐閘，作圖紀勝。同時宋漫堂、朱竹垞、顏遜甫、曹升六、汪蛟門、李分虎諸公，皆有詩。信藝苑中墨寶也。」詩凡四首，其一：「牛腰卷記慶豐船，爲有名流便可傳。後視今猶今視昔，令人慨想百年前。」其二：「北方壇坫推王宋，京兆田郎另出頭。看到大通秋泛卷，少年時已霸蔡丘。」其三：「殘縑流落尚清芬，似有精靈擁護勤。不遣六丁收拾去，詩魂爭托小馮君。」其四：「當年題詠總王楊，今日徵詩又擅場。此事不論前後輩，盛唐人較勝初唐。」

【按】馮集梧（1754～？），字軒圃，一字鷺亭，浙江桐鄉人。《蒲褐山房詩話》：「馮集梧，字軒圃，號鷺庭，桐鄉人。乾隆四十六年進士，官編修，有《貯雲居文稿》。」「鷺庭爲養吾侍御三子，多藏書，精校刊，嘗刻《元豐九域志》、《杜樊川詩注》、惠定宇《後漢書補注》、盛庸三《儀禮集編》。又畢秋帆尙書《續資治通鑒》，刻未及半，賴鷺庭重校刻成之。」《清秘述聞》卷八：「雲南考官編修馮集梧，字軒圃，浙江桐鄉人。辛丑進士，內閣中書。」《愛日吟廬書畫別錄》卷二：「馮集梧，字軒圃，桐鄉人，應榴弟。乾隆四十六年辛丑進士，官編修，著有《蘇詩合注》五十卷、《高青丘集箋注》十八卷、《貯雲居詩文集》。」

田山薑，田雯。字綸霞，又字紫綸，自號山薑子，晚號蒙齋，山東

德州人。「康熙三年進士，授中書。先是中書以貲郎充，是年始改用進士，遂為例。累遷工部郎中。督江南學政，所取士多異才。每按試，從兩騶，二僕隨之，戒有司勿供張。授湖廣督糧道，遷光祿寺卿，巡撫江寧，調貴州。」「丁憂，起補刑部侍郎，調戶部，以疾歸。康熙中，士禎負海內重名，其論詩主風調。雯負其縱橫排奡之氣，欲以奇麗抗之。有《古歡堂集》」（《清史稿》卷四八四《田雯傳》）等。

宋漫堂，宋犖，字牧仲，號漫堂，又號西陂。河南商丘人。「順治四年，犖年十四，應詔以大臣子列侍衛。逾歲，試授通判。康熙三年，授湖廣黃州通判。以母憂去。十六年，授理藩院院判，遷刑部員外郎，榷贛關，還遷郎中。二十二年，授直隸通永道。二十六年，遷山東按察使。再遷江蘇布政使，察司庫虧三十六萬有奇，舉揭報督撫，責前布政使劉鼎、章欽文分償。戶部采銅鑄錢，定值斤六分五釐，犖以江蘇不產銅，采自他省，值昂過半，牒巡撫田雯，疏請停采。下部議，改視各關例，斤一錢。二十七年，擢江西巡撫」。「三十一年，調江蘇巡撫。蘇州濱海各縣遇颶，上元、六合諸縣發山水，淮、揚、徐屬縣河溢，疏請視被災輕重，蠲減如例。發江寧、鳳陽倉儲米麥散賑。別疏請除太湖傍坍地賦額，戶部以地逾千畝，令詳察。犖再疏上陳，上特允之。犖在江蘇，三遇上南巡，嘉犖居官安靜，疊蒙賞賚，以犖年逾七十，書『福』、『壽』字以賜。四十四年，擢吏部尚書。四十七年，以老乞罷，瀕行，賜以詩。五十三年，詣京師祝聖壽，加太子少師，復賜以詩，還里。卒，年八十」。（《清史稿》卷二七四《宋犖傳》）犖精鑒藏善畫，淹通典籍，詩與王士禎齊名，著有《西陂類稿》、《筠廊偶筆》、《漫堂說詩》等。

顏遜甫，顏光敏，字遜甫，一字修來，號樂圃，曲阜人。康熙進士，官吏部郎中。性耽山水，詩文有重名，有《樂圃集》。

曹升六，曹貞吉，字升六，號實菴，安吉人。康熙進士，官禮部郎中，有《實菴詩略》等。

李分虎，李符，字分虎，號耕客，嘉興人，嘗與朱彝尊結詩社，以詩詞見長。

法式善有《馮鷺庭集梧編修新購田山薑侍郎秋泛圖，屬題》：「暖波碧瀉春明城，畫船簫鼓斜陽晴。白魚腥入黃花觥，田郎酒好詩更好。當時詞客心傾倒，牆根轉眼山薑老。百年煙水空蒼茫，墨花黯淡餘古香。

蕭蕭蘆葦秋雲涼，東南民力紆公念。下筆何心侈文譙，箴耶銘耶視此絹。鷺庭嗜古山薑儔，殘縑購自讀畫樓。玉堂散直矜風流，莎軟風晴潞河堰。白塔紅橋不知遠，蹇驢躑躅春堤晚。」（《存素堂詩初集錄存》卷四）吳錫麒有《馮鷺庭編修集梧購得田山薑侍郎大通秋泛圖，索題》，見《有正味齋集》詩集卷一〇；趙懷玉有《題田山薑侍郎大通橋秋汎圖，爲馮編修集梧》，見《亦有生齋集》詩卷一二；洪亮吉有《花朝日獨遊二閘歸，適馮編修集梧得田侍郎雯大通橋秋泛卷子，索題，因率書長句於後》，見《卷施閣集》詩卷一一。

三月，赴揚州會友，與謝未堂溶生話都門舊事。沈既堂業富、吳杜村紹浣、李嗇生保泰及溶生司寇，輪番做東，熱情款待，並約來年「看花時」再聚。還應高旻寺鑒公之約，與練塘、竹濤兩詩僧，同遊放生河，亦與蔣瑩溪騏昌邂逅於此。

《揚州留別諸同人》：「我初客揚州，詞流盛襦展。流連文酒譙，征逐最酣適。何期數載間，多已墓草碧。過江一訪舊，淒絕山陽笛。尚幸四三人，留待續陳蹟。四海魯靈光，端推謝安石。未堂司寇爲詞館二十科前輩，年八十有六。東陽雖稍瘦，其氣實嘆唶。既堂運使。吳均正彊仕，行即赴朝籍。杜村員外。工詩玉溪生，高論每㪍獲。嗇生郡博。相見各無恙，不覺手加額。憶自來邗江，所交皆素識。前後十餘年，不曾添一客。新知既不增，舊好又頻失。剩此幾晨星，得不倍珍惜。諸公同此意，更番展瑤席。雜坐垃飛觥，近遊偕杖策。依然觴詠地，光景追曩昔。臨分期後會，預約鄭莊驛。年年看花時，來此一浮白。」（《甌北集》卷四一）

此時，另有《問魟魚》、《醉蟹》、《蔣瑩溪別駕館愛妾於揚州過江來寓戲贈》、《泊高旻寺鑒公邀遊放生河別業，時練塘、竹濤兩詩僧皆居此》、《放生河戲贈練塘、竹濤二上座》、《多雨》、《花蝶》（《甌北集》卷四一）諸詩。

年漸老邁，孤獨感油然而生。然有童嬉戲於前，有青菜、豆腐以飽口腹，亦覺滿足。

《戲老》：「龍鍾老年人，未死先作鬼。鬼者人所畏，遇輒思遠避。老人亦復然，所至令人悸。寒松骨凌兢，凍梨面垢膩。自然生威嚴，非必性情戾。兒怕責淵明，妾不媚郗忌。一聞曳履聲，先托下帷肆。偶逢少年客，寒喧語未既。察其眉睫間，早露引退意。何況婢僕輩，聞呼彊一至。勉效趨走勤，貌恭神已異。只有諸童孫，貪翁含飴飼。辟呬時一來，得食又掉臂。嗟哉老

至此，眾畔親亦棄。雖尚廉頗健，已同伯有屬。應號活死人，調語聊自戲。」
（《甌北集》卷四一）

《儒餐》：「土銼煤爐老瓦盆，莫因鼎食羨豪門。儒餐自有窮奢處，白虎
青龍一口吞。」（《甌北集》卷四一）

《敝袍》：「欲覓單衣換脫綿，敝袍一領肘雙穿。亟呼刀尺來裁補，又可
當差四五年。」「有衣可典未須愁，此語遙傳自陸游。莫詫敝袍猶未典，曾投
質庫不曾收。」（《甌北集》卷四一）

《雲溪晚步》：「已開八秩未頭童，頑鈍天教作長翁。閱世更無同輩行，
感時猶念古英雄。食脾健為持齋淡，詩格低因屬對工。尚有心期誰可語，雲
溪獨立夕陽紅。」（《甌北集》卷四一）

三月下旬，鄉里忽聞有盜相侵，百姓震駭，由小村逃往大村避難，擊柝
鳴鉦巡邏者徹夜不絕。半月過後，此風始息，各歸其所，不過虛驚一場。
足見川、陝之亂，已令內地驚恐不安。

《記異》：「荒野宵驚火光赤，一炬忽增數十百。紛傳盜至急往偵，人火
俱無已滅蹟。奇聞怪事易流播，百里居民震慁慁。迅速如行王母籌，倉皇爭
避修羅戟。小村併入大村住，擊柝鳴鉦沸終夕。豈惟小兒怖不啼，壯夫亦莫
敢脅席。是何變異出俄頃，非鬼非人動心魄。我同老僧泯見聞，見怪不怪怪
自滅。果然半月風鶴定，作息依然各安宅。獨念訛言無故興，此亦一方小妖
孽。野熊突入主火災，河魚大上兆水厄。莫嗤鄉社驚虛弦，曲突徙薪亦良策。」
（《甌北集》卷四一）

《秦蜀》：「秦蜀兵氛歲再期，蒼茫天意信難知。世無杜甫能吟詠，何苦
教人賦亂離。」「太平生齒日增多，天亦難供可奈何。何不教他饑疫死，卻教
狼籍死兵戈。」（《甌北集》卷四一）

另有《山塘》、《僮約》（《甌北集》卷四一）諸詩。

四月，反覆審讀《廿二史劄記》，時加修訂，「從棋譜論新局」，為時所
用。

《再題廿二史劄記》：「一事無成兩鬢霜，聊憑閱史遣年光。敢從棋譜論
新局？略仿醫經載古方。千載文章寧汝數，十年辛苦為誰忙？只應紙上空談
在，留享他時醬瓿香。」（《甌北集》卷四一）

【按】據《舊譜》嘉慶四年：「是歲，《廿二史劄記》刻成。」然《甌北集》
於本年並無詩作對該事之表述。錢大昕寫於嘉慶五年六月的《廿二史劄

記序》謂：「今春訪予吳門，復出近刻《廿二史劄記》三十有六卷見示。讀之竊歎其記誦之博，義例之精，論議之和平，識見之宏遠，洵儒者有體有用之學，可坐而言，可起而行者也。」知《舊譜》所言有據，嘉慶四年該書確已刻成，且爲三十六卷本，與今傳世本卷數相符。然李保泰寫於嘉慶五年五月的該書《序》，中謂：甌北「優游林下者將三十年，無日不以著書爲事，輯《廿二史劄記》三十六卷。方先生屬稿時，每得與聞緒論，及今始潰於成，竊獲從編校之役，反覆卒讀之。嗟夫！自士大夫沈涵於舉業，局促於簿書，依違於格令，遇國家有大措置，民生有大興建，茫然不識其沿革之由，利病之故，與夫維持補救之方。雖使能辨黃初之僞年，收蘭臺之墜簡，於以稱博雅、備故實足矣，烏足以當經世之大業哉！然則使先生翱翔木天，徑簉青雲，以備經筵之啓沃，必能援古證今，指陳貫串，否則敭歷外臺，建牙仗節，斟酌時宜，折衷往昔，其所裨於斯世者不少，而惜乎其僅記之此書以傳也。」「潰於成」，即達於成。潰者，遂也，達到也。《詩經‧小雅‧小旻》：「如彼築室於道謀，是用不潰於成。」「潰，遂也」（朱熹《詩集傳》）。由其表述語氣來看，該書又似刻成於本年。不妨可以推論，該書於嘉慶四年已刻成，然僅印刷、裝訂有限幾冊，請朋好代爲審訂並求爲作序，至本年始正式印行。此或距事實相去不遠。

端午競渡之習，相沿已久，好事者欲增飾其事。有人以國家多事之秋，不宜再舉龍舟賽事，欲控官禁止。好事者聞知，遂糾集數十百人，圍攻其家，毀壞財物，勢甚烈。

《午日競渡本舊俗，今歲郡城好事者增飾更盛。有控官禁止者，諸好事遂糾集數十百人，連毀控禁之十二家，囂風殊可慮也》：「爲懲奢俗禁揚舲，翻致紛呶嘯白丁。善不可爲何論惡？眾皆欲醉許誰醒。金支翠羽收奇采，毒手尊拳兆亂形。競渡不成成競哄，民驕從此少安寧。」（《甌北集》卷四一）

正及插秧，忽降大雨，恰逢其時。然大雨連旬不止，又爲將潦而憂。

《時屆插秧，忽得大雨，而連旬不止，又將憂潦》：「謂天不憐民，不應梅雨如盆傾。謂天眞憐民，不應連雨無暫晴。初聞歡聲遍老幼，滂沱正值栽秧候。誰知甘霖變愁霖，半月不斷決渠溜。雨點猛如彀弩發，雷聲悶作伏寶吼。有時赤電催金鞭，倒卷魚蝦落岩岫。灝汗幾愁大陸沈，補苴誰塞高天漏。直疑斯世將混沌，只有長夜無白晝。川原彌望總洪波，滅頂深愁萎綠禾。可

惜一天膏澤好，向來嫌少今嫌多。」（《甌北集》卷四一）

長夏無事，讀白香山、陸放翁集以消暑，並編成《陸放翁年譜》一卷。

《舊譜》：「長夏消暑，編成陸放翁年譜一卷。」

《讀白香山、陸放翁二集戲作》：「老來無事度昏旦，愛尋古老人作伴。汾陽、潞國勳位殊，詎敢與之較歲算。詩人壽者白居易，等而上之陸務觀。一開八秩一九秩，我讀其詩歷可按。忽然貪癡不知足，幾如得隴又望蜀。少時不想到白年，既到白年又慕陸。卻顧屬羸蒲柳姿，又恐薄劣無此福。天公聞之笑齒冷，彼二人者才千頃。汝曾不及萬分一，何須妄自作虛警。戴逵本非眞隱士，毋怪少微星不准。且教安享櫟樗年，莫便愁迫桑榆景。」（《甌北集》卷四一）

【按】《陸放翁年譜小引》：「《放翁集》向無年譜。然身閱六朝，歷官中外，仕而已，已而仕，出處之蹟既屢更；且所值之時，當宋南渡，戰與和局亦數變，使非有譜以標歲月，則讀者於先生之身與世，將茫無端緒。幸先生詩自入蜀以後四十卷，係手自編訂；四十卷之後，至八十五卷，則其子子虡先生在時即隨年記錄，故歲序差可考。而文集中碑記之類，亦多書明年月官位，可以稽其時也。昔王宗稷作《蘇文忠年譜》，悉本《東坡大全集》詮次之。今余亦仿此例，就《劍南詩集》、《渭南文集》及《家世舊聞》、《老學菴筆記》等書，次其先後，蓋已十得八九。惟入蜀以前少年之作，所存無幾，難於懸揣。然事蹟亦往往散見於詩文，因亦就其可知者繫於某年之下，並略載時事，以相印證，庶讀者可以一覽瞭如云。」（《甌北詩話》卷七）然未標出寫作時間，姑繫於此。

夜坐中庭乘涼，有孫女以酒杯狀月，詢之他人，言各不同，對詩作若有啟迪，感而為詩。

《中庭坐月，忽一女孫言月大如酒杯，不覺駭聽。因歷詢諸孫及婢僕輩，言人人殊，有同謂如杯者，有如鏡如碟者，甚至有大如盆盎者。乃知眼光各自不同也。余年七十四，向未知此，今因小兒女語乃得之。然則近在目前而所不知者多矣，作詩誌之》：「舉頭見明月，大如五寸鏡。謂眾目皆然，圓規有一定。忽聞小如杯，兒語實駭聽。因之徧諏訪，今各說圍徑。細比半兩錢，大至尺口罄。始知眼光異，塵根有殊性。譬若長短視，遠近相去夐。花看霧中昏，毫察秋來炳。即事悟學功，格物非易竟。老夫年七十，識月猶未盡。如何執成見，輒負鑒裁柄。」（《甌北集》卷四一）

《夜不寐作》末曰：「嘻乎此夜中，直比人甕炙。卻憶西南天，烽火正絡繹。溽暑蒸臭穢，遍野腐骴積。吾儕幸安居，尚歎爍金石。兵燹彼何辜，感時一悲惜。」（《甌北集》卷四一）

另有《暑夕》（《甌北集》卷四一）詩。

【按】《甌北集》將《中庭坐月》詩與三月間所寫詩混編，恐記憶有誤。三月之時，夜間尚涼，豈有中庭賞月之理？故此詩當寫於夏季，且繫於此。

六月，聞知洪亮吉獲釋將歸里，甌北為詩以賀，推重其人品、氣節。

《洪稚存編修以言事遣戍伊犁，蒙恩赦回，誌喜》：「九死投荒得賜環，德音一道萬人歡。遄歸不待烏頭白，起廢行邊鶴頂丹。骨鍊冰霜逾勁節，詩添沙漠有奇觀。直聲已震難回枉，成就先生作好官。」（《甌北集》卷四一）

另有《贈徐尚之明府》、《題史右張小照》（《甌北集》卷四一）二詩，亦寫於此前後。

【按】徐尚之，徐書受。《蒲褐山房詩話》：「徐書受，字尚之，武進人，監生，由四庫館議敘，今官南臺知縣，有《教經堂集》。」「尚之少而食貧，長而多故，彈鋏依人，恒有四方之役，羈旅道途，所作往往牢愁激楚，大抵取法在孟東野、張文昌間，然才情諧暢，兼效元、白。早年與仲則、映微輩出入門下甚久，各以古道相期，詩格雖不同，其篤於性情一也。」

《國朝詩人徵略》卷三九引《吳會英才集》：「徐州倅為茶坪詩老曾孫，學有本原，性情純摯，其詩悱惻纏綿，意由心發。曩曉嵐、補山二公薦為秘校，已草封章，終以捧檄，不遑擇祿。古來丞尉每有賢才，香山、柳州，此為流亞。」

《梧門詩話》卷二：「武進徐州倅尚之書受，為茶坪詩老曾孫，與同里趙億生、楊西禾齊名，其《詠紙帳》落句云：『桃花明鏡裏，紅到夜燈前。』《風門》落句云：『預戒春光入，休招燕子嫌。』俱宕往有神。」

《射鷹樓詩話》卷二二：「武進徐尚之州倅書受，著有《教經堂詩稿》。詩多悱惻，意由心發。《吳會英才集》稱州倅『性情純摯，內行端方』。州倅詩雅健雄深，善繪山水。其《宿績溪山店，寄訊縣尉弟祐之》云：『泉聲奇以驟，嶺勢險在曲。令我心孔開，映我眉髮綠。煙林乍回合，澗壑時斷續。仰愁危石壓，下有白鳥浴。徑折蛇逶迤，餘隙漏殘旭。顏

聞新縣尉，既至問土俗。山田碎分繡，高下眞五沃。作吏毋患貧，看山一生足。』《新嶺》云：『振衣忽霄漢，巉絕已平視。一在線天奧，萬笏出地底。斜日在半崖，高鳥飛不起。豁然倚層空，盤旋徑邐迤。雲生乍籠袖，澗響復盈耳。何處煙林鍾，天風吹十里。躡景有羽翰，蒼蒼暮凝紫。』」

沈佩蘭，見本譜乾隆四十四年考述。

夏日多閒，回思平生，壯志難酬，賦長詩以抒懷。

《放歌》：「我不能引長繩，繫住西飛日。又不能抽快刀，斬斷東流水。徒負昂藏七尺身，實只太倉一稊米。胡為前望千古後顧萬年，欲作擎天挂地一男子？少年鼻息沖雲漢，唾手便思拾青紫。果然館閣取次登，意謂星辰即曳履。忽焉驅馬出春明，兩粵、滇、黔走萬里。從戎又想圖麒麟，按部亦曾冠獬豸。序遷不及待，歸仍鑽故紙。撐腸五千卷，縱目廿二史。復將三寸毛錐尖，妄擬一柱中流砥。統計生平屢徙業，一波未平一波起。我觀古人志專壹，彊吳者員霸越蠡。用盡一生心，只了一事耳。誰教東馳西騖多歧途，貪如奪標棄如屣。毋怪百能百不能，略嘗之味鼎染指。如今衰老始知悔，氣矜之隆病良已。非無一言半語傳世間，未必百年後尚掛人齒。回思鄧林棄杖逐日時，枉費奔忙暍不止。噫嘻乎！生世寧易得人身，為人寧易通文理？可惜黃金擲虛牝，錯已鑄成錯到底。」（《甌北集》卷四一）

《閒極》：「為愛清閒早掛冠，秀才生活辦廳完。而今閒到無聊極，臨老翻思去做官。」（《甌北集》卷四一）

《舊麓中偶檢得在京時所畫甌北耘菘小照，戲題卷後》：「灌園閒與白鷗親，四十年前舊寫眞。只有老妻還認得，兒孫俱不識何人。」（《甌北集》卷四一）

《自幸》：「老閱浮生事，心如井不波。天邊圓月少，世上苦人多。出仕榮簪笏，歸休穩笠簑。吾身已厚幸，寧復作悲歌！」（《甌北集》卷四二）

六月末，定海鎮總兵李長庚率兵出洋，擊潰海盜，甌北喜而賦詩。

《紀事》：「浙東舟山多海澳，海賈經由必收棹。向來清晏少莨苻，近數十年始有盜。初但壟斷不澤竭，什二抽分盜有道。其渠死後群黨橫，劫財殺人日逞暴。奸民趨若附火蛾，賊艘遂至數百號。一艘百人百艘萬，實繁有徒據津要。直從水面別開國，竟視估舶同轉漕。樓船將軍空駐防，水師入海已眩掉。伎倆久為賊所窺，嚇以虛聲反被笑。駸駸挨柁欲登岸，往日孫盧轍將

蹈。今年六月趁趙風,十日不斷聲大嘯。颶母鼓浪掀高穹,天色晦冥日不耀。半空疑有蛟龍鬥,千里但聞神鬼噪。可憐賊艘雖習流,至此亦把天妃叫。檣傾楫摧碎如粉,萬命盡入滄波浩。十五巨鼈食不盡,飽到鯨鯢也歡跳。有得脫者十二三,縛板洄來伏岩嶠。不死於水死於刑,一一就擒戮諸纛。從此妖氛當稍寧,縱有漏遺已衰耗。若非天遣風濤誅,竊恐今秋有哄鬧。獨念天心方厭亂,東南已叨慈蔭熹。秦蜀蟻賊肆剽屠,西顧亦應垂痛悼。豈其能水不能陸,只殺鮫鱷遺豺豹?何不作使萬陰兵,悉殄陸梁靖區隩。」(《甌北集》卷四二)

另有《書綿州牧劉蔭萱守城事》(《甌北集》卷四二)詩。

【按】劉蔭萱,即甌北內姪劉慕陔,名印銓,見本譜嘉慶元年考述。《簷曝雜記》卷六《書劉慕陔綿州救難民事》條謂:「綿州為蜀省最衝要地,杜甫所謂『綿州州府何磊落,顯慶年中越王作』者也。歷代沿革載在《州志》。嘉慶五年,忽有白蓮教匪徒俶擾,偷渡嘉陵江,漸逼潼、綿,肆搶掠。適毗陵劉慕陔以名進士來牧是州,歎曰:『是不可以徒手障也。』乃先捐米五百石、錢千緡為士民倡。士民見公為民保護如此,無不踴躍樂捐。不數月,得白金六萬兩。鳩工庀材,不匝月工成,屹然崇墉。士民扶老攜幼入城,俱得倚毗,無一被戕者。將軍魁公亦領兵萬餘駐綿之金山驛,相距僅三十里。恐有匪徒混入難民內,城下有船數十艘,不許撥往濟渡。慕陔目擊阽危,不忍以非己部民遂恝視。請於將軍,不得,繼以涕泣跪求,願供具軍令狀,如有不測,惟州牧是問,於是萬餘人咸得生路。其自舊綿赴新任也,迎者、送者,父老旌幢,兒童旗傘,幾於錦天繡地。在籍李翰林調元曾有句云:『百堞能容千戶住,一航先救萬人生。』今競稱劉使君城。蓋自古官民之相愛未有盛於此時者。僉曰:『生我者父母,活我者劉使君也。』予嘗讀《明史》宋禮、周忱等《傳》,謂皆能殫公心以集事,而其才又足以濟之。然事之有蹟者易以傳,而事之因人者難為繼。如慕陔之築城、濟渡二事,實兼昔人之長。行當與漢之欒公社、唐之狄梁公生祠並垂不朽矣。」

老友汪屏周亡於六月。至八月十六日,內兄高曉東又以患毒疔醫治無效去世。繼而,潘震峰、杭念屺、邵松阿,均相繼下世。甌北聞之,甚為感傷。

《哭內兄高曉東》:「正擬飛騰暮景斜,豈期彈指散摶沙。黃金難救膏肓

病，白手徒成飽暖家。菜子國猶歌惠愷，黃公壚已隔幽遐。斯人何意攖斯疾，血肉淋漓滿臂痂。」「昔曾活我病垂危，今日翻教送汝歸。臨老正悲朋舊少，至親況又死喪威。病無靈藥三年蓄，去有天香一路霏。回首忍忘貧苦日，旅窗燈火夜相依。」（《甌北集》卷四二）

《挽汪屏周》、《曉東內兄素彊壯，無死法也。六月中左掌忽患一疔，醫者但治以解毒散，不急拔其根，遂蔓延四布。已而腕間潰成一孔，膿血涓滴不斷，馴致滿身氣血盡從此流盡而歿。嗚呼，事之類此者多矣，爰再作詩哭之》（《甌北集》卷四二），亦寫於此時。

【按】汪屏周，見本譜乾隆五十七年考述。

《哭內兄高曉東》詩「昔曾活我病垂危」句後注曰：「癸未歲，余在京得危疾，君力爲調護」，「去有天香一路霏」句後注曰：「歿以八月十六日。」高曉東（？～1800），見本譜乾隆二十四年所引《西蓋趙氏宗譜・藝文外編》。

劉檀橋種之，少登館閣，老歸田里，年登六十，甌北爲詩以賀。

《劉檀橋編修六十壽詩》（二首）之二：「官職聲名兩並全，少登館閣老歸田。風情鍾乳三千兩，聲伎銀箏十五弦。投轄陳遵無晝夜，吹笙子晉本神仙。行年六十稱觴樂，已勝他人百廿年。」（《甌北集》卷四二）

《題黃山雲海圖》、《題苓閣傳經圖爲汪仰之秀才》（《甌北集》卷四二）寫於此時。

【按】劉種之（1741～1810），字存子，號檀橋，乃工部侍郎劉星煒之次子。兄謹之，禮科給事中；弟禮之，議敍州同。乾隆乙酉（三十年，1765），帝四巡江浙，召試行在，賜舉人，授內閣中書。次年，第進士，入翰林，由庶吉士授編修。此後，先後典山東、廣西鄉試。四十五年，視學山西。五十一年，視學河南。五十五年，又有山西歸綏兵備道之命。至冬，遷右春坊、右贊善。年五十三，辭官歸里。著有《檀橋文鈔》等。事見趙懷玉《劉贊善哀辭並序》（《亦有生齋集》文卷二〇）。劉種之之生卒年，《江蘇藝文志・常州卷》作 1741～1810，甚是。《清代人物生卒年表》，據《劉贊善哀辭並序》中「康戌有山西歸綏兵備道之命，以總理旗民、蒙古事務，向係滿缺，停而未遣。三晉爲鎖鑰重地，六察則紀綱大猷，蓋衡鑒之任，早契宸衷，而旬宣之寄，並邀簡在也。是冬，遷右春坊右贊善，妙預清選，進留承華，大用之基，輿望攸屬。而君體

老氏止足之戒，繹蒙莊逍遙之論，好官思之熟矣，歸志因而浩然。年五十三，移疾返里。」以爲劉氏於庚戌（乾隆五十五年，1790）即歸隱故里，由此年上溯五十三年，乃乾隆二十三年（1758），故標其生年爲乾隆二十三年（1758）。若依此而論，其八歲便召試行在，九歲進士及第，顯然不可能。懷玉文中的「年五十三，移疾歸里」，並非指的是庚戌年已五十三歲，而是說其五十三歲才引疾歸。編者似誤解其意，以致理解上出現偏差。

九月，洪亮吉自戍所回歸故土，甌北前往探望，握手而敍談。

《稚存歸里，賦贈》：「握手相逢萬里身，入關衣尚帶征塵。去時拚作他鄉鬼，歸日幾同再世人。才士例爲遷謫客，聖朝終恕直言臣。生還應捧恩綸泣，教住冰天只十旬。」「生平豪氣隘寰區，事不驚人不丈夫。出塞始知天地大，題詩多創古今無。單車風雪孤征路，絕徼山川百戰圖。不敢慰君兒女語，昔人晚節倍艱劬。」（《甌北集》卷四二）

冬十月，甌北招洪亮吉、劉種之等人來齋中聚飲，亦有爲亮吉接風、壓驚之意。

《招檀橋、廷叔、稚存三編修、董暎珊庶常荒齋小集，皆同館也。江鄉此會頗不易得，作詩誌雅》：「詞垣先後蹟相參，里社招邀作雅談。座比奎躔星聚五，禮修鄉飲爵行三。烽煙路遠無傳箭，沙漠人歸有盍簪。莫惜追歡永朝夕，如今福地是江南。」（《甌北集》卷四二）

《題漠北望鄉圖》：「天蒼蒼，野茫茫，風吹草枯散牛羊。安得萬里返故鄉！」（《甌北集》卷四二）

《近遊戲書》、《紀夢》（《甌北集》卷四二）二詩，亦寫於此時。

【按】《招檀橋、廷叔、稚存三編修、董暎珊庶常荒齋小集，皆同館也。江鄉此會頗不易得，作詩誌雅》詩題中洪亮吉名字在後，然據本作「沙漠人歸」之詩意及《題漠北望鄉圖》而論，此次聚會，似專爲洪氏而設。祇是有心避諱，將其姓名後置而已。

　　董暎珊，據《(民國)鄒平縣志》，或爲董大醇，《清代人物生卒年表》未收。劉大紳有《賀董暎珊太史得元卷》二首：「夢中乘石上天難，萬里罡風徹骨寒。忽報朝來雲五色，大家舉首日邊看。」「魚目龍鱗混得無，光芒夜夜射菰蘆。從前托鉢沿門去，忘卻衣中大寶珠。初以得卷不足，撥第十二房卷足之。旋於廿七日得元卷。」（《寄菴詩文鈔》詩鈔卷七）據《(道光)

濟南府志》卷三〇，知董大醇，順天大興人，己未進士，嘉慶九年二月任鄒平知縣。又據該書卷三八：「董大醇，字改珊，順天大興人，進士。嘉慶九年由庶常改知鄒平縣，敬禮士子，煦育窮黎。值大旱蝗，邑人不樂報官，大醇知其弊，諭有蝗必報，遲者有刑。親至，爲之設法，或自褫衣冠手操捕蝗之具，董帥先進；或載乾餱湯漿，濟人之困，甚則安廠懸秤，按斤予值。是歲鄰境多受蝗害，而鄒平仍屬有秋。以內艱去，貧不能歸，邑人釀錢數百緡，爲補官欠。服闋後，合呈上稟，爲借徇之謀。上憲疑其有屬，不允，眾乃飲泣而歸。」《（民國）鄒平縣志》卷一四《宦蹟考》載大醇事迹稍詳，可參看。

年紀高邁，耳聾眼花，且又健忘，但仍苦讀不輟。時而扶杖外出，亦不忘推敲詩句，與人交往，或以目代耳。

《偶書》（三首）之一：「老尚手一編，丹黃勘不置。若以聖學論，亦玩物喪志。其如結習深，舍此心曷寄。老鼠慣搬姜，蠹魚喜食字。藉遣時日閒，兼飫性情嗜。譬如呼盧盆，不過寓遊戲。奈何技稍工，又想以傳世。」之二：「兩耳未甚聾，已難別宮徵。與客坐對談，惟恐失條理。內則以意聽，外則以目視。目光所凝注，不誤談娓娓。雖無顧曲精，亦免隨口唯。一笑雙明瞳，乃爲司聰使。人以耳爲目，我以目爲耳。」（《甌北集》卷四二）

《健忘》：「偶然得句忽遺忘，速起追逋已渺茫。失卻貓兒有何急，自生煩惱自尋忙。」「眼前僮僕或忘名，何況經書記不清。怪底近詩多白戰，征南武庫已無兵。」（《甌北集》卷四二）

《野步》：「雖老身猶健，無求氣頗充。杖頭沽酒具，枕上改詩功。地惜無山水，遊常避雨風。今朝晴景好，野步看丹楓。」（《甌北集》卷四二）

此時另有《書劍南集海棠詩後》、《秋成》、《蔣敍和秀才在湖北得拙集，枉寄詩八章，具述傾慕之意，賦此奉答》（《甌北集》卷四二）諸詩。

閉門家居，或讀放翁詩，或出入史書，目睹世事，感慨頗多，直斥當道大僚虛與委蛇、無所事事，亦爲世風之轉移而歎喟。

《書放翁詩後》：「放翁志恢復，動慕皋蘭鏖。十詩九滅虜，一代書生豪。及開禧用兵，年巳八十高。設令少十年，必親與戎韜。是役出即敗，輕舉千古嘲。公若在其間，亦當帶汗逃。天特善全之，仕隱皆奇遭。無事則恤緯，有事已善刀。」（《甌北集》卷四二）

《杜門》：「杜門仍守一青燈，塵事甘辭百不能。人漸老成無妄作，詩求

簡淨亦衰徵。宵驅霜氣爐添火，曉趁曦光硯炙冰。不覺自傷年腕晚，頭銜應署退堂僧。」（《甌北集》卷四二）

《風俗》：「人心俗習暗遷移，數十年間覺漸差。今日後生看孔孟，已非我輩後生時。」（《甌北集》卷四二）

《讀史》（四首）之一：「歷歷興衰史冊陳，古方今病輒相循。時當暇豫誰憂國？事到艱難已乏人。九仞山才傾簣土，一杯水豈救車薪？書生把卷偏多感，翦燭彷徨到向晨。」之四：「頗聞臺省尚委蛇，風議爭嗤恤緯嫠。謝傅圍棋雖故事，曹參醇酒是何時。瘍醫誤已癰疽潰，肉食謀仍燕雀嬉。一笑江村杜陵老，干卿甚事獨憂思？」（《甌北集》卷四二）

《遣寂》：「少陵在成都，結交到朱老。東坡在海南，符秀才亦好。由來索居苦，藉以慰枯槁。余性本落落，晚更少將迎。同輩已死盡，末契期後生。後生有才者，方自高其聲。仰而不能俯，誰肯就老成。以茲絕裾屨，默作孤掌鳴。惜哉得佳句，無人共欣對。欲起古人看，古人已無在。欲俟後人賞，我又不及待。終朝塊獨處，嗒焉一長嘅。」（《甌北集》卷四二）

《厭聞》：「三十年來把釣緡，厭聞消息說兵塵。私憂竊歎何人識？識亦徒嗤是杞人。」（《甌北集》卷四二）

另有《閒居效放翁體》、《衰屣》、《曝背》（《甌北集》卷四二）諸詩。

讀《萬里荷戈集》，甌北激情迸發，揮毫題詩，對洪亮吉詩多所揄揚。

《題稚存萬里荷戈集》：「人間第一最奇境，必待第一奇才領。渾沌倘無人可鑿，不妨終古懵不醒。中原一片好景光，發泄已盡周漢唐。所未泄者蠻僚窟，天遣李白流夜郎。又教子瞻渡瓊海，總爲僻昧開天荒。伊犁城在西北極，比似炎徼更遼僻。烏孫故地氈裘鄉，睢盱何曾讀倉頡。近年始入坤輿圖，去者無非罪人謫。一聞嚴譴當出關，如赴鬼門淚流赤。豈知天固不輕與，若輩紛紛何足數。要等風騷絕代人，來絢鴻蒙舊風土。稚存先生今李蘇，狂言應受攖鱗誅。熱鐵在頸赦不殺，廣柳車送充囚徒。天公見之拍手笑，待子久矣子才到。鍾儀故是操南音，斛律何妨歌北調。從此天山雪嶺間，神馬尻輿恣吟眺。國家開疆萬餘里，竟似爲君拓詩料。即今一卷荷戈詩，已如禹鼎鑄魑魅。狂風卷石落半嶺，堅冰鑿梯通九達。人驚雕攫抱頭竄，雷怯龍門飛輪馳。生羌變驢或剩腿，降夷化魚皆遊屍。隨手拈作錦囊句，諾皐狹陋寧須支。翻嫌賜環太草草，令咸百日歸華表。倘更留君一二年，北荒經定增搜考。憶君惟恐君歸遲，愛君轉恨君歸早！」（《甌北集》卷四二）

另有《哭邵松阿》（《甌北集》卷四二）詩。

【按】邵松阿，即邵耐亭齊熊，見本譜乾隆二十年考述。

嘉慶六年辛酉（1801） 七十五歲

【時事】 正月，頒《御製邪教說》，謂：「先聖王以道德仁義禮樂政刑，裁成輔相，化育萬方，使民日趨於正道，恐為邪教所惑也。自二氏行於中國，始有釋教、道教之名。因其亦皆吾儒所撰，大旨亦精微元妙，勸人為善，戒人為惡，輔翼王化，無大差謬，是以聖帝明王姑存此類，不加沙汰。至於白蓮教之始，則為騙錢惑眾，假燒香治病為名，竊佛經仙籙之語，衣服與齊民無異，又無寺宇住持，聽聚之人皆失業無賴之徒。所以必流為盜賊，是又僧道之不若矣。然天下之大，何所不有。苟能安靜奉法，即燒香治病，原有惻怛之仁心，在朝政之所不禁，若藉此聚眾弄兵，漸成叛逆之大案，則王法之所不容。故查拿之始，原因逆謀之一二人，如劉松、宋之清、劉之協首犯耳。劉松、宋之清皆已伏法，並未株連；而劉之協白扶溝脫逃，所緝者仍此一犯。而地方官有奉行不善者，有苛求圖利者，胥役衙書四出滋擾，閭閻無賴借事吹求，將正犯反置於不問，妄拿無辜，名曰欲辦白蓮教，以致群起於襄陽，由豫入陝。而川省達州徐添德，王三槐亦乘時蠢動，互相勾結。自此遂東奔西竄，疲吾官兵，害吾良民，傷心慘目，實難備書。現今賊營中非盡教匪也，亂民乘勢圖劫掠耳。夫官軍所誅者叛逆也，未習教而抗拒者殺無赦，習教而在家持誦者原無罪也。即如劉之協，雖為白蓮教教首，其未謀逆以前，若俯首就擒，其罪僅止發遣耳；脫逃後，至湖北糾約姚、齊二逆並同教人等，定於辰年辰月辰日辰時起事，是真叛逆，斷不可赦矣。起事後，伊又潛往豫省，漏網七年之久。若從此安靜匿藏，原可幸免；孰意又糾約李傑等，由寶、鄖起事！此尤罪大惡盈，天神共憤，使之自投法網，得正憲章，豈人力哉？故白蓮教與叛逆不同，乃顯而易見之理。設若賊營中有一二僧道，豈盡行沙汰二氏乎？有一二生員，豈遂廢科舉之典乎？然則白蓮教之為逆者，法在必誅；其未謀逆之白蓮教，豈忍盡行剿洗耶？白蓮教與叛逆不同之理既明，則五年以來所辦理者一叛逆大案也。非欲除邪教也。然聚眾斂錢，終流為不靖，是在良有司實心訓導，宣揚正學，漸仁摩義，蹈矩循規，化其暴戾，易俗移風，庶幾世臻小康，民安本業。朕實有厚望焉！」（《清通鑑》卷一五八）二月，改湖廣提督為湖南提督，置湖北提督，駐襄陽。改襄陽鎮總

兵爲郞陽鎮總兵。以成德爲戶部尙書、軍機大臣。(《清史稿》卷一六《仁宗紀》)
三月，詔略曰：「被『賊』裹脅匪徒多係良民，凡投出者悉貸其死。軍前大臣
仰體朕意，廣爲宣示，務使週知。」(《清史稿》卷一六《仁宗紀》)四月，教
軍首領徐天德、樊人傑合曾芝秀、陳朝觀至陝西白河，陳朝觀兵敗被擒。(《清
史稿》卷三四五《德楞泰傳》)本月，協辦大學士、湖廣總督書麟卒。以兩廣
總督李慶協辦大學士。(《清史稿》卷一六《仁宗紀》)五月，教軍敗於西鄉。
德楞泰「率賽沖阿、溫春蹙之仁和新灘。大雨水漲，天德溺斃。紹周乘虛闌入
房縣、竹谿，截擊之，復回太平，擒其黨陳文明」(《清史稿》卷三四五《德楞
泰傳》)。六月，姜晟以緩報京畿水災下旨逮問，後發永定河效力，起陳大文署
直隸總督。西安將軍恒瑞卒。七月，教首徐添壽、王登高，爲勒保率兵擊敗，
被俘。八月，教首王士虎、冉添德爲額勒登保所俘。(按：《清史稿·仁宗紀》
於本年二月載述：「勒保奏獲賊首王士虎」，至八月，又謂：「額勒登保奏獲匪
首王士虎。」同一傳記，自相矛盾。而同書卷三四四《額勒登保傳》則於嘉慶
六年二月中記述：「賊之著者，陝西冉學勝、伍懷志，湖北徐天德、苟文明，
四川樊人傑、冉天泗、王士虎等，尙不下十餘股。」據此，知王士虎二月間並
未被擒，故採取八月被俘之說)九月，續修《大清會典》。十一月，申飭太監
及護軍人等不得夜賭。諭曰：「據護軍統領丹巴多爾濟等奏，失察中正殿太監
及護軍等賭博一事，自請議處，已加恩寬免矣。向來紫禁城內派有六大班，諸
王、文武大臣及前鋒統領、護軍統領等輪流值宿，嚴密稽查，乃日久漸涉疏懈。
又總管內務府大臣等從前均輪班上夜，後亦廢弛，以致太監及護軍人等竟敢乘
夜賭博，無所畏忌。禁地森嚴，豈可不加意整肅？嗣後總管內務府大臣等著照
舊輪班值宿，除該六大班之諸王體制宜尊及領侍衛內大臣職分較大，無庸派令
查夜外，其該六大班之文武大臣、前鋒統領、護軍統領、總管內務府大臣等俱
著輪流查夜，以昭嚴密。該大臣等務須不時周歷巡查，如各該處地方查有夜深
不息燈火及賭博等事，立即鎖拏究辦，次早即行具奏，不得瞻徇情面。如該班
大臣等巡察不嚴，再有疏懈，必一併議處。若日久廢弛，亦不輕恕。」(《國朝
宮史續編》卷六)

　　本年，昭文吳蔚光所刻《小湖田樂府》總十三卷。
　　陽湖伍宇昭刻所著《艤舟亭集》五卷。
　　婁東羽衣客戍所著說部《鏡花水月》八卷刊行。
　　元和戈宙襄跋《笠澤叢書》。

鎭洋彭兆蓀作《典裘》、《賒米》、《賣書》三詩；作《螺旋車歌》，記其妹婿沈中立所創製的新式溉田器。

青浦王昶輯定《天下書院總志》。

陽湖孫星衍還金陵重刊《景定建康志》成。

浙江陳鴻壽客蘇州，與錢大昕、段玉裁、顧蒪等會黃丕烈紅椒山館。

鎭洋汪學金解京職還，此際輯《婁江詩派》，陸續得二十八卷。

陽湖陸繼輅、劉嗣綰、吳縣金學蓮、吳江郭麐、江西吳嵩梁等客揚州，爲曾燠題襟館中客。

陽湖陸繼輅至吳門，與江西萬承紀會，聽吳中四弦彈唱，作紀事詩。

直隸翁方綱爲顒琰所惡，被罰赴馬蘭峪守陵。

甘泉黃文暘再遊曲阜，見孔繼涵舊所藏書，作《微波榭借書歌》。

直隸舒位、浙江王曇集北京，復先後南行，位館天津，作《振災行》，記津沽此年水災。

浙江章學誠死，年六十四。

江陰屠紳以縱欲死，年五十八。

是年，馮應榴、金榜卒。（《高郵王氏父子年譜》）

正月，陸繼輅偕劉嗣綰、洪飴孫計偕北上，旅宿富莊驛，寒夜被酒，戲聯句，成六絕綴以小序題壁上，署曰：署中女子鵑紅。已而，傳和遍於京師。後復有合肥趙對澂（野航）者，衍鵑紅事爲傳奇，名曰：《酬紅記》。不知其事實烏有子虛也。（陸蕚庭《錢維喬年譜》）

洪亮吉在里門。自二月以後，偕同里耆宿，爲壺碟之會。每逢花辰令節，與趙翼、莊通敏、宇逵、蔣騏昌、吳端彝、陳賓、蔣廷耀等，往還唱酬無間，每歲皆然。其於莊述祖、臧鏞堂，則時時相與商榷經義，屢有辨證焉。（《洪北江先生年譜》）

趙懷玉於五月三日出都，將赴青州同知任。行前，賦《將出都門述懷兼別同志》詩，稱：「浮沈久西掖，祿也而實餒」，「行先省南陔，再往觀東海」，（《亦有生齋集》詩卷一九）先回家省親，再往任所。一時和者如吳錫麒、楊芳燦、李鼎元、張問陶、法式善、張雲璈諸名流。歸途，並寫有《過關行》詩，曰：「三日過兩關，一關一鎖鑰。歸人思奮飛，風利轉停泊。長年畏津吏，攜貨私納錢。羈客請放行，豪奴日高猶倦眠。關前掛帆旦暮候，關上開筵酒肉臭。朝聞新使欲下車，此時更急謀肥家。籲嗟乎！司農歲入十之一，餘者

都歸若曹室。利之所在弊即因，但有治法無治人，天下患豈唯關津！」（《亦有生齋集》詩卷一九）揭露關吏勒索過往行人情狀。

五月，因河水漫堤，王念孫同直隸總督姜晟均被革職拿問。（《王石臞先生年譜》）

焦循應鄉試，中式舉人。（《焦理堂先生年譜》）

阮元於杭州西湖行宮之東立詁經精舍，選兩浙諸生學古者讀書其中，奉祀許慎、鄭玄，並延請王昶、孫星衍主講席其中。命題評文之外，間以十三經、三史疑義，旁及小學、天部、地理、演算法、詞章，各聽搜討，書傳條對，以觀其識。（《雷塘菴主弟子記》卷二）是年，刻所編《廣陵詩事》十卷。（《明清江蘇文人年表》）

是年，凌廷堪仍爲寧國教授。時桐城姚姬傳先生主敬敷書院講席，爲題《校禮圖》。與凌氏論學宗旨各別，廷堪答之以詩，有云「是非原有遺編在，同異何嫌立論殊」。（《凌次仲先生年譜》）

【本事】正月初十前後，為長孫公桂娶婦查氏。公桂時年二十，查氏十七歲。

《爲長孫公桂娶婦》：「金雀屏開鼓吹喧，望孫今又望曾孫。固知五嶽期逾遠，且喜重闈輩益尊。寶炬千枝明徹夜，香奩百兩爛盈門。只愁漸染豪華習，誰記風詩束楚婚？」（《甌北集》卷四二）

【按】公桂，見本譜乾隆四十七年考述。

正月十八，北風怒號，雨雪交替而降，天寒甚。未幾，閱邸報，知故相子被流放，感慨不已。

《閱邸抄有感》：「長樂老人負重望，其子乃習俳優唱。茶陵閣師正臺階，其子花街又柳街。從來名臣後不振，非關國家賞延吝。即令故相垂鴻猷，九重念舊恩禮優。方倚將門用趙括，誰知相府無條侯。償軍敗檢一年內，荷戈萬里雙長流。朝廷雖存十世宥，豈得屈法蠲瑕尤。嗚呼！蓋代忠勳尚如此，家運由來不由己。何況書生福命慳，敢冀構堂能濟美。柳玭枉著訓傳家，陶令不必詩責子。」（《甌北集》卷四二）

另有《苦寒行》、《題宗室公思元主人風雨快遊圖》、《獨立》（《甌北集》卷四二）諸詩。

【按】《清史稿》卷三〇一《傅恒傳附福長安》謂：福長安在乾隆朝官至戶部尚書，圖像紫光閣，以直軍機處得侯。嘉慶四年，「高宗崩，大學士

和珅得罪，仁宗以福長安阿附，逮下獄，奪爵，籍其家。諸大臣議用朋黨律坐立斬，上命改監候，而賜和珅死，使監福長安詣和珅死所跪視。旋遣往裕陵充供茶拜唐阿，就遷員外郎。六年，以請還京，奪職，發盛京披甲」。卒於嘉慶二十二年（1817）。福靈安，多羅額附，官至署雲南永北鎮總兵，卒於乾隆三十二年（1767）。福隆安，尚高宗女和嘉公主，授和碩額附，任兵部尚書，軍機處行走，圖像紫光閣，卒於乾隆四十九年（1784）。子豐紳濟倫，以公主了得官，累遷兵部尚書，「嘉慶間，再坐事」。又，《清史稿》卷三三〇《福康安傳》，福康安於嘉慶元年五月卒於軍，仁宗命加郡王銜，從傅恒配太廟。「子德麟，襲貝勒，遞降至未入八分公，世襲罔替。福康安受高宗殊寵，師有功。在軍中習奢侈，犒軍金幣輒鉅萬，治餉吏承意指，糜濫滋甚。仁宗既親政，屢下詔戒諸將帥毋濫賞，必斥福康安。德麟迎喪歸，將吏具賻四萬有奇，責令輸八萬。德麟旋坐雩壇視牲誤班，降貝子」。甌北詩中所寫，蓋與福長安諸人事有關。思元主人，即裕瑞，見本譜嘉慶五年考述。《風雨快遊圖》，昭槤有《題思元主人風雨紀遊圖》，見《蕙蓀堂集》。

二月初，與洪亮吉過從甚密，並相約出遊踏青，為風雨所阻。

《雨後稚存枉過，復出二詩見示，再次其韻》：「林間難得兩閒身，話雨何妨竟夕晨。天意似償殘臘雪，客裝重洗隔年塵。談言湧比開新溜，詩律嚴於束濕薪。便作對床聽也得，流連已不負芳春。」「廉纖才止喜君過，健步應稱曳落河。甘雨乍收猶覺少，佳章難和已嫌多。字摹屋漏真顏筆，詩掃雲開亦魯戈。從此晴暄好聯步，清遊何必定披簑。」（《甌北集》卷四二）

此時另寫有《和稚存積雨見懷之作》、《題李鹿籍聽泉圖》、《驛柳詩和蔣立菴》（《甌北集》卷四二）諸詩。

【按】甌北《和稚存積雨見懷之作》「蟲將啟蟄翻坯戶」句下注曰：「將交驚蟄」，知此二詩寫於二月初。

李鹿籍，李慶來，字鹿籍，一字章有，號北山，陽湖人。生於乾隆三十三年（1768），卒於嘉慶二十二年（1817）。（《清代人物生卒年表》）

李兆洛《李鹿籍》謂：「君諱慶來，字鹿籍，棣原先生之子，為後於蠡塘先生。生六歲，丁繼父憂。更八年而棣原先生卒，兩弟俱幼，君上事蓼母，下憮弱弟，治大事如成人。自屬於學，以率兩弟。家世工書，君能承之。挈一硯遊諸侯以為養，於學無所不窺，詩文皆有師法。既屢

試不售，潦倒客授。客清河汪氏，卒中風，不能言，俄頃卒，嘉慶丁丑八月十九日也，年五十。所著有《肯室古文稿》、《北山詩鈔》、《籟涵齋隨筆》。君長予一歲，乾隆甲辰予赴邑試，適與君連几坐，各詢名氏，始識君。時君才舞象，已有工書名，輩中相引重矣。予居北郭，君居西郭，苦不得朝夕，歲或一兩見，其後又識令弟心陔、紹仔，往來益頻。君出遊日多，兩弟小於君且十歲，常居守，故已未、庚申間，與兩弟益密而君反疎，然間歲亦往往相遇，從容杯酒，各道契闊。至戊辰以還，予羈宦淮北，遂不復見。比予謝事歸，而君已前逝矣。君泛愛容眾，與人無爭，雖胸中洞然，而絕去圭角。所交遊盡天下賢達長者。其相與處，常在若近若遠間，故其生也無怨惡，其死也莫不思而頌之。體素豐碩，工飲啖。予嘗因燕集，戲為座中人言，得春生之氣多者莫如鹿籽。法當久不死，閱吾輩乃竟若此。輯君詩，不自知涕淚之橫集也。」（《養一齋集》文集卷一六《傳》）

陸繼輅《左右修竹齋詩序》：「《左右修竹齋詩》如干卷，吾友李慶來鹿籽著。鹿籽既歿，其弟心陔、紹仔將刻以行世，而請序於余。余受而讀之，掩卷而歎曰：『人之所望於長年者，豈非欲寬其期以成吾之學邪？』憶吾初識君年十九，君二十有三，其時君方銳意學宋四家書，懸腕縱筆，如風雨馳驟。已而學唐宋八家文，即為人作碑版銘志，受諛墓金，無所讓。余嘗戲語君：『昔人言文章老更成，君方少，何成之早邪？』其後稍稍厭倦，專攻舉子業。南北十餘試不讎，始頹然自放於詩酒。故君之為詩，其精心果志，視學書為不逮。嗟乎！遇不遇，命也。使君輟舉子業，專力於詩文，二十餘年之中所成就，寧止於此？然君年五十耳，暴疾死，詎所料哉？於以知耄耋之未可期而功名之不足狗也。嘉慶乙亥、丙子間，余抱疴杜門，先後為盛君孟岩、楊君星園、丁君鬱茲、楊君鼎圃刪定遺集。君嘗過余，就案頭翻閱及之，商榷一、二字，皆至當不可移易。曾幾何時，而君之詩亦將付刊，刊成而墓有宿草矣。夫人生數十寒暑，犇走間之，疾病憂患間之，其間精心果志致力於文辭者殆十不及三四，而欲挾之與天地爭壽，豈非大愚？然或並此無之，奄然化去，如委土於地，棄水於江河，曾無豪發之蹟，其為可痛，又當何如？吾序君詩，既為君悲，亦未嘗不為君慰也。嗚呼！死者長已矣，吾與心陔、紹仔，其將何以自勉乎哉！」（《崇百藥齋文集》卷一四）

方外交巨超自焦山來訪，以詩投贈，並以時新蔬筍相饋，甌北詩以答謝，並致意女詩人駱綺蘭。

《詩僧巨超自焦山過訪，枉詩投贈，兼惠嘉蔬，次韻奉答》：「身雖學佛骨仍仙，過我蕭齋慰暮年。良友豈須三教別，好詩已見十方傳。鶴銘蹟有摹碑字，鴻爪痕留疥壁聯。準擬焦廬謀結夏，一帆重到剎竿前。」「已是山中辟穀仙，翻將蔬筍饋新年。味殊佛印燒豬待，事並園官送菜傳。方法喜君多秘製，布施愧我只詩聯。尚嫌不帶中泠水，枉自來從北固前。」（《甌北集》卷四二）

《巨超將歸，托寄京口佩香女史》（四首）之一：「香閣論詩又兩年，遙知淨業已皈禪。不妨書托高僧寄，正是清齋繡佛虔。」之二：「新築軒仍榜聽秋，我來準擬小停舟。可憐兩度過京口，只見紅欄俯碧流。」（《甌北集》卷四二）

二月末，買舟出遊，覽茅山勝迹，欲往探乾元館陶弘景故迹，因天突降雨而作罷。

《茅山紀遊》（四首）之一：「句曲古洞天，距家二百里。年者尚未到，塵俗真可鄙。今朝忽興發，奮決枋榆起。買舟既風順，登陸適雨止。舁籃兩輿夫，腳過茅狗駛。遙指大茅峰，直上青冥裏。屈盤十八折，疊磴何人始？每當一折處，輿夫劣容趾。吾身已在空，下瞰怖欲死。千丈倘一落，直作齏粉耳。自笑老何為，乃冒險若此。」（《甌北集》卷四二）

【按】《欽定大清一統志》卷五〇《江寧府》謂：「茅山在句容縣東南。《世說新語》：晉時王□嘗登茅山慟哭。《梁書》：齊永明十年，陶弘景辭祿，止於句容之句曲山，恒曰：『此山下是第八洞天，名金壇華陽之天。昔漢有咸陽三茅君得道來掌此山，故謂之茅山。』」

時當寒食，庭中山茶花開，甌北約蔣立菴熊昌、劉檀橋種之、莊迁甫通敏、洪稚存亮吉、趙緘齋繩男及陳春山明府，聚飲花下，彼此唱和。

《寒食日招蔣立菴太守、劉檀橋贊善、莊迁甫中允、洪稚存編修、陳春山明府、家緘齋比部小集山茶花下，立菴、稚存皆有詩，即和其韻》：「偶借繁花款客停，花光正赤眼俱青。鄉風不禁西河火，人數剛符北斗星。瓊液味供大戶，寶珠名豈稱寒廳。香山故事差堪繼，恰有高賢未及齡。」「合向東皇賦拜嘉，賞花都把海紅誇。穠華豔發真舒錦，薄酒清談當鬭茶。樹老也如人嬰爍，坐深不覺日欹斜。牡丹雅集還先訂，繭栗枝頭已放芽。」（《甌北集》

卷四二）

　　另有《牡丹將開作布幔護之，戲題》（《甌北集》卷四二）詩。
三月，牡丹盛開，與趙緘齋繩男、洪稚存亮吉、劉瀛坡烜、劉檀橋種之
諸友，疊番作賞花之會，嫌蘭陵酒濁，皆用浙釀，「借飲爲詩地」。

　　《舊譜》：「春仲遊茅山，歸於同鄉劉瀛坡總戎烜、劉檀橋中允種之、莊
迂甫贊善通敏、洪稚存編修亮吉、蔣立菴太守熊昌、瑩溪別駕駪昌、陳春山
明府、家緘齋比部繩男爲看花之會，自山茶至牡丹，更番治具。婆娑諸老，
杖屢過從，里中傳爲佳話。時稚存自塞外歸，與先生唱和尤數。」

　　《同人預訂牡丹之會，稚存不待花開輒折簡邀集，作此戲之索和》：「借
花作飲資，借飲爲詩地。此亦退閒人，居鄉一樂事。山茶既開尊，海棠又舉
觶。預期牡丹時，再續花下醉。先生乃不待，老饕急欲試。枝頭方繭栗，折
簡遽邀致。由來不羈人，作事必奇氣。仕宦甘勇退，雞肋竟輕棄。遊讌乃躁
進，未卯輒早計。吾笑謂先生，此酒爲花貰。有花則成賞，無花則空費。待
取花開時，須補郇庖治。」（《甌北集》卷四二）

　　另有《三月二日緘齋作海棠之會，即席索同人和》、《題楊忠愍名印》、
《爲偉兒得葬地於金壇夏蕭村感賦》、《牡丹既開，邀同人小集，而花色不豔
朵亦差小，作詩解嘲》、《花會將遍，檀橋最後治具，牡丹既多貴種，而肴饌
特精，酒間用緘齋語成篇》、《檀橋席上賦紅牡丹》、《稚存謂古來牡丹詩少有
作正面文字者，戲成四首索和》、《湯樸齋邀飲紫藤花下》（《甌北集》卷四二）
諸詩。

　　【按】楊忠愍，即楊繼盛。繼盛，字仲芳，號椒山，容城人。嘉靖丁未進
　　　　士，官至兵部武選司員外郎，以疏劾嚴嵩爲所構陷，與張經同棄市，後
　　　　追贈太常寺卿，謚忠愍。事蹟具《明史》「本傳」。（《四庫全書總目・楊
　　　　忠愍集》）

近鄰楊雲珊元錫，亦以詩知名，以詩集相贈，甌北十分稱賞其詩之飛騰
氣象。並為蔣立崖業晉《天遠歸雲圖》題詩。

　　《題楊雲珊詩卷》：「吾黨楊盈川，力學不好弄。家聲八花磚，才氣九雲
夢。示我一編詩，出語必驚眾。呼風萬馬來，奔騰不可控。斂心貫一蝨，又
作車輪中。因之入名場，莫敢相伯仲。我忝紀群交，更喜衡宇共。光許鑿壁
分，醪堪過牆送。忽焉賦壯遊，難挽青絲鞚。得句早寄歸，資我晨夕諷。」（《甌
北集》卷四二）

《題蔣立崖天遠歸雲圖》：「心迹浮雲一片閒，未曾出岫寫歸山。誰知二十年前畫，預兆輪臺萬里還。」「膚寸膏流漢上田，又分愷澤潤窮邊。而今欲卻爲霖手，散作餘霞尚滿天。」「羽化銀盃已不留，桓廚故物忽重收。由來天半高雲朗，肯汙人間寒具油。」（《甌北集》卷四二）

【按】楊元錫，字雲珊，武進人。監生。治經宗漢學，爲詩宗李白。著有《覽輝閣詩草》六卷、《覽輝閣詞草》一卷。（《江蘇藝文志·常州卷》）

楊元錫有題贈洪亮吉詩，曰：「黃沙莽莽無行蹟，玉堂偓人碧霄謫。天山積雪沒馬蹄，一萬里去陽關西。長鞭搖搖入雲去，繞袖濃雲若披絮。怒龍鬪雷騰半空，蒼鶻攫人飛上樹。二事皆集中記所見。一峰行盡復一峰，奇句題徧峰峰松。松濤嵐翠蕩胸臆，咳唾珠玉隨天風。天山盡處軍容重，曉謁轅門氣先竦。投筆能教壯士驚，請纓都訝文人勇。山中魑魅怒侮人，鍵戶瑟縮潛悲辛。同時遷客皆開燕，問訊爭來識君面。邀月空憐太白杯，微吟欲築望鄉臺。楓林青青塞雲黑，五更笳管腸千回。殊方寧望生還路，玉門不信春風度。一道恩綸天上來，萬人感泣成甘澍。羨君出關復入關，匹馬仍復過天山。峰峰松雲若相識，馬首青山向君揖。添得長刀短後衣，用集中句。生向玉關吹笛入。折檻曾憂直節難，賜環旋荷主恩寬。桂叢未老黃華綻，待得歸人酌酒看。故人握手驚且喜，快讀新詩搔首起。天生奇境待奇才，抉透靈光筆端使。吾謂才華學問雖絕倫，不若獨秉至性歸貞純。機聲燈影少年事，比鄰早羨樓頭人。君少時隨太夫人居外家樓上，與余比鄰，曾作《機聲燈影圖》。萬言伏闕直聲震，必於孝子求忠臣。一時風骨如君少，孤隼凌秋羽毛矯。長安冠蓋去復來，諸君袞袞奚爲哉。崑崙山高接西極，妙手圖成掛齋壁。和君萬里荷戈詩，醉臥窗前看山色。」（《更生齋集》詩卷一附）又，洪氏《雲溪行送楊上舍元錫北遊》謂：「月出雲溪東，照見雲溪西。雲溪鯉魚亦成隊，生世不肯離雲溪。奈何溪邊人，屢放溪邊艇，我向溪頭望遠行，布帆一一飛無影。君居雲溪已七世，三世及交情並摯。君族祖衣文印曾及尊人敦復皆余故交。矧君才筆勝昔人，使我論交復傷逝。牡丹花紅繡球綠，搖蕩溪光數間屋。家無長物殊可笑，祇有貯詩餘舊簏。城東別墅高數層，君家有園在玉梅橋側，俗名楊園。老樹尚掛千年藤。昨因酒後一臨眺，君已薄醉難同登。最憐雲溪春，更向雲溪步。我屬溪頭赤鯉魚，送君直到江干渡。」（《更生齋集》詩卷三）另有《八月二十三日偕莊徵君宇逵、楊上舍元錫、湯騎尉貽汾放舟至蘆墅采菱，

回途復飲上舍騰光館中，夜半乃返，得詩六十二韻〉、〈八月晦日楊上舍元錫復招同人騰光館雅集，即席賦贈〉、〈是日偕莊徵君宇逵、楊上舍元錫登太平寺浮圖〉，均見《更生齋集》詩續集卷九。

楊元錫與趙懷玉亦有交往，趙懷玉有〈楊上舍元錫招飲騰光館〉，見《亦有生齋集》詩卷二四。

蔣立崖業晉，見本譜乾隆五十八年考述。

乾隆四十四年十月，湖北黃梅縣監生石卓槐（即石廷三）《芥圃詩鈔》案發，前任漢陽知縣、候補同知蔣業晉等七十人列名參校，受此牽累，蔣被追究。湖廣總督富勒渾等於奏摺中謂：「因查《芥圃詩鈔》內有為蔣業晉題《秦塞看雲圖》一首，又有為曹麟開題《楚江攬勝圖》、《水西探梅圖》詩各一首，此為唱和往還實據，應跟獲原本，從此嚴究該二員如何校訂，使無狡飾，並和曹麟開黃鶴樓詩四首，當即委員先在蔣業晉寓所搜查，並無《秦塞看雲圖》。訊據蔣業晉供：該參員前往甘肅，原有《駐馬看雲圖》，內有沈德潛題句，並未令石卓槐題詩，此圖於三十七年帶回原籍留存在家，四十二年鄰家失火，延燒該參員房屋，將此圖一併燒毀，現可咨查。其《楚江攬勝》等二圖，訊據曹麟開供：《水西探梅圖》係該參員在京教習時為涇縣舉人趙帥繪畫並題一詩，《楚江攬勝圖》係趙帥在黃梅書院掌教時該參員自畫並題一詩，同所題黃鶴樓詩四首送給趙帥，並無令石卓槐題和之事，現有趙帥可以提質各等語。隨經臣等飛咨江蘇、安徽各撫臣查起石卓槐所題各圖，並題趙帥來楚質訊去後，茲據江蘇撫臣復稱，委員搜查蔣業晉家並無《駐馬看雲圖》畫卷，亦無《芥圃詩鈔》，其房屋委於四十二年四月初一日被鄰火延燒，屬實。並准安徽撫臣查知，趙帥已往江寧，委員拿獲，同起獲《水西探梅圖》一幅一併委員移解來楚。當查《水西探梅圖》上並無石卓槐所題詩句。臣等隨即督同布政使梁敦書、按察使福川、武昌府永慶、黃州府知府李國麒等親提各犯逐加研鞫，緣石卓槐即石廷三，係黃梅縣監生。伊父石學洙存日，將石卓槐繼與故弟石學濬為嗣。石卓槐讀書未能上進，粗解作詩。乾隆三十二年黃梅縣堤工潰決，石卓槐之伯石待價承充堤長，令石卓槐赴堤照料，因與督修堤工之縣丞蘇斑熟識，常至其署。時漢陽縣知縣候補同知蔣業晉來楚試用，委赴查工，在蘇斑署內見有石卓槐所著《憶梅行》古詩一首，指摘其瑕欲為刪節。蘇斑向石卓槐告知，並稱蔣業晉素遊沈德潛門下。

適蔣業晉攜有《駐馬看雲圖》內有沈德潛題句，爲蘇珽借觀，並被石卓槐窺見，亦欲附名題詠，遂赴蔣業晉寓所拜會，稱欲投拜爲師。蔣業晉僅以好言獎許並未允從。其所擬詩句，值蔣業晉攜圖回省，未經寫入。石卓槐復畫蘭花一幅，題詩欲寄，乏便而止。至三十八年黃梅縣知縣曹麟開抵任，縣城向有梅英書院。三十九年五月，曹麟開延請涇縣舉人趙帥爲院長，石卓槐有侄石章駒在院肄業，因與趙帥往來。曹麟開赴院，遂與石卓槐接見。時曹麟開繪有《楚江攬勝圖》，並有題黃鶴樓詩四首粘貼院壁，石卓槐於接見時極口讚揚，曹麟開亦以好言酬答。石卓槐自詡見知，值趙帥在院課試，即以《楚江攬勝》圖命題，石卓槐遂私擬題畫一首並和黃鶴樓詩。復從趙帥處見有曹麟開所畫《水西探梅圖》，亦爲題詠，欲同趙帥轉達曹麟開。值趙帥聞母病危，倉猝回籍，未經送閱，現皆刊入《詩鈔》，此外並無另有唱酬之事。四十年二月間，有桐城縣人項章，知石卓槐愛尚虛名，遂以欲刊《國朝正聲集》爲詞向石卓槐慫動，石卓槐隨將所作春柳詩四首托其刊入，並送給銀五兩，項章得銀回籍並未刊詩。石卓槐前後作詩積有九百餘首，遂起意自行刊刻，因思詩集必得名人作序方能動眾，遂自作序文駕名沈德潛，又以沈德潛已故恐難取信，擬稱蔣業晉先於三十三年代求沈德潛作序在蘇寄與，並令素識之胡善譽代爲作傳，又自代伊弟石卓椿作跋。並以蔣業晉、曹麟開二人爲鑒定，以葉世度等十人爲同鑒，以黃庭等五十五人爲參訂，石卓椿爲編次，釋達睿本白爲同訂，子侄爾煛爲校字，即於四十年二月交與族侄石思密帶往江西刊刻板片，並刷成三十四部帶回。時因蔣業晉等尚在楚省，恐被見而查詰，未敢多刷廣爲傳播，僅被族親石元吉等十六人各取一部，並徐光濟等取去十部，自存八部。至四十三年，石卓槐聞知沈德潛爲徐述夔作序事發，遂將石元吉等所取詩集十六部同自存八部連板片一併燒毀，惟徐光濟等十部未及取歸。嗣於四十四年，徐光濟因石卓槐欠伊錢債未清，赴黃州府具控批縣查追，徐光濟在縣候審，至鄒步青家嫖宿被盧得勝等捉姦訛詐，徐光濟疑係石卓槐挾嫌串囑，復以前控之案赴府呈催，並將《芥圃詩鈔》內狂悖語句粘單指首。緝該府起獲詩本，並拘石卓槐到案，解省審辦，經臣鄭大進查核原書，將書內狂悖之處粘簽具奏，並將應質之曹麟開等參提飭審，歷經嚴鞫，據各供認前情不諱。臣等查石卓槐所著《芥圃詩鈔》，既首以蔣業晉、曹麟開爲鑒定之人，且其自作

跋語內有蔣業晉以戊子丁外艱回吳，臨行囑其以全集命雕，且許爲乞沈德潛作序；癸巳秋曹麟開蒞梅，下車後即索其詩手爲刪訂，堅囑付梓等語，情詞確鑿。今訊據蔣業晉等堅供未見石卓槐所著全詩，亦無轉求作序、囑令付梓情事，殊不可信，隨又各加刑訊。據蔣業晉供：戊子係乾隆三十三年，該員之父於二十七年身故，何至三十三年始丁外艱，至三十六年該員母故丁艱回籍，三十三年該員尚在楚省，並未回吳，何得有臨行囑其以全集付梓並轉爲乞序之事？據曹麟開供：石卓槐先與趙帥認識，趙帥稱其善畫能詩，因於三十九年五月即在書院中與之接見，以後並無往來，從何索取其詩手爲刪訂？若果有刪訂之事，伊由舉人考充教習稍知義理，豈有見其狂悖語句不爲刪去，肯留鑒訂之名自貽罪過，愚不如此？即其所題《楚江攬勝圖》、所和黃鶴樓詩，亦係石卓槐見而自作，並未令其題和，現有石卓槐可訊。質之石卓槐，據供：蔣業晉、曹麟開俱素有詩名，蔣業晉曾見伊古詩一首欲爲刪節，本欲投拜爲師，曹麟開係本邑縣令，於所屬生監例得以師生稱謂，且曾接見，故書內首列伊等爲鑒定，其實俱未見全詩，書內後跋實係捏情妄作，並無其事，故刻成之後亦不敢將書寄閱。今三面質對，始知蔣業晉父母存歿丁憂年月俱與跋語不符，更不敢稍有欺罔各等語，嚴詰不移，似無遁飾。臣等復與藩、臬兩司將書內語句逐加查核，如指陳時事等詩，雖俱有頌揚聖德之詞，不敢顯施詆斥，但有心訕謗肆其狂吠悖逆之處不一而足，甚至廟諱、御名均不敬避，殊堪髮指。石卓槐合依大逆者凌遲處死律應凌遲處死。該犯之子石六老年止九歲，並妻石汪氏、妾石夏氏均照例緣坐給付功臣之家爲奴。該犯尚有子石五老已出繼與石碧山爲子，女大女己許與宛秀榮爲媳，均經地方官查明取結，該犯久經出繼與已故之叔石學濬爲嗣，其另居之弟石卓椿係該犯本生父之子，降服大功均應照律免其緣坐。仍飭地方官查明該犯田產入官，所捐監照並飭追繳送部查銷。參革漢陽縣知縣候補同知蔣業晉、參革前任黃梅縣知縣候補知州曹麟開，雖訊無見過全詩及轉求作序、手爲刪訂情事，但蔣業晉奉公差委，乃與狂悖不法之石卓槐交接講論詩文，曹麟開身任地方，於本邑狂悖不法之石卓槐既漫無覺察，反以詩畫與之交接，以致石卓槐假託師生、列爲鑒定，均未便以其未見全詩稍爲寬假，蔣業晉、曹麟開除於本案革職外應請發往烏魯木齊等處效力贖罪。」（《清代文字獄檔》上冊）

《天遠歸雲圖》，洪亮吉有《蔣州守業晉寄天遠歸雲圖索題》，見《更生齋集》詩卷三；吳省欽有《題立厓天遠歸雲圖》，見《白華後稿》卷三九。吳詩小序曰：「立厓長予一歲，五十三歲。歲戊戌，以漢陽司馬假旋，圖此，留圖於吳而赴楚，旋戍伊犁，乙巳歸金閶。七十三歲庚申，其侄於禾中購歸，頃寄書索題，且囑爲長慶體。」據甌北及各家題詩來看，此圖並未焚毀，而是流入禾中，即嘉興一帶。且將《駐馬看雲圖》改題《天遠歸雲圖》，其理由如次：一是甌北《題蔣立厓天遠歸雲圖》謂：「誰知二十年前畫，預兆輪臺萬里還。」知此畫失而復得，達二十年之久。而又據吳省欽《題立厓天遠歸雲圖》詩前小序：「七十三歲庚申，其侄於禾中購歸。」庚申，乃嘉慶五年（1800），上距石卓槐《芥圃詩鈔》案發，尚不足二十年，故此圖當爲《駐馬看雲圖》，爲避嫌疑而改題《天遠歸雲圖》。二是洪亮吉《蔣州守業晉寄天遠歸雲圖索題》二首，一曰：「江漢爭流處，茫茫鸚武洲。又隨鴻北去，直到海西頭。楚國萍如斗，天山月掛鈎。何因暫謀面，兩地訝同遊。余兩至楚中、一詣塞外，與君略同，而路較遠。又戊午年乞假歸，曾於吳門一識君。」二曰：「萬里遄歸日，輪臺雨夜過。夢餘清淚落，天外斷雲多。此客情何逸，勞人鬢亦皤。披圖一惆悵，疑聽郢中歌。」詩既稱「披圖一惆悵，疑聽郢中歌」，話語中似有弦外之音。郢，即郢州，三國吳置，治江夏，則治故地在今湖北武昌縣，此指稱蔣氏宦遊地。「披圖」而生「惆悵」之情，自是隱含進蔣氏因文字獄牽累而遣戍烏魯木齊那段令人不堪回首的往事。文字獄緣圖而起，故觀圖而傷感。此圖非《駐馬看雲圖》而何？三是吳省欽寫有《蔣立厓〈楚中吟〉序》，略謂其丙戌（乾隆三十一年，1766）春，立厓「試吏楚中」，知其任職漢陽，不會早於本年。又謂「六、七年來，聞立厓治狀甚著」，知立厓宦遊於楚多年，直至乾隆三十七八年，仍官於此。吳氏《題立厓天遠歸雲圖》小序又稱，「戊戌，以漢陽司馬假旋，圖此，留圖於吳而赴楚，旋戍伊犁，乙巳歸金閶」。戊戌，即乾隆四十三年（1778），則明言此圖繪於本年。下距甌北題此圖詩，首尾二十餘年，與其表述相符。且明言由圖而引發「戍伊犁」之事。由此可知，《天遠歸雲圖》乃《駐馬看雲圖》之改題。

賞花鬧景過後，若有所失，似仍為壯懷未酬而念念。

《書憤》：「老憑故紙送殘年，藉遣無聊豈望傳。死後名難膏白骨，生來

命早落青編。修途迢遞無窮轍，苦海蒼茫大願船。太息男兒多少事，只餘瑟縮枕書眠。」（《甌北集》卷四二）

《閒愁》:「老去無眠覺夜長，一燈照影自徊徨。平時記誦都忘盡，偏是閒愁不健忘。」（《甌北集》卷四二）

五月初，連日觀看龍舟競渡，時有所思。對禁賽龍舟之事，不以為然。謂應因勢利導，以惠及「待澤」百姓。

《競渡》:「去年禁水嬉，謂是當過密。愚頑竟何知，噪起戕巨室。雖然置獄懲，謗讟尚未畢。今年又聞禁，萬口早籍籍。由來舊俗沿，未可一旦革。禁奢固美意，顧未計哀益，漏巵有泄潤，涸轍乃沾液。但為富屯膏，轉阻貧待澤。是誰解鈴手，來效開網績。蜿蜒四遊龍，遂起奮鱗鬣。笳鼓中流沸，旌旗半天赤。水繞千檣舫，岸圍萬裾屐。綺羅風送香，珠翠波映碧。豈有哀郢心，聊快遊洧蹟。終然存故事，一慰汨羅魄。彼為楚忠臣，此作屈俠客。贏得老夫狂，逢場一戲劇。」（《甌北集》卷四二）

《連日競渡再賦》（八首）之二:「上至邗江下虎丘，龍船總不及常州。大科奪錦無人得，卻仿球場賭狀頭。」之三:「噴雪中流爪鬣張，不徒旌旆盡飛揚。岸邊萬扇搖風處，也似金鱗閃日光。」（《甌北集》卷四二）

另有《五月初連日大雨喜賦》、《喜雨再賦》、《水閣看夜船燈火》、《所見》、《五月十三日相傳關壯繆生辰，常城例具雲車數十座作神會。今歲，屆期大雨竟日，雲車遂不能出，龍舟亦停，戲賦》（《甌北集》卷四二）等詩，亦寫於此時。

年邁苦於健忘，有疑，乃詢之洪亮吉。亮吉錄示原委相告，甌北喜而為詩。

《偶有遺忘，問之稚存，輒錄示原委，老夫欣得此行秘書矣。無以為報，擬質一事即勞以酒一壺，戲書此為券》:「年老苦健忘，又懶尋故牘。每當數典處，搦管瞪兩目。邂逅洪景盧，便便五經腹。我欲納屢質所疑，惟恐括囊秘弗告。豈知華鯨待撞莛，直為亡羊追逋足。憑君胸羅儲待多，供我耳食取攜速。共誇到老尚弩彊，誰識從旁有刀捉。快哉得此行秘書，讀萬卷如為我蓄。安世能備三篋亡，張巡遍記一城熟。予取予求不汝瑕，何以報之心愧忸。欲將文通殘錦贈，君才自有天機縠。欲作曹丘寸舌揚，君名已播風輪軸。聊援酒瓶借書例，一事勞以酒一斛。只愁醉後發狂言，笑我南華不曾讀。」（《甌北集》卷四二）

另有《題洪昆霞秋山讀書圖，爲其曾孫稚存編修作》（《甌北集》卷四二）詩。

【按】洪昆霞，戴名世《洪昆霞制義序》：「吾友洪君昆霞，以諸生高等貢於太學，遂不就有司之試，而謁選以去。」（《南山集》卷三）

《秋山讀書圖》，翁方綱有《洪稺存編修以其先昆霞太守秋山讀書圖屬題》詩，謂：「先生官晉土，芡苻留燕雲。卻畫讀書處，家園擷芳蓀。時尚未之官，痞瘝舊香芸。時尚未遷居，繾綣故鄉枌。京華盛詞客，太行照行軒。如何廣陵筆，深識黃海源。縹緲丹臺影，淡綠烘涼暾。謖謖萬松濤，響籟超聲聞。浩乎橫雲中，靜者所默存。萬卷耿元精，一洗煙墨痕。所以蓄奇秀，發於厥曾孫。此圖失復得，八十又七春。康熙癸未禹鴻臚作圖，乾隆己酉復歸於洪氏。明年文字祥，果兆廷對辰。攜此職秘館，玉笈披金門。萬里富輈采，百家綴道論。一以此圖證，息壤來耕耘。一以此圖係，忠孝篤書紳。機聲燈影圖，舊題我酸辛。展卷見君家，書種百世敦。豈敢效諸什，繁稱飾浮文。秋光即手澤，歲歲貽清芬。請看山中松，風雨培深根。」（《復初齋詩集》卷四八）此外，先著有《題洪昆霞秋山讀書圖》，見《之溪老生集》卷六。

泛覽唐宋諸詩家，回視本人詩作，再看文場陋習，時有所感。

《批閱唐宋詩感賦》：「歷朝詩帙重披尋，掩卷蒼茫感不禁。千古眞如飛鳥過，四時何限候蟲吟。子雲著述玄仍白，逸少胸懷後視今。贏得老夫長斂手，剩誇惜墨貴如金。」（《甌北集》卷四二）

《即事》：「到處賓筵坐最先，眾中諧謔獨淒然。老來四顧無同輩，得不歡場逐少年。」「文章得失寸心知，英俊紛紛各負奇。我築受降城已就，奈他不肯豎降旗。」（《甌北集》卷四二）

《贈寫御容繆象斌兵曹》、《雨霽》、《江陰道中遇順風》、《暑雨》、《放生河》（《甌北集》卷四二）諸詩寫於此時。

【按】繆象斌，繆炳泰。字象賓，號霽堂，江陰人。

王芑孫《繆舍人小傳》：「繆炳泰，字象賓。少讀書，家貧，資遠遊以養親。歷滇、黔、粵，不得意久之，以能寫像薄遊吳中，無所遇，轉入武林，聲譽忽大噪。會尚書福長安公奉使過浙，挾與俱北，聞於上，立召入寫御容，拜文綺之賜。先是，院工爲上寫者以百數，上無所可，顧獨善炳泰。炳泰雖無官，以諸生引，籍禁門，由是一時貴人咸欲得繆

先生寫像。輦下名此技者，皆爲炳泰絀。乾隆四十九年，上南巡，炳泰獻詩紀六巡之盛，遂與召試。既入選，天顏大說，自是屬車所蒞，靡不從行，並命更定紫光閣後五十功臣畫像。五十三年春，臺灣平復，繪功臣像，皆炳泰筆也。炳泰亦能爲人物花鳥，雅不自負，獨以寫像受上知，遂以名天下。其寫像懸然天得，不由師授。爲兒時，乘塾師出，竊紙筆，隨所見人，默圖之，有不似，百方塗改，廢其所課，以是爲父兄督過。既長，稍以試之僑俗昆友間。其昆友或漫嬉笑，不屑意。迨炳泰既顯，公卿購其蹟，或至一、二年不能得。然炳泰爲人燭燭若無能者，遇人無貴賤、少長，接之如一，又以是見重於世云。炳泰今官內閣中書舍人。」（《淵雅堂全集》惕甫未定稿卷九）

《歷代畫史彙傳》卷五七：「繆炳泰，字象賢，號霽堂，江陰人。乾隆甲辰召試得孝廉，爲內閣中書，寫照有虎頭之目。」

《石渠隨筆》卷八：「繆炳泰，江陰人，官中書舍人，最工寫眞，乾隆五十年後，御容皆炳泰敬繪，又畫紫光閣功臣象，無不人人逼肖。」《郎潛紀聞》卷一四：「本朝文人墨客，以書畫供奉內廷浸被知遇者指不勝屈，獨繆舍人炳泰以寫像受高宗皇帝特達之知，唐閻立本後一人而已。初，炳泰以諸生遠遊，歷滇、黔、粵、吳，不得意久之，以能寫像名於浙中。會尚書福長安公奉使過浙，挾與俱北，聞於上，立召入寫御容，拜文綺之賜。先是，院工應詔者百數，上無所可，獨善炳泰，由是公卿貴人爭相邀致，購其蹟者至一、二年不能得。乾隆四十九年六巡江浙，炳泰獻詩紀盛，遂與召試。既入選，天顏大悅，賜舉人、內閣中書，自是屬車所蒞，靡不從行，並命更定紫光閣後五十功臣畫像。五十三年臺灣平復，繪功臣像，皆炳泰筆也。相傳炳泰寫像無師法，兒時乘塾師出，竊紙筆，隨所見人，默圖之，有不似，百方塗改，以是廢其所課，屢爲父師督過，好之如初。可知生際聖明，雖曲藝微長，不憂淪棄，並可見一技之末，非專心壹志爲之數十年，亦不能發名而成業也。」

六月，從邸報得知畿輔水災甚重，數十州縣被淹，甘肅又遭大旱，政府均賑濟之，感而為詩。

《閱邸抄六月中畿輔大水淹浸數十州縣，甘肅又以旱報，恩詔稠疊，蠲賑兼施，詩以記事》（四首）之一：「暑雨京畿甚，傾盆日夜潺。頓教田變海，信有水懷山。不浸城三版，都漂廈萬間。可憐逃死急，一樹百人攀。」（《甌

北集》卷四三）

七、八月之交，送兒輩赴金陵應鄉試。本與洪亮吉約定同往，然緣「赴試期迫」，遂先行。經京口，聞駱佩香綺蘭新築小園成，往賀。

《佩香女史新築小園，戲題疥壁》：「居然樓閣造空中，曲檻迴廊結構工。創景直摹仙境界，論才亦算女英雄。人疑精衛親銜石，我欲爰居借避風。恰傍西津往來路，早傳勝蹟滿江東。」（《甌北集》卷四三）

另有《夜泊京口》（《甌北集》卷四三）詩。

出棲霞港，乘風勢，達金陵，晤江蘇學政錢撫棠樾，為其題《滌硯圖》。

《題錢撫棠少宰滌硯圖》：「吏部文章仰退之，陶泓餘瀋尚淋漓。人間溪沼那供洗，恰取澄江作墨池。」「散作玄光萬頃波，餘芬沾溉後生多。引他舐筆摛華客，劬學爭將鐵硯磨。」「一硯頻教洗碧泉，名流癖好總堪傳。公家架筆珊瑚格，曾費思公購十千。」「侍直曾依朵殿高，使星歸去肅旌旄。帝鴻硯畔需賡和，預洗羅文待染毫。」（《甌北集》卷四三）

另有《棲霞港出江，風便，到燕子磯不及三刻》、《題借菴詩僧小照》、《題族孫子克松陰散步圖》（《甌北集》卷四三）諸詩。

【按】錢樾，「字黼棠，浙江嘉善人。乾隆三十七年進士，選庶吉士，授編修。典陝西鄉試，督四川學政。直上書房。兩典江西鄉試，督廣西學政，累擢少詹事。嘉慶四年，還京，仍入直。驟遷內閣學士、禮部侍郎，督江蘇學政。時吳縣令甄輔廷治諸生糾控罪過當，學政平恕曲徇所請，斥革生員二十五人。上聞之，解平恕任，以樾代，至則先復諸生名，僅坐首事者三人，士民稱慶。方其赴任，途中見行船有大書『內廷南府』者，因上疏劾奸吏詭託，上累聖明，詔飭關津禁絕，嚴罪所司。時南河邵壩決口，瓜、儀私梟充斥，爲閭閻害，命樾密訪以聞。疏陳：『黃河自豫東界至桃、宿以上，水緩沙停，致河高堤淺，所在防潰。請於霜降後鳩工疏正河，並增築堤防，先務所急。又以私梟爲患，皆由官鹽價貴，民利食私，若稍平鹽價，則私梟自絕。』疏入，俱報可。尋調吏部，任滿回京，調戶部，兼管錢法堂事務。奏請申禁改漕折色，以清弊端。復調吏部，九年，坐失察書吏舞弊，以告病治中趙曰灤虛選運同，降內閣學士，樾上疏置辯，議革職，加恩賜編修。十年，擢鴻臚寺少卿，督山東學政。累遷大理寺少卿、內閣學士。母憂歸，服闋，引疾不出。二十年，卒」（《清史稿》卷三五四《錢樾傳》）。樾，時爲江蘇學政。

另可參看張井《上書房行走吏部左侍郎錢公樾神道碑銘》（《碑傳集》卷三九）。

借菴，即清恒，見本譜乾隆五十八年考述。

趙子克《松陰散步圖》，法式善《趙子克某松陰散步圖》：「我雖宅松街，卻無一松樹。每見人畫松，輒想結茅住。君家蘆荻鄉，自饒水雲趣。何不招閒鷗，沙江與朝暮。而乃就長松，盤桓托良晤。想當空谷中，十年守貞素。我亦怕熱人，清涼心所慕。往往劚茯苓，踏遍林中路。」（《存素堂詩初集錄存》卷六）翁方綱《趙味辛令弟子克松陰散步圖二首》：「味辛居士來論畫，一卷松濤淪茗初。可似子昂攜子俊，咸宜坊榻對評書。松雪跋每稱家弟者孟籲子俊也。」「仙骨何煩問紫芝，晨流清露滑如飴。檻泉夾石蒼涼氣，及取空林月落時。」（《復初齋詩集》卷五一）趙懷玉《為族弟汝恭題松陰散步圖》：「造物孕靈秀，山水一泄之。不有千章木，安見輝映奇。就中秇夭嬌，尤在蒼官枝。時作風雨聲，能幻虯龍姿。伊人宛如玉，散步茲為宜。松根劚茯苓，松下擷華芝。聊以充服食，匪獨娛襟期。誰與寫丹青，畢宏老畫師。命意既高遠，下筆殊紛披。阿連正年少，奮發當有為。俛可青紫拾，仰則云霄馳。胡為慕神仙，岩壑耽棲遲。此乃老夫事，子尚非其時。」（《亦有生齋集》詩卷一四）

時，孫淵如星衍丁母憂僑寓金陵祠屋，往訪之。

《遊孫淵如觀察園亭，愛其松石古秀，正欲題詩衃壁，適觀察以萬卷歸裝圖索題，遂牽綴成篇請正》：「詞館才人畫省郎，出膺使節暫還鄉。書生大有誇官處，豪擁歸裝萬縹緗。」「買得亭池一畝宮，恰堪排列萬簽雄。子才已被園林誤，只恐園林又誤公。」「滿載琅函又買園，共疑寒素變豪門。誰知手曬群書外，曬到巾箱犢鼻褌。」「果然水木湛清華，恰稱橫陳萬卷賒。笑我方將賣書籍，卜鄰來問爾東家。」（《甌北集》卷四三）

【按】阮元《山東糧道孫君星衍傳》謂：「（嘉慶）六年四月，元撫浙，建詁經精舍於西湖之濱，選督學時所知文行兼長之士讀書其中，與君及王少司寇昶叠主講，命題課業，問以經史疑義，旁及小學、天部、地理、算法、詞章，各聽搜討書傳條對，以觀其器識，諸生執經問字者盈門。」（《碑傳集》卷八七）《雷塘菴主弟子記》卷二亦稱：「先是，先生督學時，曾集諸生輯《經籍纂詁》一書，至此遂以其地立精舍，選兩浙諸生學古者讀書其中，題曰詁經精舍。奉祀許叔重、鄭康成兩先生，並延青浦王

述菴司寇、陽湖孫淵如觀察先後主講席其中。每月捐清俸爲膏火，月率一課，只課經解史策、古今體詩，不用八比文、八韻詩，親擇其中詩文之尤者以爲集刻之。」孫星衍《詁經精舍題名碑記》，僅謂：「及由少司農巡撫茲土，遂於西湖之陽立詁經精舍，祠祀漢儒許叔重、鄭康成，廩給諸生於上舍，延王少司寇昶及星衍爲之主講，佐撫部授學於經舍焉。」（《雷塘菴主弟子記》卷二）均未言及孫星衍赴杭之確切時間。清代鄉試，一般在八月上旬舉行，三場考試分別安排在本月九、十二、十五三日。甌北送兒輩往金陵赴試，既稱「赴試期迫」（《與稚存相訂同遊金陵，余以兒輩赴試期迫，遂送考先往。及稚存到而余已歸，茲各述遊蹟率賦》，《甌北集》卷四三），當不會早於七月末。

孫星衍（1753～1818），字淵如，一字伯淵，號季逑，江蘇陽湖人。幼聰穎，讀書過目成誦。及長，補學生員，與同里楊芳燦、洪亮吉、黃景仁齊名。其不欲以詩名，「深究經史、文字、音訓之學，旁及諸子百家，皆心通其義」。錢大昕主講鍾山書院，與君講學，推重之。後爲陝西巡撫畢沅召入幕。《關中勝蹟志》、《山海經注》、《晏子春秋》，皆屬其手定。乾隆五十一年江南鄉試中式，次年，以一甲第二名進士及第，授翰林院編修，充三通館校理。己酉，散館，置二等，以部員用。「故事，一甲進士改部，或奏請留館。時相國知君名，欲君屈節一見，君卒不往，曰：『吾寧得上所改官，不受人惠也。』遂就職」。「補刑部直隸司主事，總辦秋審。君所居掃室焚香，爲諸名士燕集之所，高麗使臣樸齊家入貢，在書肆見君所校古書，特謁君，爲君書『問字堂』扁，賦詩以贈」。五十九年，升廣東司郎中。五月，授山東兗沂曹濟道。嘉慶初，丁母憂歸里，僑居金陵祠屋。六年，應阮元之聘，往西湖詁經精舍。十年，署登萊青道，補山東督糧道。十二年，署布政司印。十六年七月，引疾歸。卒於嘉慶二十三年正月。其「沈潛經術，博極群書，勤於著述，性喜獎借後進，所至之地，士爭附之。又好聚書，聞人家藏有善本，借鈔無虛日。金石文字搨本、古鼎彝書畫，靡不考其源委。其所爲文，在漢魏六朝之間，不欲似唐宋八家，海內翕然稱之」。著有《尚書古今文義疏》、《周易集解》、《夏小正傳校正》、《魏三體石經殘字考》、《倉頡篇》、《孔子集語》、《史記天官書考證》、《寰宇訪碑錄》、《平津館金石萃編》、《孫氏家藏書目內、外編》、《續古文苑》、《問字堂文稿》、《岱南閣文稿》、《五松園文稿》、《平

津館文稿》等，不可勝數。（阮元《山東糧道孫君星衍傳》，《碑傳集》卷八七）

遊莫愁湖，為此湖借女子莫愁而知名感歎不已。

《莫愁湖》：「一片風漪望渺茫，湖名猶借美人香。始憐百尺胭脂井，不及雙棲玳瑁梁。異代別歸湯沐邑，遊人猶愛水雲鄉。護持賴有風流守，兒女英雄兩不亡。」（《甌北集》卷四三）

【按】莫愁湖，《欽定大清一統志》卷五〇《江寧府》：「莫愁湖，在江寧縣三山門外，明時為徐中山園。《府志》：相傳為莫愁舊居，因名。」明顧起元《莫愁湖考》：「江左今有莫愁湖，在西城南。按：古樂府有【莫愁樂】、【石城樂】。《唐書‧樂志》曰：石城有女子名莫愁，善歌謠，【石城樂】第二歌云：『陽春百花生，摘插環髻前。捥指蹋忘愁，相與及盛年。』【莫愁樂】云：『莫愁在何處，莫愁石城西。艇子打兩槳，催送莫愁來。』尚未詳也。莫愁，盧家女子，善歌唱，嘗入楚宮。李商隱詩：『如何四紀為天子，不及盧家有莫愁』是也。莫愁村今在承天府漢江西，石城在州西北，晉羊祜所建。鄭谷詩：『石城昔為莫愁鄉，莫愁魂散石城荒。江人依舊棹艖艋，江岸還飛雙鴛鴦。』王橫詩：『村近莫愁連竹塢，人歌楚些下蘋洲。』又沈佺期詩：『盧家少婦鬱金堂』，即此也。按《通考》載梁武帝詩『洛陽女兒名莫愁』，云莫愁盧家女，洛陽人，則莫愁又有兩人矣。」（《江南通志》卷一一《輿地志》）

重遊隨園，故人已逝，睹物傷情，賦詩相弔。

《隨園弔袁子才》：「小倉亭館記追攀，訪舊重來淚暗潸。勝會不常今宿草，名園無恙尚青山。詩文一代才人筆，花月平生散吏班。我亦暮年難再到，為君多駐片時間。」（《甌北集》卷四三）

應孫淵如星衍、汪春田為霖二觀察之約，同遊牛首勝景。春田後於甌北二十年宰鎮安，述及宦遊舊事，令其感慨頓生。

《舊譜》：「七月中，先生遊金陵。以向未到牛首，遂偕孫星衍、汪為霖兩觀察往遊，越宿而返。」

《偕孫淵如、汪春田兩觀察遊牛首山，春田後余二十年作鎮安守，述余舊事甚悉，故末章及之》（四首）之一：「石城南望兩峰寒，勝侶相招躡翠鬟。海內幾人同逸興，江南無處不名山。地傳朱雀橋相直，路比黃牛峽易攀。衰老自憐難濟勝，層椒臨眺亦忘還。」之四：「宦蹟南交已久忘，因君重憶舊巖

疆。竭來兜率崖千級，追話華胥夢一場。豈有袴襦留叔度，空傳尸祝到庚桑。只應先後同官遇，便似停鞭說故鄉。」（《甌北集》卷四三）

另有《看山》、《歸途順風》、《偉兒葬金壇之夏蕭村，哭以送之》（《甌北集》卷四三）諸詩。

【按】汪春田，汪為霖（1763～1822），字春田，江蘇如皋人。

《（道光）濟南府志》卷三七：「汪為霖，字傅三，號春田，江蘇如皋人。幼穎悟，年十七由貢生以川運例候銓部曹，授刑部湖廣司郎中，改奉天司，入總辦秋審處。尚書胡季堂、大學士阿桂咸奇其才。乾隆丁未，以扈蹕灤陽射布靶疊中，賞戴花翎，擢廣西思恩府知府，調鎮安府，親平夷匪農福聯之亂，德威大著。嘉慶元年，遷廣西桂平梧欝道兼管通省鹽法事。將入覲，兩廣總督吉慶奏留襄理西隆州軍務，值鎮安苗民復有煽動，即日自請於督臣，單騎馳往，邏獲十二人，立誅之。或以擅殺為虞，笑答曰：『所獲俘蹤蹟詭而形貌悍，遲恐弗及誅耳。』既訊他苗十二人，果先至謀內應者，眾乃悅服，苗釁以弭。尋以在思恩失察屬吏買補倉穀遲延，左遷，引疾歸。起復補山東兗州府知府，緝盜賊，行保甲，疏濬泉源，蓄湖水，利民田，以勤惠聞，吏民懷之。十三年五月，署山東督糧道事。時漕務叢脞，丁戶疲累，下車後懲勸得宜，積弊為之一清。德州倉積粟黴變，設籌以新易舊，濟民乏急，而倉儲無虧，前官並獲免吏議焉。復署兗沂曹濟道事，以母劉老疾，乞終養歸。暇日輒以文翰自娛，所居先人遺墅文園北構綠淨園，觸詠其中，重刻《東皋詩存》四十八卷，著有《幽砌蛩吟集》八卷、《小山泉閣遺集》八卷、《文園酬唱》四卷，卒年六十。」

《歷代畫史彙傳》卷三三引《墨香居畫識》：「汪為霖，字春田，如皋人，廣西思恩知府。蘭竹超妙越絕，為人倜儻權奇，有材勇，多技能。」洪亮吉《汪為霖》詩曰：「談笑天山匹馬馳，讀書不愧是男兒。十年我見先生晚，一片心惟聖主知。塞月蒼涼隨遠夢，秋笳斷續入新詩。生還復恐除書到，未許江干理釣絲。」（《更生齋集》詩卷一）

汪為霖與趙懷玉多有交往，見《亦有生齋集》詩卷一二、卷二三、卷二五、卷二六。

沿水路回常州，未幾，張廉船舟突然來訪，知其仍窮困潦倒，賦詩慰之。舟與之約定，待甌北八十大壽時，當再來。

《喜廉船老友過訪，兼以志別》：「邗江悵別久離群，白首重逢誼倍殷。斯世憨遺猶有我，頻年索處正思君。挑燈仍續聯吟興，聞笛還傷歎逝文。四十年前同輩幾，喜心翻到淚紛紛。」「弱齡才調早翩翩，何意饑驅到暮年。千里郵塵題壁字，一江帆影運租船。緣知長路行將倦，喜有名山業可傳。臨別感君留好語，爲余八秩賀長筵。」（《甌北集》卷四三）

另有《今歲桂花甚遲，九月望前始大開，而菊花已爛熳矣，戲效香山體簡稚存》（《甌北集》卷四三）詩。

九月，費筠浦淳臥病清江日久，將回江寧，約往京口一晤。淳尚未至，甌北偕同駱佩香綺蘭，遊招隱寺、獅子窟、八公洞、綠蓋樓諸名勝。

《舊譜》：「秋冬間，又遊鎮江城南之招隱寺、八公洞諸勝。」

《京口同佩香女史游招隱寺、獅子窟、八公洞、綠蓋樓諸勝》（五首）之一：「擬爲彭宣問疾瘳，江皋不遇且回舟。誰知才女佳山水，另作秋來一勝遊。」之二：「支笻來問病維摩，早散梨園罷教歌。莫怪臨分頻執手，京華舊友已無多。」（《甌北集》卷四三）

《京口晤制府費公》：「河堤千里駐驂騑，防過秋濤始奏歸。功在無形民受賜，政成有感水收威。燕秦旱潦皆災劫，楚蜀烽煙尚殺機。獨有江南人袵席，非公福曜更何依。」「榮戟南邦坐鎮雄，頻叨噓拂到衰翁。即今晚景優閒日，猶在餘光照耀中。守洛奇章榮白傳，興唐房相溯王通。情深最是停舟話，爲我遲留半日風。」（《甌北集》卷四三）

此時尚有《綠蓋樓題壁》、《石女歌爲翁悟情作，兼柬佩香》（《甌北集》卷四三）二詩。

【按】招隱寺、獅子窟、八公洞，俱爲京口南山景致。洪亮吉《遊京口南山記》（《更生齋集》文乙集卷一），可參看。

招隱寺，《欽定大清一統志》卷六三《鎮江府二》：「在丹徒縣城南招隱山，即戴顒隱居之地。本朝乾隆二十二年有御製招隱寺詩。」洪亮吉《招隱寺贊》曰：「初陽上山，行客下嶺。縋幽匭奇，恍墮智井。青蒼既合，日月斷影。披帷一僧，意若修省。殘燈熒然，蜥蜴據頂。」（《遊京口南山記》，《更生齋集》文乙集卷一）

獅子窟，洪亮吉《獅子窟贊》曰：「松濤驅雲，竹屋披霧。花才破暝，石已斷路。如古畸人，中含盛怒。嶔崎歷落，底蘊悉露。一寸靈臺，湛然可覩。」（《遊京口南山記》，《更生齋集》文乙集卷一）

八公洞，《欽定大清一統志》卷六二《鎮江府》：「回龍山，在丹徒縣南七里山，有八公岩，林壑靜邃，緣谷口入，溪流涓涓，曰八公洞。」洪亮吉《八公洞贊》曰：「雖無樵蹤，時有墮果。雲從東來，影赤如火。幽禽欲出，密葉深鎖。蒼蒼八公，終古常坐。庶惟淮南，配此江左。」（《遊京口南山記》，《更生齋集》文乙集卷一）

綠蓋樓，洪亮吉《初十日憩松寥閣，郭明經錡從京口載酒過訪，喜而有作，並悼令叔舍人塈》詩曰：「前日送君返，今日期君來。君家愛客誰可及，分日醉我流霞杯。尊前檢點二三子，臣叔不癡偏欲死。看松苦憶松下人，七尺昂藏亦如此。年前與舍人久憩定慧寺古松下。東下江聲誓不停，草堂人日感重經。人日泊舟江口，方得舍人亡耗。應知綠蓋樓前路，定有沿門鬼火青。」（《更生齋集》詩續集卷六）

翁悟情，「字石蓮，江蘇丹徒人。石蓮姓翁，幼孤無依，隨姊入都，姊為前尚書和公琳侍姬。和歿，姊殉，石蓮南歸，主女史駱佩香家。趙甌北聞其才，曾贈七古一首載集中。佩香繼歿，石蓮祝髮為尼，法名悟情」（《清代閨閣詩人徵略》）。然此與事實似有出入。據甌北《石女歌為翁悟情作，兼柬佩香》所載，翁石蓮在家依姊生活於和珅之弟和琳府中。琳歿，其姊聞之自縊身死。蓮南還故里，無家可依，乃皈依空門，法名悟情。邂逅駱綺蘭，綺蘭憫其遇，「招與同居京口」。而非佩香歿後，蓮始祝髮為尼。又，《然脂餘韻》卷四：「京江悟情女史，姓翁氏。姊湘云為宣武公和琳妾，和歿後，姊自經死。悟情幼侍和邸第，姊歿後南歸，主佩香家，壇坫東南，主持風雅，此又女史遺事之可傳者，特附著之。」《履園叢話》卷二三《悟情》條謂：「悟情女士，姓翁氏，揚州人。其姊雲卿為和希齋大司空側室。和歿後，雲卿殉節。時悟情年十五六，同在京師，親見其事，忽悟曰：『人生富貴功名，一死便了，又何必作葵藿之傾心、楊花之飄蕩耶？』乃慨然出京。相依京口駱佩香夫人，以守貞自誓。嘉慶甲子十月，余偶過丹徒見之。悟情狀如男子，意氣豪放，善吹簫，能填詞，尤嫻騎射，上馬如飛，一時名公卿皆敬其為人，真奇女子也。後出家為比丘尼，趙甌北先生有詩贈之。」

又，《舊譜》謂甌北此次出遊鎮江乃在秋、冬間，表述似不確。其實，應在九月間。趙懷玉辭家赴青州同知任，乃在九月份。甌北為懷玉送行與出遊鎮江，均在同一時段，不可能遲於十月。詳細考證，見下文。

族孫趙味辛懷玉遷青州同知，返里省親，即將赴任，甌北為詩以送。

《送味辛族孫赴青州司馬任》：「十載前頭送出山，風煙相望渺江關。豈期年老桑榆候，及見官遷錦繡還。此去但祈親飯健，向來已悉宦途艱。計資不比江州白，七品班更五品班。」（《甌北集》卷四三）

【按】趙懷玉於本年五月初三日離京，並寫有《五月初三日出都晚過盧溝作》（《亦有生齋集》詩卷一九）一詩。六月八日，吳振鏞設宴為之接風。《六月八日吳廣文振鏞招飲即事》稱：「握手情先洽，開筵暑已銷」，知其剛回家不久，具體時間當在六月初。《到家》詩又謂：「已拚三月住，聊補十年歡」（《亦有生齋集》詩卷一九），《登高旻寺塔》曰：「過得重陽剛一九，恰宜此日補登高」（《亦有生齋集》詩卷二〇），知懷玉此次返鄉，逗留三月之久，直至九月中旬，始離鄉前往任所。九月十八日已至揚州，並登覽高旻寺塔，故甌北送別詩，當寫在九月中旬之前。

同年馮魯岩光熊病歿，憶及同直軍機處往事，悲從中來，為詩以哭之。

《閱邸報，同年馮魯岩總憲病歿，詩以哭之》：「同年同直最情真，邸報驚傳遽飾巾。道遠不通音問久，官高常自薄書親。掌綸樞府馳軍檄，建節岩疆靖塞塵。至竟蓋棺勞績著，祭壇恩命自天申。」「征南重憶共軍門，極目炎天瘴霧昏。公幸得還鳶尚跕，我來無用虱空捫。前塵杳杳都成夢，舊雨茫茫易愴魂。今日更增聞笛感，同時幕府幾人存！」（《甌北集》卷四三）

另有《舟泊太湖》、《愁來》、《朝眠》（《甌北集》卷四三）諸詩。

【按】馮魯岩光熊，見本譜乾隆二十二年考述。

九月末，吳穀人錫麒祭酒，終養南回，於高郵道中，與赴青州任之趙懷玉相值。道經常州，登門拜訪甌北。

《吳大司成穀人終養南回，枉過草堂，即席送別》：「陳情一疏返江皋，六館諸生悵望勞。歸計自因將母切，盛時豈以去官高。餘杭山喜雲歸岫，通潞亭先水落槽。早識倚閭人慰藉，稱觴時正熟香醪。」（《甌北集》卷四三）

另有《剃頭戲詠》（《甌北集》卷四三）詩。

【按】吳錫麒（1746～1818），「字穀人，錢塘人。性至孝。乾隆四十年進士，授編修。累遷祭酒，以親老乞養歸。主講揚州安定、樂儀書院。錫麒工應製詩文，兼善倚聲。浙中詩派，前有朱彝尊、查慎行，繼之者杭世駿、厲鶚。二人殂謝後，推錫麒，藝林奉為圭臬焉。著《有正山房集》。全椒吳鼒嘗輯錄齊燾、亮吉、錫麒及劉星煒、袁枚、孫星衍、孔廣森、

曾燠之文爲八家四六云」(《清史稿》卷四八五《吳錫麒傳》)。

王昶《蒲褐山房詩話》曰：「浙中詩派自竹垞、初白兩先生後二十餘年，大宗、太鴻起而振之。及兩公殂謝，嗣音者少。司成以雲蒸霞蔚之文，合雪淨冰清之作，馳聲藝苑，獨出冠時。既工駢體，尤善倚聲，而詩才超越，直繼朱、查、杭、厲之後，宜中外望之，指爲景慶也。情殷護背，乞假南還，雖未即安於閒適，而世已以白、晁兩太傅相期。生性溪山，流連詩酒，青簾畫舫，綠箸紅衫，遊筇所造，無不承蓋扶輪，掃門納屨。」(《湖海詩傳》卷三三)

又，趙懷玉《高郵道中喜晤吳祭酒錫麒，時祭酒以乞養歸里》詩曰：「扁舟邂逅慰離群，甓社湖邊正夕曛。便把萊衣當初服，卻收霖雨作歸雲。身辭宦海仍耽酒，君初止飲，近量復勝。心有名山好定文。我逐風塵拋子舍，平生事事不如君。」(《亦有生齋集》詩卷二○)

同年王惺園杰得睹甌北《廿二史劄記》，有感前朝史事，寄書問訊。甌北以詩相酬。

《同年王惺園相公見余廿二史箚記，有感於前朝荊楚流氛事，手書遠訊，敬賦奉酬》：「千里郵箋到草堂，離懷時事兩蒼茫。公眞與國同休戚，我已無人問在亡。身退敢思投筆奮，官高共仰運籌長。狀元宰相榮華處，知爲憂勞已澹忘。」「五十年來幾戰攻，蓋天塞地國威雄。長征曾過旄牛徼，近剿翻遲汗馬功。臺鼎地尊當局苦，江湖身遠隱憂同。卻慚紙上談何益，不及行間兩石弓。」(《甌北集》卷四三)

【按】王惺園傑，見本譜乾隆四十四年考述。

年邁體衰，精力銳減，但仍讀書吟詩，並對前人所論，時有所思。

《疑團》：「一物何能恥不知，荒唐呵壁只生疑。思窮盤古胚胎日，想到尼山袵席時。鼎鼎百年幾兩屐，茫茫千古滿盤棋。笑他如豆書生眼，徒詡生花筆一枝。」(《甌北集》卷四三)

《靜裏》：「靜裏檢身心，方知老境侵。多餐愁夜飽，少寐彊宵吟。漸覺書無味，空期藥有靈。所悲精力減，難造古人深。」(《甌北集》卷四三)

另有《登陽山絕頂》、《感興和放翁韻》、《彊詠》(《甌北集》卷四三)諸詩。

【按】江藩《國朝漢學師承記》卷一《閻若璩》載曰：「若璩研究經史，寒暑弗徹。嘗集陶貞白、皇甫士安語題所居之柱，云『一物不知，以爲

深恥；遭人而問，少有寧日。』其立志如此。」
年輕詩人慕名常來拜訪，對其詩作推崇備至。甌北既對後進多所獎掖，
又為其對己詩推挹過當而不安。

《去歲秦淮旅次，有江寧張紫瀾秀才以詩贄謁。攜歸展玩，尚未報命，
今又枉寄長篇一千三百餘字，盛相推挹，愧不敢當。又抄其亡友蔡蘭溪秀才
舊題拙集之作見示，並見其篤於風義，爰賦奉答》：「金陵江上浪滔滔，流入
才人筆湧濤。顏魯公書紙透背，顧長康畫頻添毫。輩行折節盧懷見，風雅論
交結想勞。遺筆更為亡友致，此情尤比范張高。」（《甌北集》卷四三）

《孫九成秀才自金陵來訪不值，留詩集見示，即題其後》：「隨園諸弟子，
君最擅清裁。上下千秋業，東南一代才。名高鸚鵡賦，家傍鳳凰臺。枉訪偏
相左，空留屐齒苔。」（《甌北集》卷四三）

【按】蔡湘《題甌北詩抄》：「拍案忽狂叫，其人世所無。天教爭一代，名
早重三吳。手握生花管，胸藏記事珠。試看排蕩處，非陸亦非蘇。」「天
外落奇想，江山助壯神。滿身都是膽，著手便生春。自足誇前哲，誰能
步後塵。願拈香一瓣，低首拜斯人。」（《甌北集》卷四三附）

張紫瀾，許兆椿有《寄題張生紫瀾青溪草堂》詩二首，曰：「北郭詩
人卜一廛，風期共識孝廉船。張匠門先生未第時，所居名孝廉船。家貧最覺藏
書重，親健欣看古柏堅。報國年衰期得士，受知才大勉希天。試看寶劍
凌雲氣，豈受塵埃爾汝憐。」「依山背郭薜蘿垣，竹樹翛翛似遠村。雲得
好風徐出岫，波留明月靜當門。聞歌白紵驚文藻，洗耳青溪滌酒痕。從
此草堂徵逸事，華裾玉佩集高軒。」（《秋水閣詩文集》卷七）未知係一
人否？

孫九成，即孫韶（1752～1811），字九成，號蓮水居士。《隨園詩話》
補遺卷一：「趙雲松《過蘇小墳》云：『蘇小墳鄰岳王墓，英雄兒女各千
秋。』孫九成《過琵琶亭》云：『為有琵琶數行字，荻花楓葉也千秋。』」
句法相似。《靈芬館詩話》卷六：「金陵孫九成韶以春雨詩見賞隨園，因
以春雨樓名其稿。雲臺中丞以為出於隨園而善學隨園者，寔為定論。集
中詩工穩秀麗，七言尤多雋語。《春草》云：『幾番好夢如雲過，一片春
風似水柔。』《春燕》云：『春風白酒剛逢社，舊巷烏衣又落花。』《遊赤
壁》云：『萬片頹雲沈赤壁，一天急雨過黃州。』《渡沛水》云：『濟水清
流如玉碧，棗花風遠作蘭香。』《歲暮書懷》云：『世味嘗深心轉怯，家

山別慣夢俱無。』《吳蘭雪同遊西湖》云:『野艇乍浮新水活,故人剛及好春來。』《侵曉》云:『就日濕禽爭獨樹,墮池殘果碎輕冰。』雜之隨園集中,應不能辨。隨園聲華煊赫,奔走海內,既沒之後,論者多有違言。即常依附門牆者,或更名他師,反脣相稽。九成獨守其師法,始終不背,可以箴砭浮薄矣。余有《題春雨樓詩集》云:『若把名場比朝局,袁安門下一任安。』」

惲敬《孫九成墓誌銘》:「君諱韶,字九成,自號蓮水居士。先世浙江餘姚人,曾祖父光,官廬鳳兵備道,始遷江蘇上元。祖必榮,官終廣信府知府。父蒲,上元縣學生。姓徐氏。君年十八,補縣學生。為人和易,喜交遊,所交皆名公卿,而能自矜重,無詭隨之習。為詩以清雅有蘊蓄為宗。嘉慶十六年十月二十日,卒於江西巡撫先福公署中,年六十。公自守黃州,即與君交,至是殯君,助使歸葬。君娶楊氏,子若霖,江寧府學生。君少時嘗及錢塘袁枚子才之門,子才以巧麗宏誕之詞動天下,貴遊及豪富少年樂其無檢,靡然從之。其時老師宿儒與為往復,而才辨懸絕,皆為所摧敗,不能出氣且數十年。敬遊京師時,子才已年老頹退矣,而天下士人名子才弟子大者規上第、冒臕仕,下者亦可奔走形勢為囊橐酒食聲色之資,及子才捐館舍,遂反脣睽目,深詆曲毀,以立門戶。聲氣盛衰至於如此,亦可歎也!子才久寓白門,君生長其地,垂髫束紒即以詩名,不能不為子才所鑒識。君為詩不學子才,亦未得子才絲粟之力上階雲霄。然君至江西,髮已斑白,常推子才為本師,不背其初。敬與君無間,然每見君,君必先言子才之美以挂敬平日之論說。嗚呼!此可以見君之所守,不以死生而易師門友席,推之君父之事,豈有異耶?敬前自江西歸常州,與君別於章江之濱,後返江西,過上元,聞疾,甚恐有不幸,至章江,而君之喪已東下矣。追惟往昔深用,怛然如君者亦吾同好中不數數然者也。會若霖以狀來,將卜葬,爰為銘,以詒若霖,使納君之扃焉。銘曰:嗇其遇,昌其詩,子居友,子才師,淄澠之別誰能之。」(《大雲山房文稿》二集卷四)

李調元所撰《雨村詩話》多有增補,又由蜀寄至。甌北閱而題句於其上。

《雨村觀察自蜀中續寄詩話,比舊增多,戲題於後》:「河岳英靈一代收,朋簪想見廣交遊。成如蜀錦千絲集,寄自巴船萬里流。儒者當為非一事,才

人癡想是千秋。只應占得騷壇將,群仰旌麾在上頭。」「一編排纂遣蕭閒,意在多收不在刪。無我文應推阿士,是誰詩敢壓香山。姓名暗數稀同輩,旗鼓相當又一班。自是高名能號召,並時聲氣遍人寰。」「蕪詞謬辱故人知,遣與名流並轡馳。世不乏才常接踵,士皆爭勝誰低眉。事關公論情難狗,人以詩傳品已卑。敢比湖州楊伯子,自攜畫像出生祠。」(《甌北集》卷四三)

【按】《甌北詩鈔》「七言律六」所收該詩,與本處多有不同,其一「河岳英靈」,《詩鈔》作「牛腰長卷廣搜羅,都是名流句琢磨。一代幾家傳世久,千秋兩字騙人多。編如釀蜜黃蜂采,來比函經白馬馱。贏得老夫消晝永,披吟不惜一丸螺。」其二「一編排纂」,《詩鈔》作「何來爵里刺爭投,履歷偏勞記憶周。人各造車期合轍,君能集腋便成裘。采兼鹿苑高僧座,購到雞林賈客舟。真個將軍不好武,盡將風雅入旁搜。」兩相對照,或可見甌北思想演化之痕。

蕭山縣汪門王、徐二氏,辛苦持家,教孤子輝祖有成。甌北讀《王徐雙節母詩》,知其「寸草春暉」之意,賦詩志感。

《蕭山汪氏王徐雙節母詩為其子輝祖進士作》:「鬢髻冰霜凜不移,兩嫠共守一孤兒。人間真有同功繭,都作寒機寡女絲。」「寸草春暉報恐遲,一編霜哺乞題詩。白頭孤子榮親意,絕似吳門袁重其。」(《甌北集》卷四三)

【按】汪輝祖(1730～1807),字龍莊,一字煥曾,號歸廬,浙江蕭山人。少孤,繼母王、生母徐教之成立。習法家言,佐州縣幕,持正不阿,為時所稱。乾隆二十一年成進士,授湖南寧遠知縣。後兩署道州,又兼署新田縣,皆有惠政。其「少尚氣節,及為令,持論挺特不屈,而從善如轉圜。所著《學治臆說》、《佐治藥言》,皆閱歷有得之言,為言治者所宗。初通籍,在京師待銓,主同郡茹敦和,論治最契。同時朱休度,並以慈惠稱」(《清史稿》卷四七七《汪輝祖傳》)。

又,《顯妣王太宜人軼事》,敘王氏事曰:「吾母口食不給,而責家之息,付必以時。或勸少緩,曰:『不可使吾兒無面目對人。』往往忍饑竟日。」又,《顯生妣徐太宜人軼事》,謂其生母徐氏,雖得脾泄疾,「時時憊困,執作不少休」,「病起出汲,至門不能舉步,門固又石條可坐,鄰媼勸少憩,吾母曰:『此過路人坐處,非婦人所宜。』倚柱立,鄰媼代汲以歸。嘗病頭暈,會賓至,剝龍眼肉治湯,吾母煎其核飲之,暈少定,曰:『核猶如此,肉當更補也。』後復病,輝祖市龍眼肉以進,則揮去

曰：『此可辦一餐飯，吾何須此？』固卻不食」。每日「談家事外，終日織作無他語」，「雖病不廢織作。凡紡木棉花，必擇最白者另爲一機，潔而韌，市價逾常直。每獲千錢，選留大錢三百，儲爲館穀之用」。(《雙節堂庸訓》)

讀書之餘，時出一遊，以遣孤懷。

《旅宿暨陽》：「近遊百里暨陽偏，又是江城一宿緣。柝盡荒雞催客起，燈殘饑鼠瞰人眠。亢倉畏壘非逃祝，子厚愚溪擬卜廛。那不逢場聊作戲，七旬以外總餘年。」(《甌北集》卷四三)

另有《楓橋夜泊》、《不寐》、《驟雨》、《暨陽望海》、《憶漁塘別業》、《題芳茂山僧寺》、《偶醉戲作》(《甌北集》卷四三) 諸詩。

【按】暨陽，《欽定大清一統志》卷六〇《常州府》謂「暨陽故城」：「《太平寰宇記》：古暨陽城在江陰縣東四十里，漢莫寵所築，以禦海寇，因名莫城。晉置暨陽縣於此。隋省。唐武德三年復置暨陽縣，屬暨州，九年仍省，入江陰。今有莫城鄉，在縣東。」

芳茂山，《欽定大清一統志》卷六〇《常州府》謂「橫山」曰：「在武進縣東北三十五里，延袤二十餘里，舊名芳茂山。晉右將軍曹橫葬此，因易今名。《太平寰宇記》作二橫山，有二山相連。《續風土記》又謂之大橫峴。其北五里曰三山，三峰相連，中一峰尤峻拔。明初張士誠遣兵寇常州，吳良自江陰取間道，殲其援兵於無錫之三山，即此。」

博覽群籍，飽諳世事，感人生之艱辛，察天地之玄秘，每每有所思，且發之於詩。

《偶書所見》(四首) 之三：「無貴賤何歎，無富貧何疚。君看飲啄禽，千古少爭鬥。人則等級殊，榮利百出誘。遂起貪忮心，智力角勝負。小則滋訟獄，大則興戰鬥。好醜兩相耀，殺機遍宇宙。吾將問眞宰，此害誰任咎？」之四：「才士好自負，謂人皆遜予。豈知有心人，弗肯高自居。君看甫於白，愛慕終不渝。昌黎遇東野，名位已迥殊，乃輒推爲龍，願作雲前驅。是知集益勤，其心彌沖虛。惟知不如人，是以人不如。」(《甌北集》卷四三)

《讀史》：「一編青史幾千秋，都入燈前大白浮。運去臥龍空伐敵，時來屠狗亦封侯。六州鑄錯終存鐵，萬里乘風或覆舟。歷歷古今成局在，興衰不盡係人謀。」(《甌北集》卷四三)

《靜觀二十四首》之一：「大易論天道，恒久而不已。此從後天觀，未究

先天始。試思混沌中，積氣一團耳。誰鑄陰陽爐，一一析條理？寒暑運有期，日月行有軌。成法既一定，萬載勿改徙。橐籥太極先，天地亦聽使。是何大神通，預創鴻蒙裏。其來必有自，其故莫能擬。」之三：「謂氣從理出，眾口同一辭。理從何處來？非虛懸兩儀。有氣斯心知，有知斯是非。是非方是理，而氣已生之。豈非氣在先，早為理之基。況或理所無，而為物所有。有知變無知，連理木不朽。無知變有知，老楓或成叟。試問此何理，磅礡出氣厚。為語諸腐儒，陳言未可守！」之八：「人沒水則死，魚乃生於水。人埋土則悶，蟲乃穴於地。可知芸生饒，各自路一條。大氣所磅礡，水土無不包。在水水氣盛，在土土氣旺。物從此氣生，即以此氣養。遍地弗能良，受性固各爽。但觀種類殊，彌覺化育廣。」之九：「真宰果有權，陰騭能獨擅。應只儲祥和，不複雜戾悍。人有正無邪，世有治無亂，物不生蜂豺，歲不降水旱。而乃冥冥中，不能盡如願。由來此大塊，二氣所塞遍。有陽必有陰，其力各參半。不死安有生，不寒安有暖。雖以造化功，不能偏於善。不見一日間，晝明而夜暗。」之十：「物物皆天生，自兼陰陽理。及至人為者，天何所施技。乃如織紗綾，自然有表裏。甚至寸紙薄，背麤面如砥。始知二氣遍，無不為所使。陰非專主惡，陽非專主美。兩不能相無，一又分彼此。此中造化微，眼前即可指。」之十四：「天生萬物初，一物付一性。芥薑辣難嘗，蟀鵪勇易競。傳種千萬年，不改胚胎孕。種一日不絕，性一日不更。是以付物始，一付事已竟。惟人則不然，熏習有不定。或先賢後奸，或始邪終正。沈充身從逆，幹蠱乃有勁。盧奕抗賊死，子則藍面佞。天亦無奈何，又無轉移柄。激勸整齊之，此權聽王政。」之二十四：「兩間無用物，莫若紅紫花。食不如橡栗，衣不如紵麻。偏能令人愛，宴賞窮豪奢。詩詞亦復然，意蕊抽萌芽。說理非經籍，記事非史家。乃世之才人，嗜之如奇葩。不惜銃肺肝，琢磨到無瑕。一語極工巧，萬口相咨嗟。是知花與詩，同出天菁華。平添大塊景，默動人情誇。雖無濟於用，亦弗納於邪。花故年年開，詩亦代代加。」（《甌北集》卷四三）

冬，撰《唐宋以來七家詩話》（亦即《甌北詩話》）成，洪亮吉閱而題詩，甌北以詩作答。

　　《稚存見題拙著甌北詩話，次韻奉答》：「論古雖如廷尉平，詩文事已一毫輕。但消白首無聊日，豈附青雲不朽名。老始識途輸早見，貧堪鑿壁借餘明。只慚結習癡堪笑，猶是燈窗未了情。」「何限紛紛著作林，揀來隻剩幾銖

金。論人且復先觀我，愛古仍須不薄今。耳食爭誇談娓娓，鼻參誰候息深深。錦機恐負遺山老，枉度鴛鴦舊繡針。」「晚知甘苦擇言馴，一代風騷自有真。毫學我悲垂盡歲，大名君已必傳人。幸同禪窟參三昧，不笑玄關隔一塵。從此國門懸呂覽，聽他辯舌騁儀秦。」（《甌北集》卷四三）

此時另有《謝未堂司寇挽詩》、《內侄劉懷英自綿州歸，述川中已無賊，賊皆聚鄖陽山中，其勢漸衰，官兵亦四面堵截，數月內可掃平矣，詩以志喜》、《丹陽狄秀才夢環以余與子才、心餘舊有鼎足之目，而幸余之獨存也，寄詩推重，愧不敢當，賦此奉答》、《閱邸報，殘賊剿除將盡，蕩平有日矣，誌喜》（《甌北集》卷四三）諸詩。

【按】洪亮吉《趙兵備翼以所撰唐宋七家詩話見示，率跋三首》謂：「一事皆須持論平，古人非重我非輕。編成七輩三朝集，好到千秋萬世名。未免尊唐祧魏晉，欲將自鄶例元明。塵羹土飯真拋卻，獨向毫端抉性情。」「詩家別集已成林，一一披沙與檢金。作者眾憐傳者少，前無古更後無今。法家例句平心斷，大府文非刺骨深。卷卷漫從空處想，就中多有指南針。」「名流少壯氣難馴，老去應知識力真。七十五年才定論，一千餘載幾傳人。殺青自可緣陳例，初白查難躡後塵。君意欲以查初白配作八家，余固止之。只我更饒懷古癖，溯源先欲到周秦。余時亦作《北江詩話》第一卷，泛論自屈宋起。」（《更生齋集》詩集卷四）洪氏集中所附甌北和詩，第一首文字略有不同，首聯作「詞客低昂本不平，品題間弄腐毫輕」，尾聯作「洪崖拍手從旁笑，猶是燈窗未了情」。又，《舊譜》：「是歲作唐宋以來十家詩話，共十卷。」不確，按照洪亮吉表述，應為《唐宋七家詩話》，而非「十家」。（詳細考證參見拙著《元遺山研究》，臺灣文津出版社有限公司2011年版，第206～207頁）

謝未堂溶生，見本譜乾隆四十九年考述。

劉懷英，或即劉慕陔印銓，事蹟見本譜嘉慶元年考述。

年老體衰，精神也有些恍惚，視力不濟，然仍堅持讀書。

《衰態》：「衰態今年甚，精神恍惚看。燈前敲石火，飯後問朝餐。客厭言辭復，僮嫌服侍難。只餘詩興在，亦漸少波瀾。」「也識書何味，徒虧目力微。因之姑舍是，忽又悵無依。食蓼蟲雖苦，搬薑鼠豈疲。笑看殘帙在，吾與爾同歸。」（《甌北集》卷四三）

嘉慶七年壬戌（1802） 七十六歲

【時事】 正月，江西鄉試正考官、南書房行走周興岱（字景垣，四川涪州人，兵部尚書周煌之子），坐受饋並索取衣裘，以二品大員降爲四品京堂，命退出南書房。白蓮教黃號教首辛聰遇害於南江，苟文明由西鄉渡漢江脫身。額勒登保以疎防苟文明，降男爵。三月，教首李彬、辛文、張添倫、魏學勝、陳國珠、龔其堯、李世傑、李國珍所率部先後被剿。四月，以顏檢爲直隸總督。五月，德楞泰冒雨進擊教軍，教軍首領蒲天寶負創走，又敗之於穆家溝。樊人傑逃往竹山，投水死。六月，命劉權之、德瑛爲軍機大臣。七月，黃、白、青、藍四號教軍，均被戰敗。勒保以功晉一等男。額勒登保以擒獲苟文明，晉一等伯。本月，王杰致仕，以熊枚爲刑部尚書，轉汪承霈爲左都御使，戴衢亨爲兵部尚書。八月，以日食，詔求臣工建言，曰：「朕觀象省躬，惟恐用人行政，或有闕失，朝夕寅畏，莫敢或遑。而四海之大，萬民之眾，或智慮未周，德意未孚，心甚歉焉。凡內外大小臣工，佐襄郅治，各宜勤思職業，恐懼修省，尤當齋心研慮於朝廷政治，安內寧外之大者，剴切敷陳，讜言無隱。即如剿捕川楚邪匪一事，七歲於茲，見在軍營連次克捷。雖已將著名首逆，殄除殆盡，而一二敗殘餘孽，尙在逋誅。或應靖以兵威，或應迪以德化，諸臣苟有眞知灼見，不妨據事直陳。此外政治措施，或有不便於民者及一時行之日久易滋流弊者，均當指陳利害，匡朕不逮。但不得毛舉細故，摭拾浮詞，如條陳更改部院則例等事。試思見行則例，皆經前人諮謀審定，可垂久遠者。若其中有應因時變通者，我列祖列宗早經斟酌盡善。朕鑑於成憲不敢輕議更張，而在廷諸臣才識，又豈能邁越前人，輒思更改舊制乎？況近日臣工條奏改例之事，交議後往往有格礙難通仍行駁斥者，徒勞奏牘，於政事何補？若能於國計民生，實有裨益，俾朕因言求治，可見施行，此乃修德之大者。至月食修刑，見於載籍，但人命至重，總當愼憲於平時，原不待月食始懷矜恤，況以肆赦爲修刑本非善政，昔人亦曾言之。我皇考明降諭旨，申諭甚詳。誠以刑以輔德，道貴協中，若狃於救生不救死之俗論，將行兇釀命之犯有心輕縱，不顧死者銜冤，是欲博寬大之名，而轉失平允之道，所謂修刑者安在？夫修刑之實，惟當於定讞時，悉心研究，無枉無縱，使生者死者兩無所憾，方有合於詳愼庶獄之意。即停免句決，間一舉行，閱歲仍當予勾，並非施恩以貸奸宄。總之，爲人君者，克儆天戒，修德修刑惟在本，省身儆民，規乎遠大，所謂應天以實不以文。朕與在廷諸臣，所當交修共勉。自大學士九卿科道及應奏事者，

其詳繹諭旨，各抒所見，即時陳奏，朕將採納焉。」（《清朝續文獻通考》卷三
〇一《象緯考八》）本月，以朱珪爲協辦大學士，以劉清爲四川按察使。十月，
杭州將軍弘豐卒，以張承勳爲杭州將軍。十一月，以副將蕭福祿「搜捕汧陽悄
悄會匪，濫殺邀功，仁宗疑之，詗察得實，斥長麟徇庇，停其議敘。又以傅家
鎮之戰，漫無籌措，致富成陣亡」（《清史稿》卷三四三《覺羅吉慶傳》），召回
京，免協辦大學士，降署吏部侍郎。十二月，安徽宿州亂起，費淳等討平之。
川、陝、楚教軍起義被鎮壓，額勒登保、勒保、德楞泰、吳熊光、惠齡等，均
得封賞。

本年，吳縣金學蓮作《望雪詩》，述揚州久旱，農民多逃亡，城中米價騰
貴，而貴家酒綠燈紅的生活如故。

陽湖陸繼輅以江西萬承紀薦，館上海，與同里莊逵吉合定《秣陵秋》傳
奇，此際在上海演出。

江西萬承紀攝丹徒縣事，著《護花旛》傳奇成。

金山吳毓昌（信天）居張堰，所著《三笑新編》彈詞四十八回此年刊
行。

陽湖孫星衍在南京刻所著《五松園文稿》；輯成《寰宇訪碑錄》十二卷；
受聘至廬江，纂《廬州府志》五十四卷。

常熟蔣因培在濟南，初定所著《烏木山房稿》。

青浦許寶善刻所纂《杜詩詳注》二十四卷。

青浦王昶輯《明詞綜》十二卷、《國朝詞綜》四十八卷、二集八卷、《詞
綜補》二卷，先後畢事。

鎮洋彭兆蓀館王昶三泖漁莊，助校《湖海詩傳》、《國朝詞綜》及陳子龍
全集。

浙江吳錫麒旅松江，作《大風渡黃浦》詩。

浙江王曇自吳入京，以谷城祭項羽詩示舒位。

直隸舒位此際因王曇谷城祭項羽事有觸作《琵琶賺》雜劇。

宜興潘允喆訪里中碧蘚岩祝英臺遺蹟，輯詞一卷。

安徽包世臣到常州，以所著《說儲》示李兆洛，得讀顧炎武《日知錄》。

江西曾燠以孫星衍勸，影刊《爾雅圖》成。

丹徒王文治死，年七十三。

丹徒鮑之鍾死，年六十三。

武進張惠言死，年四十二。

洪亮吉居鄉里。旌德譚君子文居下洋鎮，自建洋川書院，延亮吉主講席。其自歸鄉里，「尤喜導揚後進，每遇世交子弟才藻過人者，輒向名公巨卿稱道不置。同里如劉編修嗣綰、莊上舍曾詒、黃孝廉載華、丁明經履恒、陸孝廉繼輅、秀才耀遹、黃上舍乙生、莊秀才綏甲、周孝廉儀暐、陸上舍鏞、高秀才星紫、瞿孝廉溶等，皆得獎勵之益。其專心古學者，如劉孝廉逢祿、董上舍士錫諸人，則以漢魏諸儒勖之。其在蘇州、松江、鎮江、徽州、寧國、池州及浙江東西諸郡，簪屐所至，從遊最多。每有異才，必加獎許。其尤邀心賞者，至折輩行相交。請質文字，累累常盈几案。至有數千里轉輾介紹以求詩文題字者，如雲南師大令範、袁明經揆、四川郭主簿蘭芬等，不可勝計。至如羽士緇流素工吟詠者，亦欲得一言以為幸，偶歸里中及所過之地，戶屨恒滿，樽酒過從，論文考古，動輒移晷，先生不憚其煩也」（《洪北江先生年譜》）。

趙懷玉權知兗州，重修東魯書院，並與舒位、孫原湘、席無侃諸孝廉登少陵臺。又至闕里，謁夫子廟、孔林、少皞陵、周公廟，遊顏子陋巷。十月，又登泰山。亦曾謁王士禛墓。作《王文簡公墓》詩，曰：「今代論風雅，如君是一宗。才人皆拂拭，詩格獨春容。曠典名終易，孤墳碣尚崇。東鄰秋谷近，底事著譚龍。」（《亦有生齋集》詩卷二〇）

舒位與王曇、孫原湘、趙懷玉交往，尤與王曇唱和最多。曾賦《趙味辛司馬權知兗州，置酒少陵臺送別》三首曰：「白首千間屋，青山百尺臺。懷人新舊史，送客淺深杯。東海浮雲去，南樓細雨來。三年笑皮骨，得句重低徊。」「稷契空相許，風騷自總持。三篇大禮賦，一代盛唐詩。老尚依人慣，生應恨我遲。千秋勞悵望，況是別離時。」「東郡趨庭日，當年最少年。可憐垂老別，不幸以詩傳。身受全家累，官隨去國遷。岱宗青未了，誰辦草堂錢。時重修東魯書院，並於其旁為工部祠。」（《瓶水齋詩集》卷一〇）

錢大昕來書，與王念孫論《廣雅書證》。（《高郵王氏父子年譜》）

焦循入京會試。之前，與同年謁英煦齋和侍郎於史家胡同。煦齋曰：「考試不必趨風氣，主司好尚之不同，往往至於相反，莫如據己之所學而自用之，一聽人之去取，庶不失乎己耳。」（《焦理堂先生年譜》）

【本事】春初，趁柳葉初舒，出遊尋春。並遊賞天寧寺、艤舟亭等勝景。

《春遊》:「春風何處到江皋，耄齒清遊興尚豪。福德在吳連歲稔，靈光占魯歷年高。新茅黃淺才舒柳，嫩蕊紅輕欲試桃。屈指歸田剛卅載，猶容覽景入揮毫。」「粉本川原卵色天，閒憑行樂遣華顛。凡魚賤為登刀鱭，健鳥高如鬥紙鳶。野步不辭雙蠟屐，村酤易買一囊錢。尋春只道吾遊早，已有遊人在我先。」(《甌北集》卷四四)

另有《天寧寺佛事甚盛，中有曰做預修者，蓋為來生祈福也，戲書於壁》、《偕立菴、瑩溪艤舟亭看辛夷花》(《甌北集》卷四四)二詩。

二月，洪亮吉有寧國之行。甌北賦詩以送之。

《送稚存寧國之遊》:「步屐過從一載餘，忽教行色動征裾。里中漸少看花會，海內猶傳諫獵書。秋浦晴波移棹穩，宛陵遙翠映窗虛。定增謝朓驚人句，寄我郵筒慰索居。」(《甌北集》卷四四)

另有《靈谷寺》(《甌北集》卷四四)一詩。

【按】《洪北江先生年譜》曰:「旌德譚君子文居下洋鎮，自建洋川書院，延課諸郡生童，聘先生主講席。遂以二月攜第三子符孫、婿繆梓至洋川，與諸生講經談藝，每至宵分。」詩所謂「寧國之遊」，當指此。亮吉此行，過東壩(又稱廣通壩，在江蘇高淳縣東)，經當塗採石磯，至涇縣(清屬寧國府)，過茹麻嶺、桃花潭，抵洋川書院。詩四首謂:「來路雲已遮，去路山復塞。山禽亦分界，飛不妄南北。惟愁山外事，傳到此山側。預戒五尺童，不延山外客。」「追思荷戈地，亦有萬仞山。但覺白氣周，無此青彎環。攤書向簷前，鳥語殊綿蠻。勞攘三十年，獲此一歲閒。」「生徒十數人，曙即攬衣起。周廊聽書聲，都穿白雲裏。與談前世事，一一盡色喜。所愧學業荒，欵門來不已。」「樓前半畝花，紅氣通八牖。朝霞復相間，赤白分左右。欣茲讀書暇，時亦陟岡阜。日昨山雨肥，園丁獻新韭。」(《抵洋川書院》,《更生齋詩》卷五)

赴楊舍，查核質庫經營狀況，事畢回返。

《自楊舍檢校質庫回》:「暨陽城下小舟開，正值村村放早梅。潮落沙痕攙水出，日斜山影渡河來。有田二頃寧求益，每字三縑亦論財。卻愧滄江漁父好，夜深只載月明回。」(《甌北集》卷四四)

另有《蜂蝶》(《甌北集》卷四四)一詩。

【按】由詩中所述來看，甌北晚年生活較為富裕，除「有田二頃」(或不止此)外，還在楊舍開有典當鋪，另有所謂「每字三縑」之類的潤筆之

貲，收入較爲可觀。楊舍，《欽定大清一統志》卷六〇《常州府》謂「楊舍鎮」：「在江陰縣東七十五里，商旅輳集。宋設官兵守衛，爲沿江衝要。明嘉靖三十七年倭亂，築城周二里，以參將領之，與常熟之福山、通州之狼山相爲應援。本朝改設水師守備。」

二、三月間，百花盛開，或邀同人小聚，或應友人之約赴飲賞花，也時而出城閒步。

《山茶盛開，邀去年諸同人小集，時稚存遠出，劉瀛坡總戎新入會》（三首）之一：「東風吹透海紅鮮，重盍朋簪接去年。不特花容如舊豔，看花人亦健如前。」（《甌北集》卷四四）

《城外閒步》：「春暄猶未脫吳綾，流覽風光力尚勝。簾閣燕尋曾宿壘，池塘鴨浴已融冰。野花地僻無人賞，廟樹年深有物憑。最是鄉鄰淳樸意，相邀村酒醉懵騰。」（《甌北集》卷四四）

另有《燕來巢》、《運河夜泊》、《野步》、《楊桐山招飲洋杜鵑花下，饌精花盛，即席二首》、《題唐斯盛秀才雙松小照》（《甌北集》卷四四）諸詩。

【按】劉瀛坡，劉烜（1734～1809），字巽行，一字瀛坡，江蘇武進人。「永祚玄孫，汝霖四子。少負用世志，爲外親鑲紅旗副都統高世定所器重，教其騎射，授以方略。乾隆二十一年（1756）武舉人。選貴州銅仁協鎮守備，累遷至浙江衢州鎮總兵官。奉特旨以總兵充浙江鄉試監臨。旋移鎮福建汀州、漳州。練兵有素，人稱勁旅」（《江蘇藝文志‧常州卷》）。有《瀛坡詩存》，已佚。

楊桐山，見《甌北集》卷四四、卷四六，然詩中未多述及其本身事蹟。朱筠《贈楊廉使桐山廷樺》：「三十年來視弟昆，拖舟踰嶺晤同門。枯腸飽我晨花麥，淡味懷公多菜根。<small>頃以北麥及黃芽菜見餽，余甘之。</small>久任累遷治上上，齊聲諸郡惠元元。芬芳名好誇吾里，官與寒梅通夢魂。」（《笥河詩集》卷一七），與此恐非一人。《合肥學舍箚記》卷一《趙氏貞烈》條謂：「趙氏，小字可兒，三姊婢也。甚明慧，大余二三歲，每爲予折紙作紗帽、印箱種種戲具。後姊倩蔣晴槎，官錢唐令，挈之去，從舅氏莊春庭兆麒聘爲妾。憲幕楊桐山者，見而欲奪之，晴槎幾爲所挾。三姊持不可，即日遣歸莊。可兒猶懼有變，攜利翦置袖中，而自書其左腕曰『莊春庭妾趙氏』，故春庭甚感之。惜數年即溘逝。有一子，今爲魏曾容女婿。」未知與趙翼所詠楊桐山爲同一人否？

四月初八，全德時任蘇州織造，年屆七十，甌北為詩稱祝。

《全惕莊織造七十壽詩》：「海籌添報日初寅，正是香天浴佛晨。宦績不離財賦地，官資久屬老成人。笙歌十部吳趨曲，燈火千檣滸墅津。舉案更欣同介慶，迦陵仙韻共鳴春。」「揚州花甲記開筵，江介宣勞又十年。南國威名英蕩節，尚方經費水衡錢。老能健飯黿眉壯，功贊垂衣黼黻鮮。我是平津舊賓客，喜隨公作地行仙。」（《甌北集》卷四四）

【按】全德，見本譜乾隆四十九年考述，亦可參看拙著《中國古典戲曲小說考論》，吉林教育出版社 2004 年版，第 73～75 頁。

本月，甌北撰《亡兒廷偉小傳》。

【按】《亡兒廷偉小傳》曰：「兒名廷偉，乾隆三十三年十一月八日生於鎮安官舍，即以鎮安為字。時余已奉旨赴滇省從軍征緬，內子程恭人攜以歸。越二年，余調守廣州，內子奉吾母丁太恭人來就養，余迎謁舟次。兒從未識父，初見，方怖而走，少頃即就余膝呼爹，蓋天性也。余歸里後，始令就學，頗聰悟。年十九，補弟子員。二十四，歲試列一等，例得食餼，為廩膳生。試鄉闈不售。會有詔舉賢良方正，兒意欲籍為進身地，以年少難入薦剡，遂鬱鬱不得志。未幾成疾，沈綿歲餘，百方治不效。余攜往□□就醫，亦不救，急買舟歸。甫抵家，一夕而歿，嘉慶二年又六月十六日也。平時內子曾為余言：兒生時，官舍中異香滿室。余方以為吉徵，期以遠大，而年僅三十，以一衿死，悲夫！兒性勤學，無膏粱習。娶謝氏婦，頗有奩贈，兒不以屑意，凡兄弟親友有緩急勿靳助。既歿，負之者猶不下千金，其為人可知也。病革時，自知不起，見余，猶彊作歡笑，而淚已漬眶，輒以衾覆面，懼余之見而傷懷也。嗚呼！此意尤可痛已。有子二：和羹、和鳴。女二，皆字謝氏。嘉慶七年四月，甌北老人撰。」（《西蓋趙氏宗譜·藝文外編》）

王夢樓文治病歿，甌北深為「故人都哭盡」而傷感不已。

《王夢樓挽詩》：「哀音來自鎮江濱，竟喪維摩示寂身。蔬筍持齋將送老，碑銘賣字未全貧。一科先我為前輩，百里因君有近鄰。從此故人都哭盡，他年哭我更何人！」「早黁華組早投簪，別借疎狂耗壯心。生有笙歌紛馬帳，死猶詩句在雞林。點瘢各半無真癖，謗譽相兼有賞音。要是人間名士氣，只今又作廣陵琴。」（《甌北集》卷四四）

洪亮吉赴寧國時，本與甌北相約四月中旬同遊黃山，端午前歸里。然久

候不至，歸而嘲其失約。甌北為詩以答。

《稚存往寧國時，曾約同遊黃山，遲余不到，歸以負約相嘲，和韻報之》：「孤居足不出鄉土，哪得一豁塵襟腐。自君前歲塞外歸，勁敵相逢互客主。過從不覺步屢頻，治具寧嫌盤格齬。有花必酒酒必詩，正是酒龍遇詩虎。意珠不畏驪領探，思縷直傾蠶腹吐。始知草聖運腕神，端仗劍娘鬥眉嫵。朋簪樂事此焉最，冠蓋西園何足數。無端飄風吹萍散，聘幣到門君出戶。為增山路攪雲篇，拋卻鄉園行藥圃。臨分約我黃山行，覽勝歸來過端午。老夫已辦宿舂糧，敗興忽停發船鼓。遂招諾責暗譏嘲，摩壘致師將覆楚。淋漓大篇五百字，咄嗟立辦一炊黍。公然欺我老無力，謂此衰孱勇難賈。憑凌直欲以氣吞，三寸筆鋒當刀斧。豈知我昔亦壯遊，歷險探奇不知苦。從戎曾到日南天，親領羌渾狌獷鹵。高黎貢山一萬丈，五十三參等堂廡。仰瞻星斗手欲捫，平視華嵩首寧俯。三休三上拼脊腰，一掩一重為肺腑。比似天都六六峰，各有玲瓏碧虛府。回鞭更踏五管東，羅浮秀發亦罕伍。蓬萊左股夜失卻，風雨漂來止其所。天雞一聲海日紅，不拗扶桑慚不武。飛雲終歲不見頂，並陋黃海鋪綿補。凡茲絕境悉親歷，眼界奚止小東魯？興來不禁嘯蘇門，狂甚那肯喑河渚。是時君才課童律，一穗寒燈瞰饑鼠。如今才名雖蓋代，何得便將老成侮。勸駕偶發王猷興，停車亦豈藏倉阻。倘因負約輒見譏，勢必尾生死水滸。已拼頭地讓君出，那把降旗疆我豎。君子不欲多上人，有才安得獨千古。」（《甌北集》卷四四）

【按】據《洪北江先生年譜》，洪亮吉四月由寧國返里。知甌北此詩寫於四月間。洪亮吉《將至旌德，趙兵備翼枉詩相餞，未暇報也。山館無事，戲作長句柬之，並約同遊黃山》曰：「逐臣初歸戀鄉土，日日醉眠腸欲腐。有花即向花前飲，不問誰賓復誰主。少年英英丁與陸，明經履恒，孝廉繼輅。跌宕文場氣頗齬。就中我敬西頭趙，七十高年健如虎。哦詩一字不相讓，往往雷霆雜吞吐。牡丹八首尤奇絕，老筆轉能生媚嫵。百年文獻差不愧，一輩賓朋試重數。忘筌莊叟善高論，中允通敏。荷鋪伯倫稱大戶。舍人召揚。沈吳近又結詩社，廣文元輅，封君端彝。劉蔣頻招宴花圃。太守熊昌、總鎮煊。賽神我憶月廿三，去歲二月廿三日清明。競渡人喧日端午。波光已覺淨如綺，筆力復看彊過弩。座中詩派判唐宋，壁上兵鋒看秦楚。危詞縱累十二綦，定律不差分寸黍。便教長樂嚴刁斗，敢與淮陰鬥旗鼓。彊梁幾欲扛周鼎，弱肉何堪試蕭斧。叢譏杜老作詩瘦，轉學荀卿著書苦。此來百里程迢遞，

實避千言氣莽鹵。仍攜季豹同趨塾，時挈兒子符孫入塾。未礙伯鸞居賃廡。萬山已距南來轍，一屋只開東向戶。三天子障肩堪並，五老人峰頭復俯。九華山距此不及二百里。雲光破曉嵌眉睫，清氣歷時克肺腑。恥同詞伯競壇坫，可許散仙居洞府。狂遊尚未卜時日，鄙意終須待儕伍。我餐黃獨纔匝月，君跨青驄去何所。時聞有吳門之行。名山欲入先鼓興，此老若來當步武。朱砂泉記仍可續，紅杏原詩不須補。緩程水定由青弋，回路嶺仍登白紵。狂思策蹇升龍脊，醉或然犀燭牛渚。餘閒並可覓酒人，陳巡撫淮近寓居蕪湖。得暇未妨談食譜。君如爽約當有說，意必兩端持首鼠。蹤疲既畏行客笑，句劣或恐山靈侮。興公果係天機淺，安石輒為人事阻。縱然曳踵看山色，應悔埋頭住江滸。溪南帆席不肯掛，屋北降旗定須豎。歸時擲示一巨編，讓我長歌擅今古。」（《更生齋集》詩集卷五）甌北乃和此詩韻而作。

端午節，偕同家人於院後水閣小酌，賞夜遊船隻燈火之盛。

《午節攜家人水閣小酌，看夜船燈火之盛》：「蒲觴佳節晚開筵，正是雲溪雨後天。小閣杯盤冬釀酒，滿河燈火夜遊船。紅塵不到清涼界，白首猶留矍鑠年。地是恬熙人老健，更何賒望乞天憐。」（《甌北集》卷四四）

另有《荊巫》、《出郭》、《不寐》、《池荷》（《甌北集》卷四四）諸詩。

歸田三十載，所著《陔餘叢考》（四十三卷）、《廿二史劄記》（三十六卷）、《甌北集》（四十四卷）、《唐宋以來十家詩話》（十卷）、《皇朝武功紀盛》（四卷）、《雜記》（四卷），已全部成書，遂呼匠刷印。

《呼匠刷印所著詩文戲作》：「恨不借祖龍火，燒盡好詩獨剩我。恨不借黃虎刀，殺盡才士讓我豪。笑問此心赧不赧，要顯我長幸人短？果能置身萬仞岡，何山敢與爭低昂？乃欲臨深作高寒，固知所挾本淺淺。歸田已歷三十年，著書未滿二百卷。」（《甌北集》卷四四）

【按】本詩「著書未滿二百卷」句後注曰：「余所著《陔餘叢考》四十三卷、《廿二史劄記》三十六卷、《甌北集》四十四卷、《唐宋以來十家詩話》十卷、《皇朝武功紀盛》四卷、《雜記》四卷，共一百四十卷。」

六月，氣溫甚高，酷熱難當，或閉門不出，以書引睡，或散步郊野，以散煩襟。

《南村坐雨》：「幾被老天吞，雲濃裹一村。澒雷聲在甕，怒雨勢翻盆。啼怖兒收淚，奔追客斷魂。忽然風一掃，夕照又當門。」（《甌北集》卷四四）

《毒暑》：「毒暑今年甚，當空煽赤烏。人將投炙甕，天果作洪爐。毛竅珠拋汗，痛根粟突膚。何當縮地法，遁入水晶壺。」「焰摩天未到，煙瘴地猶輕。犬舌喘長吐，烏吭噤不鳴。劈瓜童競奮，揮扇僕頻更。忽念夏畦苦，頓教心太平。」（《甌北集》卷四四）

此時又有《螢入書室》、《好雨》、《散步》、《目力》、《杜門》、《莋莥》、《物性》、《小北門外覺塵菴》、《苦熱》、《夜坐》、《早起》、《久晴》（《甌北集》卷四四）諸詩。

王仲瞿曇孝廉來訪，對談有客，以慰寂寥。事出不意，甌北欣然相迎。

《王仲瞿孝廉見過》：「樂事偶相值，非關步屧尋。良朋來不意，好句出無心。便覺煩襟豁，能消俗累侵。黠奴知款客，早備一壺斟。」（《甌北集》卷四四）

另有《老鈍》、《一室》、《泛小舟出郊看田禾》、《田家留飲》、《艤舟亭小憩》、《幽事》、《蔬蝶》、《竹初齋中建蘭盛開，招同立菴、瑩溪、稚存、香遠讌集即事》（《甌北集》卷四四）諸詩。

七夕，濃雲密布，忽瀟瀟雨降。牛、女星為雨雲所蔽，甌北戲而為詩。

《七夕》：「乞巧期偏值暗宵，濃雲作雨正瀟瀟。銀河自在雲之上，不礙天孫渡鵲橋。」（《甌北集》卷四四）

另有《飯餘》（《甌北集》卷四四）一詩。

國家多事，臺省大吏卻崇信釋教，潛心修行。甌北聞知，感慨不已。

《魚釜》：「魚釜遊魂未掃平，頗聞臺省重修行。四禪地縱堪逃劫，大乘經寧便解兵？王縉擬營銅瓦費，圖澄倘識塔鈴聲。只愁呂相遊僧寺，多少禪鑽競送迎。」（《甌北集》卷四四）

另有《可型舅兄老而善睡，頗以為苦。余方苦不睡，不意其轉苦睡也，戲贈一首》、《石榴紫薇》、《將屆鬼節，適有司斷屠祈雨》、《看剃度者戲之》、《閱邸抄，殘賊剿除將盡，誌喜》（《甌北集》卷四四）諸詩。

【按】《嘯亭雜錄》卷八《王樹勳》條謂：「王樹勳，江都人。其父某曾任微職。樹勳幼入京應試，不售，乃於廣慧寺為僧，法名明心。性聰悟，剽竊佛氏絮語，以為直通圓覺。又假扶乩、卜筮諸異術，京師士大夫多崇信之。樹勳以重賄賂諸人之閽者，故多探刺其陰私事而揚言於外，故人愈尊奉之。蔣予蒲、龐士冠等以詞垣名流，甘列弟子之位，其餘達官顯宦為其門人者無算。朱文正公正人也，亦與之談晤，其他可知矣。為

和相所訪拿，樹勳復以重賄賂司員吉倫，爲之袒護，因末減其罪，勒令還俗而已。樹勳後游蕩江湖間，時值川、楚教匪倡亂，松相公筠時督師湖北，樹勳仗策軍門。松公故喜佛法，樹勳投其意指，公大賞鑒，因命易裝爲道士。入某寨中說賊降，公大悅，獎以七品官銜。樹勳復從軍數載，積功至襄陽太守。嘗入都引見，刑部尚書金光悌，貪吏也，因其子病劇，延樹勳醫治。樹勳恍以禍福，光悌至長跪請命，人哄傳爲笑談。爲御史石公承藻登諸白簡，上下其章訊之，得實，上獎之曰：『眞御史也。』因褫樹勳職，遣戍黑龍江，光悌以先物故，得免置議，蔣予蒲、宋鎔等黜降有差。夫樹勳以一浮蕩僧人，乃敢以口舌干請諸大僚爲之薦引，致身二千石之貴，其雖遭遣戍，謫死窮荒，不無厚幸。諸名士以翰墨名流，而甘爲緇衣弟子，以至遭其笞撻之辱，亦可謂斯文掃地矣。」《清史稿》卷三五六《石承藻傳》，亦詳載此事。

蔣心餘孫立中來常拜訪，甌北睹其人憶及前情往事，倍覺傷神。

《蔣心餘孫立中來謁，感賦》：「握手相逢感昔因，依稀下蔡舊豐神。曾看乃父荷衣拜，又歎孤兒萬帔貧。車笠故交欣有後，坫壇同輩已無人。報劉更聽重闈老，存歿相關淚滿巾。」（《甌北集》卷四四）

閒行郊野，見豐收在望，喜不自勝。亦對德楞泰鎮壓教軍之功稱道不置。

《村墟》：「一雨人心定，村墟景晏然。趁酤旗影店，待渡柳陰船。稻氣香浮野，波光濕起煙。頗聞田父語：今歲又豐年。」「落日平塘路，閒行傍水濱。驕嘶歸驛馬，斜影過橋人。價賤米登市，俗淳醞乞鄰。無詩聊寫景，亦足豁襟塵。」（《甌北集》卷四四）

此時尚有《江樓野望》、《閱邸抄，參贊德公楞泰殲賊首樊人傑於河，渠魁既殲，餘賊可不日平矣，詩以誌喜》、《借月和尚以其名乞詩，戲贈》、《謝病》、《雨後坐月》、《一院》（《甌北集》卷四四）等。

【按】借月和尚，與洪亮吉、吳錫麒有交。洪亮吉有《天寧寺僧借月兩以詩見投，戲得八百二十字報之》長詩，略謂：「我性不佞佛，而喜方外交。苦憶揚州僧，八句名誦茗。西山有顛禪，神理亦復超。不語已九年，見客兩手招。今爲謫吏歸，偶詣知客寮。聞有借月僧，形癯事推敲。爲爾攜蠟屐，爲爾經溪橋。爾從百僧中，捫我坐砌坳。我於儔類間，望爾成詩豪。」（《更生齋集》詩卷三）又，《送借月僧回清涼寺》詩題下小

注曰：「本約同至華頂，以雨不果。」詩謂：「朱顏紺髮碧雙瞳，貽我天台綠玉筇。自笑已同遼左鶴，杖今先化葛陂龍。方丈所貽杖半道忽遺卻，臨別師復以所持杖贈我。赤城待撥雲千頃，華頂同穿嶺萬重。珍重一枝臨別贈，與師何地復相逢。」（《更生齋集》詩續集卷二）。又，《理安寺訪寒石方丈兼與知客僧借月話舊》：「舊住梅花窟，新監法雨泉。萬松參色相，一鉢證枯禪。霽閣春煙聚，陰厓宿火然。客寮談事罷，飛瀑夢中懸。借月曾同遊天台石梁。」（《更生齋集》詩續集卷六）吳錫麒有《理安寺僧借月過訪不值，辱貺以詩，即用原韻奉答》詩，見《有正味齋集》詩集續集卷三。

再讀洪亮吉《百日賜環集》，對其處世態度略有箴規。

《閱稚存百日賜環集再題》：「生平才氣最雄豪，惹得投荒萬里遙。足已烏孫途上繭，頭幾黃祖席前梟。得歸故里寧非幸，善保高名在弗驕。百日賜環詩一卷，知君感泣徹深宵。」（《甌北集》卷四四）

聞謝蘊山啟昆病歿，憶及二人對床夜語、相互砥礪之往事，悲慟不已。

《謝蘊山中丞挽詩》：「久把彭殤付幻緣，斯文深契獨難捐。千秋勉我垂成業，一榜推君最少年。正喜書生開府貴，曾招老友對床眠。西湖遊宴渾如昨，誰料歡場即別筵。」「粵嶠三年愷澤濡，仍兼風雅領群儒。蒼生共望相司馬，青史幾愁鬼董狐。寶炬春秋新補缺，嵇含草木待增圖。遙知桂管高名在，長繼驂驔范石湖。」（《甌北集》卷四四）

【按】梁啟超對謝啟昆《西魏書》之編撰，給予充分肯定，曰：「乾隆末謝蘊山啟昆著《西魏書》二十四卷，糾正收書之一部分。南北正統之爭本已無聊，況於偏霸垂亡之元魏，為辨其孰正孰僭，是亦不可以已耶。然蘊山實頗具史才，此書於西魏二十餘年間史料采摭殆無已遺漏，結構亦謹嚴有法，固自可稱。」又稱道其所編《廣西通志》，謂：「謝蘊山之《廣西通志》，首著敘例二十三則，遍徵晉唐宋明諸舊志門類體制，舍短取長，說明所以因革之由。認修志為著述大業，自蘊山始也。故其志為省志模楷，雖以阮芸臺之博通，恪遵不敢稍出入，繼此更無論。」還說：「方志地位，雖亞於國史，然編纂之形式，率沿唐後官局分修之舊，故得良著甚難，而省志尤甚。必如謝蘊山、阮芸臺之流，以學者而任封圻，又當承平之秋，史事稀簡，門生故吏通學者多，對於修志事自身有興味，手定義例，妙選人才分任，而自總其成，故成績斐然也。」（《中國近三百

年學術史》）

王惺園杰以老病乞休，其為官臺輔數十載，兩袖清風，聲名頗著，為甌北所敬服。

《聞惺園相公以老病乞休，恩旨慰留，感賦》：「黃閣辭榮引疾堅，重臣那易謝班聯。人憂朝缺三公論，帝識家無二頃田。歸馬輟留疏傅駕，養牛頌慰孔光年。君臣名分家人誼，聞者猶爲感涕漣。」（《甌北集》卷四四）

《閱邸抄，惺園相公以老病再伸前請，始予告並許在家食俸，恩禮始終，人臣之榮遇極矣。欣羨之餘，再賦一律奉寄》：「一魁殿榜便青雲，直到鈞衡老乞身。遭際畢生無缺陷，聲名他日有清貧。優賢特許仍支俸，問道行看更從珍。如此高風如此福，腐儒那得逐飆輪。」（《甌北集》卷四四）

【按】《嘯亭雜錄》卷四《王文端》曰：「公高不逾中人，白鬚數莖，和藹近情，而時露剛堅之氣。其入軍機時，和相勢方薰赫，梁文定公國治爲其揶揄若童稚。公絕不與之交，除議政外，默然獨坐，距和相位甚遠，和相就與之言，亦漫應之。一日，和相執公手笑曰：『何其柔荑若爾？』公正色曰：『王杰手雖好，但不會要錢耳！』和艴然退。然純皇帝深倚任之，和亦不能奪其位。今上親政，公爲首輔數年，遇事持大體，竭誠進諫，上亦優待之。其致仕歸日，上賜以詩，有『清風兩袖返韓城』之句，命皇次子親爲祖餞以榮之。」

汪由敦長孫本中之子，與劉文定公綸孫女聯姻，來常州就婚。甌北賦詩致賀。

《文端師長孫郡丞本中攜其子來常州就婚，喜賦》：「彈指俄驚五十春，前游歷歷記平津。曾依講座三重席，喜見師門四代人。王謝家多佳子弟，崔盧族稱宦婚姻。祖孫先後來親迎，畫鼓紅燈一樣新。」「通家兄弟兩連翩，京邸郊園慶對眠。遊蹟久如桑梓舊，交情深望子孫賢。三臺繼世榮光遠，百兩盈門喜氣填。憶昔見君才丱角，也成新婦作婆年。」（《甌北集》卷四四）

另有《簾雨》、《姜孝子詩》（《甌北集》卷四四）二詩。

【按】汪本中，《清代官員履歷檔案全編》「乾隆五十七年四月」：「汪本中，浙江杭州府錢塘縣監生，年四十二歲，現任光祿寺典簿，京察一等，記名外用，令簽升山東兗州通判缺。」劉綸，江蘇武進人，官吏部尚書、戶部尚書、文淵閣大學士，卒諡文定。見本譜乾隆二十四年考述。

八月，錢竹初維喬患病，就醫於錫邑張舍村，為詩八首，甌北和詩寬慰之。

《竹初就醫於錫邑之張舍村，得詩八章，和其二首》：「郊居養疾有林丘，風露寥蕭正素秋。安步未須桃竹杖，峭涼初試木棉裘。桂花與稻同黃茂，湖水當杯引白浮。最是香塍行藥處，閒看村叟弄漁舟。」「地似東柯谷向陽，刀圭試手劑溫涼。維摩示疾非眞疾，思邈疏方總驗方。已契參同師抱樸，又看尸祝頌庚桑。故知勿藥先應喜，別卻溫柔到此鄉。」（《甌北集》卷四四）

另有《題姜冶夫歲寒知己圖》（《甌北集》卷四四）詩。

【按】陸萼庭《錢維喬年譜》：嘉慶七年，「在里門。八月二日患疾，就醫張舍，假館秦氏秀野堂。重陽前二日，將自張舍返棹，以祖居段莊去此才數里，過焉。」（《清代戲曲家叢考》）《匏廬詩話》卷下：「江陰孔堯山布衣千秋，通六書，工篆刻，嘗遊錫山，見漢人孔千秋銅印，喜與己名相合，囊無一錢，典臥具購得之，其癖嗜如此。有《夢餘小草》若干首。……同時有姜冶夫，亦布衣，能詩，《詠雁》云：『關山新月色，逆旅舊蘆花。』草衣竹田，不是過也。」余集《贈姜冶夫》詩曰：「小住虞山麓，相逢白石仙。苔岑同氣誼，梅竹見周旋。冷淡情逾洽，支離德自全。難尋特健藥，倘示攝生篇。」（《梁園歸棹錄》）

時讀史書，回思平生經歷，心頗悵悵。

《覽鏡》：「覽鏡眞成老禿翁，平生枉負氣如虹。無名並不愁遺臭，有飯何須說忍窮。萬里兵塵沖劍戟，一窗燈火注魚蟲。可憐七十年精力，徒付人間馬耳風。」（《甌北集》卷四四）

另有《讀史》、《題方慕雲明府奉萱圖》（《甌北集》卷四四）詩。

十月二十二日，乃甌北誕辰，天將曉，竟夢復為廣州守，醒而為詩以記之。

《十二月十二日爲余生辰，天將曉，忽夢出守廣州，上官爲李公瑚，幕友有吳雪清暨內弟高仲馨，皆物故久矣，豈余修文赴召之兆耶？詩以紀之》：「鼓缶而歌大耋身，榮華念久斷紅塵。遊仙夢裏將醒候，點鬼場邊待缺人。豈有旌麾重出守，得非俎豆去爲神。爲神自分非南海，或莅邕西舊士民。」「三十年來著述身，只期樸學不成塵。誰能沒世後傳世，我亦眾人中一人。生不英奇成好漢，死何功德作明神。若教廟食羊城路，恐少碑前墮淚民。」（《甌北集》卷四四）

《沙山弔閻典史故居》、《皇古豬》（《甌北集》卷四四）亦寫於此時。

教軍漸被鎮壓，各路軍營奏凱。軍興七年，川、陝始定。然柷腹饑民，啾啾夜哭，「籍籍枯骸」，田廬無主，令甌北聞凱而生悲，睹現狀而深憂。

《聞各路軍營報捷，殘賊計日可盡，喜賦》（六首）之三：「是民是賊不分明，籍籍枯骸無主名。柷腹死猶為餓鬼，遊魂散豈復陰兵。荊榛黯黯寒磷焰，風雨啾啾夜哭聲。也是閻浮提一劫，翻因凱樂動悲情。」之四：「當陽破後戮群凶，賊亦知兵但折衝。不占城池防受困，先驅老弱代攖鋒。運籌大帥思觀釁，坐甲征夫樂養癰。至竟成功須戰將，追奔不避萬山重。」（《甌北集》卷四四）

另有《觀穫》（《甌北集》卷四四）一詩。

吳蘭雪嵩梁下第南歸，經常州，來拜訪。甌北賦詩以安慰之。

《吳蘭雪過訪，枉贈佳章，即次送別》：「峭帆風緊過江來，草草杯盤半日陪。我讓出頭非謫語，世無敵手始奇才。綠楊枝記西湖折，紅杏花遲上苑開。下第南歸。卻憶同遊半俎謝，那禁別淚滴蒼苔。西湖之遊，謝蘊山中丞、馮星石鴻臚同宴集，今二公皆下世。」（《甌北集》卷四四）

另有《題文信國致永豐尉吳名揚三箚》（《甌北集》卷四四）一詩。

生活富有，又有筆能詩，鄉人目之為魁星。甌北遂賦詩以自嘲。

《戲題魁星像》：「老夫顏狀縱不美，何至被人儗作鬼？世傳魁星主文衡，就字象形出怪偉。曷鼻魋顏見者驚，度索山中一鬱壘。象形今更兼諧聲，一筆一錠兩手擎。意取音同必定字，巧為赴舉兆榮名。俚俗無稽堪笑軟，無端混號忽我。謂我才高家又齊，班管握右白鏪左。書生眼孔真可憐，非指喻指竟妄傳。欲將黔妻侶狗頓，更遣貫休充謫仙。我縱有筆堪脫穎，不過著書鉛槧冷，豈能造鳳樓、扛龍鼎？最清切處七箚揮，大制作來一椽挺。我縱有錠可代耕，不過賣文銖兩輕，豈能鑄成餅，積滿簏，多比孝傑萬錠庫，高於齊澣八尺瓶？浪得虛名翻自喜，生已為神不待死。聲望雖無北斗高，位置恰鄰東壁邇。幸非盜魁大澤鄉，亦豈黨魁甘陵里。一個搦管持籌人，竟上穹霄垂玉李。賢人聚為陳寔臨，少微隕關戴逵恥。由來郎官應列宿，安知我不麗五緯。他年弄假倘成真，文章司命掌青紫。紫府雖讓韓侍中，綠袍亦儕鍾進士。樂得人間眾秀才，瓣香奉我虔拜起。」（《甌北集》卷四四）

另有《曉起》、《閩粵間有所謂天地會者，為匪徒結黨名目，余客閩時已

聞之，日久益熾。今閱邸抄，廣東博羅縣會匪之在羊羵山者不下萬人，據險結案，將爲不軌。總督吉公慶、提督孫公全謀調兵剿殺，追至羅浮山之華首臺、沖虛觀諸處，生獲賊首陳爛屐，餘黨亦盡殲，洵奇功也，喜賦》、《惕莊織造入覲，恩授內務府總管造辦處，寄賀》、《消寒絕句》、《接張廉船書寄答》、《馬蹟山》（《甌北集》卷四四）諸詩。

風氣遷移，人心不古，追求享樂，奢靡成風，目睹世事變幻，憂心忡忡。

《風氣》：「靜裏觀風氣，遷流有疾徐。何當人滿後，回憶我生初。物價市三倍，人情鬼一車。城多新樣髻，窖有不時蔬。昆曲更弦索，京靴走里墟。戲場千步坪，神會八摑輿。賣菜俱求益，牧豬奴善撾。飲坊喧夜肆，遊舫泛春渠。翡翠鑲花鈿，玻璨嵌綺疏。廚羹窮雉兔，燈事舞龍魚。馬妓魂猶弔，雛姬髮始梳。但貪嬉燕雀，曾未識犁鋤。身計傾后漏，時趨竭澤漁。官箴嚴籃籃，吏箖橫苞苴。白望興無賴，朱提妒有餘。甘鈴彊好劫，汶芋富愁狙。俗已囂難靖，憂將溺載胥。不知從此後，流極更何如！」（《甌北集》卷四四）

甌北內侄劉慕陔，時任綿州牧，李雨村托其轉來書信，對所贈《陔餘叢考》、《廿二史劄記》表示謝意，並以唐代著名詩人白（居易）、元（稹）、劉（禹錫），比擬當世之袁、蔣、趙，甌北以詩作答。

《前接雨村觀察續寄詩話，有書報謝，並附拙刻〈陔餘叢考〉、〈廿二史劄記〉奉呈。茲又接來書並詩四章，再次寄答》：「綿陽西望渺關河，甚欲相尋奈遠何。壽過七旬猶矍鑠，眼空四海總么麼。寄書未卜人還在，得報翻欣句更多。深感扶輪賢刺史，郵筒雙遞兩翁皤。」「京邸相隨步屐塵，只今音問藉鴻賓。一封遠劄修將就，千結離腸轉已頻。蘭棹難浮三峽水，梅花聊寄一枝春。晨星敢問非天幸，萬里猶存兩老人。」「胅說叢殘孰表彰，多煩一一爲提綱。要傳著述千秋久，須有光芒萬丈長。名士空多誰足數？故人漸少愈難忘。披金倘有沙應汰，愛我還期拙代藏。」「漫將優劣較元劉，迂叟心期迥不侔。角立縱支三足鼎，高瞻須更一層樓。搗虛拔幟晨趨壁，救敗量沙夜唱籌。戰績中猶分等級，況憑寸管冀長留。」（《甌北集》卷四四）

【按】李調元《得趙雲松前輩書寄懷四首》：「見書十倍於見面，此語雖眞奈老何？皇甫序文曾許矣，歐陽詩話已成麼。丹徒早抱西州慟，墨蹟空傳北海多。莫歎眼昏精力倦，老天留我兩皤皤。」「憶昔青雲附驥塵，君

方及第戶盈賓。時君初捷辛巳探花。時晴齋每招遊侍，齋為汪文端公太老師故居，其額尚存。聽雨樓同看劇頻。樓為畢秋帆前輩在京讌客之所。椿樹醉歸三巷月，綠楊斜對兩家春。癸闈猶記房車過，親報余登第二人。癸未禮闈，適君分校，出闈尚未至家，即先過我，報余中第二，故得捷音尤早，至今尚感云。」「寄來兩部大文章，箚記陔餘並挈綱。早歲腹原充四庫，老年胸更展三長。讀時似倩麻姑癢，掩後偏愁沈約忘。我亦名山多著述，未知石室付誰藏。」「袁趙媲唐白與劉，蔣於長慶僅元侔。時有程秀才，創為拜袁、揖趙、哭蔣三圖。一生此論常偏袒，萬口稱詩讓倚樓。天下傳人應首屈，世間壽算又頭籌。當年病熱君知否？伏枕呼瓜一息留。昔君在京病熱，幾不起，有醫但令食瓜，竟以此愈。」（《童山詩集》卷四二）《甌北集》卷四四亦附錄此組詩。

蘇州織造全惕莊德，於冬日入覲，授內務府造辦處總管。未幾，病歿。甌北念及二十年來之交情，頗為傷心。

《哭惕莊總管之訃》：「縞紵論交二十春，訃來那禁黯傷神。貧惟鮑叔心知我，貴不宣明面向人。方喜清班依殿陛，尚聞遺愛在關津。考終正及還朝後，天意分明報藎臣。」「卿月班聯近紫宸，方憂道阻見無因。豈期一別真千古，如此相知有幾人。高塚松楸丹旐遠，舊壇車笠白頭新。生平不灑無情淚，今日羊曇濕滿巾。」（《甌北集》卷四四）

另有《呂母繆孺人旌節詩》（《甌北集》卷四四）一詩。

本年，廷英、廷俊各生一子。甌北為有八孫，欣喜不已。

《今歲廷英、廷俊各舉一子，老夫遂有八孫矣，誌喜》：「一歲添丁報兩回，充閭喜氣溢深杯。已符八桂林中數，誰向百花頭上開？入抱且娛臨老日，試啼似卜不凡材。家聲敢望荀龍並，或有書香起蟄雷。」（《甌北集》卷四四）

【按】據《西蓋趙氏宗譜》，廷英三子韓，初名景謨，字義生，國子監生，嘉慶七年壬戌六月二十日辰時生，道光二十九年己酉九月初十日辰時卒，年四十八。廷俊三子申祐，初名覽，字叔侯，嘉慶七年壬戌十二月二十七日辰時生，道光十九年己亥九月三十日卒。出此，知本詩當寫於歲杪。